Hans Mårtensson

Haus und Garten
mit Holz
gestalten

Verlag Th. Schäfer Hannover

*Der Verfasser Hans Mårtensson arbeitet als Innen-
architekt, Designer, Illustrator und Schriftsteller.
Seit vielen Jahren ist er Mitarbeiter von Fachzeitschriften
für Heimwerker und hat eine Reihe von Handbüchern
für Tischler und Holzingenieure geschrieben.
Er ist auch Verfasser der Bücher „Holzspielzeug und
Kindermöbel – selbst gemacht" (Best.-Nr. 9201) und
„Drechseln nach alten Vorlagen" (Best.-Nr. 9202).*

Aus dem Schwedischen übersetzt
von Peter Müller, Menden

Fachliche Beratung durch Dr. Günther Heine,
Dipl.-Ing., Aumühle/Hamburg
und Hans Erik Nilsson, Dipl.-Ing.,
Henån/Schweden

ISBN 3-88746-296-3
Best.-Nr. 9105

© 1992 Verlag Th. Schäfer, Hannover
Lektorat: Dr. Joachim F. Baumhauer

© 1991 Verfasser und ICA bokförlag,
Västerås/Schweden,
für die schwedische Originalausgabe
„Snickra till tomt och trädgård"

Satz: Druckerei Th. Schäfer, Hannover
Druck: Aarhuus Stiftsbogtrykkerie,
Højbjerg/Dänemark

Inhalt

Vorwort

Es gibt heute in Schweden ungefähr 2,5 Millionen Wohn- und Freizeithäuser. Für den Besitzer bedeutet dies, wenn er beides besitzt, den doppelten Aufwand an Pflege und Unterhaltskosten. Es gibt daher gute Gründe, viele der Arbeiten rund ums Haus selbst zu erledigen: Man spart hohe Kosten für Schreiner- und Malerarbeiten, und schließlich hat man an selbstgemachten Dingen besonders viel Freude.

Ich möchte Ihnen in diesem Buch hilfreiche Anregungen und praktische Anleitungen geben, wenn Sie planen, etwas Neues für Ihr Haus oder Grundstück anzufertigen. Wir haben versucht, möglichst viele Beispiele sowohl für den Anfänger als auch für den Fortgeschrittenen zu geben. Einige Empfehlungen möchte ich Ihnen besonders nahelegen: Achten Sie immer auf Qualität, und benutzen Sie nur bestes Material in großzügigen Abmessungen. Arbeiten Sie immer sorgfältig, damit Sie mit den Resultaten Ihrer Arbeit völlig zufrieden sein können. Achten Sie auf gutes Aussehen und Stabilität!

Hans Mårtensson

Hinweise des Verlags

„Haus und Garten mit Holz gestalten" ist zuerst in Schweden erschienen. Das Buch bietet dabei besonders für den deutschen Leser hervorragende Anregungen, besitzen doch unsere nordischen Nachbarn eine lange Tradition im Umgang mit Holz. Die gleichermaßen schlichten wie ästhetischen Bauten Skandinaviens sind – neben dem Zweckmäßigkeit und Eleganz verbindenden Mobiliar – weltbekannt. Nach dem schwedischen Vorbild läßt sich auch bei uns der Außenbereich des Hauses und der Garten mit Holz zu einem zusätzlichen „Wohnraum im Freien" gestalten. Schon das erste Durchblättern des Buches weckt den Wunsch, erholsame Sonnentage auf der individuell gestalteten Terrasse zu genießen.

Einige Punkte sind bei der Verwendung des Buches zu bedenken. Bei dem einen oder anderen Bauvorhaben bedarf es der behördlichen Genehmigung. Informieren Sie sich vor dem Bau unbedingt zuerst bei Ihrer zuständigen Bauaufsichtsbehörde (siehe auch Seite 121)! Die im Buch angegebenen Maße für Holz entsprechen dem Standardsortiment schwedischer Baumärkte und Holzhandlungen. In Deutschland sind zum Teil andere Abmessungen gängig. Sie können selbstverständlich die im Buch angegebenen Maße Ihren Bedürfnissen gemäß abändern und hiesige Standardabmessungen verwenden. Natürlich können Sie sich auch die Hölzer in jedem anderen Maß zuschneiden lassen. Informieren Sie sich in Ihrer Holzhandlung oder in Ihrem Baumarkt. Das gleiche gilt für andere Baustoffe.

Die im Kapitel über Hölzer angeführten Klassifikationen gelten für Schweden, sind aber in Deutschland ähnlich. Auf die dargestellten Konstruktionen haben sie keinen Einfluß. Die Aussagen über die farbliche Gestaltung von Holzteilen treffen auch für uns zu. Die deutsche Ausgabe ist zusätzlich mit Informationen über das „Faluner Rot", die für Schweden charakteristische Schlämmfarbe, ergänzt worden.

Haus, Grund und Umgebung –
Sie bestimmen den Gesamteindruck

Das Grundstück um Ihr Haus bietet Ihnen viele Möglichkeiten, selbständig und frei zu planen. Es ist nicht einfach, die Planung für ein Grundstück konkret zu beschreiben, denn bei jedem Haus oder Grundstück sind unterschiedliche Voraussetzungen gegeben. In diesem Buch zeigen wir Ihnen gelungene Beispiele und möchten Ihnen gern Tips mit auf den Weg geben.

Ich bin viel mit der Kamera umhergereist, um verschiedene gelungene Lösungen zu dokumentieren. Die meisten Objeke erscheinen uninteressant, aber plötzlich steht man vor einem Haus, bei dem der Gesamteindruck stimmt – Haus, Grundstück und die Umgebung. Es kann ein neu erbautes, individuell entworfenes Haus mit perfekten Proportionen sein, welches durch geradlinige Zäune aus druckimprägniertem Holz eingefaßt ist. Es kann aber auch ein altes Haus aus den zwanziger Jahren mit abblätternder Farbe sein, das in einem verwildertem Garten steht und von einem windschiefen Zaun umgeben ist. Erst der Gesamteindruck strahlt Harmonie, Gleichgewicht und Schönheit aus.

Mein ästhetisches Empfinden beruht natürlich auf meinem ureigensten Geschmack, und über den läßt sich bekanntlich streiten. Selbst bin ich wohl ziemlich kritisch und neugierig, das ist eine Folge meines Berufs als Innenarchitekt und Designer.

Links:
Neu, zeitlos und schlicht mit gut geplanten Sitzplätzen auf zwei Ebenen. Die Terrasse mit Holzboden und der Balkon waren von Anfang an in die Hausplanung einbezogen.

Rechts:
Eine alte Villa in ansprechender Holzkonstruktion mit Charme. Die vielen Details im Holzwerk tragen zur harmonischen Gesamtheit bei.

Dieses alte ländliche Wohnhaus in Kalmar zeigt, wie gut eine unregelmäßige Planung aussehen kann. Schon die Form und die einfache Farbgebung des Hauses mit drei verschiedenen Rottönen, schwarz, weiß und einer blauen Tür vermitteln ein harmonisches Gefühl.

Aber wie sehen dann die guten Beispiele aus, und wo findet man sie? Wenn wir in die Vergangenheit schauen, entdecken wir die ersten Andeutungen eines Gartens hinter dem alten bäuerlichen Wohnhaus. Meistens gab es einen kleinen, eingefaßten Garten, der eigentlich mehr dem Nutzen als der Freude diente. Dort baute man Nutzpflanzen an, Kräuter, Obst und Gemüse. Während des 17., 18. und 19. Jahrhunderts entwickelten sich die Städte. An den Stadträndern entstanden abwechslungsreiche kleine Häuser. Damals wurden die Straßen und Grundstücksgrenzen nicht mit dem Lineal gezogen. Diese Bebauung kann man als Vorläufer unserer heutigen Villengebiete ansehen, eine Übergangszone zwischen Land und Stadt.

In Städten, in denen man mit weiser Voraussicht Teile dieser Bezirke mit alter Bebauung erhalten hat, trifft man viele schöne Beispiele für Häuser an, bei denen Details, Haus und Grundstücksplanung miteinander harmonieren. In Schweden findet man noch einige dieser Beispiele, etwa im Süden Stockholms, im „Kulturhusreservatet" (alter denkmalgeschützter Stadtteil in Linköping), Alt-Västervik und Katrumpan in Kalmar.

Daß die Grundstücke sehr klein sind, ist nicht so wichtig. Sie werden oft durch hohe oder halbhohe Bretter- oder Staketenzäune eingegrenzt, die zusammen mit großen Fliederbüschen und Kletterrosen einen wunderbaren Sichtschutz bieten. Manchmal kann man ganze Viertel finden, die trotz der Unterschiede von Häusern und Grundstücken ein Gefühl von Einheit und Harmonie geben. Es wäre eine dankbare Aufgabe für unsere Planer, in unseren Einfamilien- und Reihenhaussiedlungen eine ähnliche Atmosphäre zu schaffen.

Einige schöne Beispiele von dichter Bebauung gibt es in alten Fischer- und Seefahrersiedlungen, z. B. im Bohuslän, in Skåne oder in den Haufendörfer Dalarnas. Diese Dorfgebilde haben offenere Grundstücke, die höchstens mit

Schlichte Außenmaterialien und ein abschirmender Bretterzaun mit grünen Kletterpflanzen verleihen dieser dänischen Reihenhaussiedlung Charakter.

Ein hübsches altes Haus in Västervik. Der Plankenzaun mit Tür in zwei unterschiedlichen Blaunuancen bietet dem kleinen Grundstück Schutz vor Witterung und Einblick.

Eine kleine offene Veranda mit flacher Dachneigung, die an das Dach angeschlossen wurde. Der Zaun davor ist symmetrisch angeordnet. Beide Teile sind mit weißer Ölfarbe gestrichen.

Ein altes Fischerhaus in Skåne. Ein ausgezeichnetes Vorbild für die heutigen Reihenhäuser. Die Steinmauer grenzt den gepflegten Garten vom Dorfweg ab.

einem einfachen Lattenzaun oder einer niedrigen Mauer eingefaßt sind. Dadurch erhält man zwar Ausblick, auf der anderen Seite jedoch auch Einblick. Hier präsentiert man stolz seinen Garten mit Blumenbeeten und sauber geschnittenem Rasen.

Die ersten Villenviertel

Die ersten auf dem Reißbrett geplanten Wohngebiete mit Einfamilienhäusern gab es in Schweden zu Beginn des 20. Jahrhunderts. Einer meiner liebsten Stadtteile, der diese frühe Wohnkultur sehr schön zeigt, ist „Gamla Enskede" in Stockholm. Dort streife ich immer wieder begeistert mit der Kamera umher.

Die Grundstücke in dieser Gegend sind relativ klein. Die anderthalbgeschossigen Häuser besitzen alle annähernd einheitliche Dachneigung und Grundriß. Die Details der Wandverkleidungen, Fenstereinfassungen, Vordächer und Veranden bieten abwechslungsreichen Charme. Hier findet man Häuser im Jugendstil, Schweizer- und Landhausstil. Die unterschiedlich ausgerichteten Verbretterungen lassen die Wände lebhaft erscheinen. Die Häuser sind meist mit heller Ölfarbe gestrichen. Die Farbgestaltung wird durch weiße oder farbige Fenstereinfassungen abgerundet. Häufig findet man das „Faluner Rot", den für Schweden typischen roten Farbton. In diesen harmonischen Rahmen fügen

Ein schönes Holzhaus in Gamla Enskede. Die Fassade in dem charakteristischen Faluner Rot mit weiß gestrichenen, liebevoll angeordneten Details ist typisch für die frühen Villen.

sich gestutzte Hecken, phantasievolle Zäune und hübsche weiß gestrichene Gartentore ein.

Trotz der Nähe zu Hauptverkehrsadern wird der Lärm durch dichtes Grün stark gedämpft. Die Wohnstraßen sind ruhig und werden im großen und ganzen nur von Anliegern benutzt.

Gamla Enskede bietet ein Beispiel für eine Bebauung, durch die ein Stadtteil geschlossen und einheitlich erscheint, obwohl kein Haus dem anderen gleicht. Die Häuser strahlen auf eine eigentümliche Art und Weise den kleinbürgerlichen Charme vergangener Tage aus. Hier präsentiert sich eine schmuckreiche Bebauung der frühen Zeiten, bevor der Funktionalismus in den dreißiger und vierziger Jahren Einzug hielt.

Sorgfältige Holzarchitektur

Die meisten Häuser in Gamla Enskede wurden individuell von Architekten entworfen. Zu Beginn des 20. Jahrhunderts sprachen sich einige für einheitliche Stilelemente und schlichtere Formen aus und reagierten damit auf den mit Schmuckelementen überladenen Stil, der bis dahin vorherrschte. Sie setzten dem eine schlichtere Holzarchitektur dagegen, die liebevoll mit Details umging, ohne jedoch die Gesamtheit pompös zu überladen.

Genau diese Sorgfalt in der Gestaltung findet man auch in den Küstengemeinden im Bohuslän. Um den Gesamteindruck zu verstärken, sind die Häuser hier außerdem weiß oder in hellen Pastelltönen gestrichen.

Für den Menschen geplant

In diesen Gemeinden ergibt sich durch die Grundstücke, Tore und Zufahrten der charakteristische Eindruck einer dichten Bebauung. Bedeutsam für die Lage eines Fischerhauses war die Nähe zu einem guten, natürlichen Hafen und der Schutz vor dem Wind. Oft sind die Grundstücke sehr hügelig. Die Häuser wurden so angeordnet, daß ein Fenster Seeblick bot, ohne daß das Haus selbst dem Nachbarn den Blick auf das Meer versperrte.

Die Karte eines alten Küstendorfes im Bohuslän zeigt uns daher eine ganz spezielle Anordnung, die sich stark von der geradlinigen Planung heutiger Zeit unterscheidet. Und genau das ist es, was man instinktiv so gern hat. Zwischen den Häusern mit ihren verwinkelten Giebeln schlängelt sich eine kleine Straße durch das Dorf. Sie endet am Meer, wo das Wasser zwischen Bootsstegen und den Geschäften der Schiffsausrüster blinkt. Die Grundstücke und Häuser sind den natürlichen Gegebenheiten des Grundstückes angepaßt. Häufig begrenzen weißgestrichene Zäune und gestutzte Hecken die kleinen Grundstücke. So erhält man Wind- und Sichtschutz im Sommer und einen schönen Ausblick im Winter. Ich kenne keine Gegend, in der die Flaggenmasten so dicht stehen wie in den Fischerdörfern des Bohuslän. Das mag daran liegen, daß es hier keine hohen Bäume gibt. Aber wie dem auch sei, es sieht schön aus, besonders an den nationalen Feiertagen, wenn allgemeine Beflaggung angesagt ist, oder eine bedeutende Person der Gemeinde einen „runden" Geburtstag feiert.

Nach 1930

Es begann die Periode des Funktionalismus und die Zeit der Rationierungsmaßnahmen als Folge des Zweiten Weltkriegs. Der Funktionalismus bedeutete eine Reaktion auf die überladene Hausarchitektur. Das funktionelle Haus besitzt selbstverständlich seinen ästhetischen und praktischen Wert, der im vereinfachten Baustil liegt. Was jedoch die traditionelle Holzarchitektur angeht, kann man heute sagen, daß der Funktionalismus als Modeerscheinung sich verarmend auf sie auswirkte.

Die Fischerdörfer im Bohuslän empfinden wir als menschlich und heimelig. In ihrer Anlage unterscheiden sie sich deutlich von vielen modernen Eigenheimsiedlungen, die meistens flach, geradlinig und rechtwinklig angeordnet sind.

Nach dem Zweiten Weltkrieg zog es viele Menschen in die Städte. Um die Wohnungsnot zu beheben, entwickelten kommunale und staatliche Einrichtungen sogenannte Generalpläne. Das „Millionenprogramm" sah vor, in kurzer Zeit eine Million Wohnungen zu bauen. Das traurige Resultat waren die Mietskasernen, die wir heute noch überall finden.

Um hohen Baukosten entgegenzuwirken und gleichzeitig ein hohes Niveau zu erreichen, wurden Standardisierung und Rationalisierung die Schlüsselworte bei der Planung neuer Wohngebiete. Die Einfamilienhausplanungen der nächsten vierzig Jahre gerieten ziemlich langweilig: Bebauung und kleine Grundstücke im Schachbrettmuster, das Haus in der Mitte des Grundstückes, die Garage rechts oder links daneben. Die staatlichen und kommunalen Planer strebten selbstverständlich nach optimaler Ausnutzung des Geländes. Kanalisation und Straßen wurden so rationell wie möglich gebaut.

Man entwickelte das Typenhaus. Diese Bebauungen liegen rund um die Städte. Man erkennt, daß Ende der fünziger Jahre gelbe oder rote Fassadenziegel modern waren. Ende der sechziger Jahre waren es sogenannte „Mexi"-Ziegel und schwarze Dachpfannen. Ende der siebziger Jahre bekamen die Einfamilienhäuser einen Landhauscharakter, inspiriert durch die „grüne Welle". Die Holzfassade kam wieder in Mode, und man baute eine einfache Veranda auf der Vorderseite.

Die Holzarchitektur hat sich in den letzten Jahren zu etwas entwickelt, das man mit dem Begriff „amerikanischer Stil" umschreiben könnte. Das Haus wirkt groß mit breiten Dachüberständen. Das Haus selbst ist unregelmäßig, häufig mit angebauten Erkern und Wintergärten mit Schiebetüren ausgestattet. Hier kann frei und hell geplant werden. Rund ums Haus gibt es die Möglichkeit, Freisitze zu schaffen. Man versucht, zeitlose und schöne Lösungen zu finden, die nicht einer Mode unterworfen sind.

Standard und Qualität

In den vergangenen 15 Jahren wurde viel über das perfekte Energiesparhaus diskutiert. Man hat viele neue Materialien ausprobiert, die geeignet erschienen, um den Bau zu vereinfachen und die Unterhaltskosten zu senken. Heute wissen wir, daß trotzdem oft umfassende Erneuerungen notwendig werden, die hohe Kosten verursachen. Manchmal müssen schlechte Baumaterialien ausgetauscht oder die Ursachen schlechter Bauausführung behoben werden. Wir haben alle von den Problemen gehört, die im Zusammenhang mit Radon, Schimmel, Feuchtigkeit, Wassereinbrüchen, Formaldehyd und anderen allergieerzeugenden Stoffen auftreten. Die Anstreicher werden von Farben und Lösungsmitteln krank. Die nächste große Debatte wird sich an der schlechten Holzqualität im Fenster- und Fassadenbau besonders im Zusammenhang mit falsch gewählten Außenfarben entfachen.

Das große Angebot von Baumaterialien hat zur Folge, daß neuere Bebauungen als sehr bunt empfunden werden. Der Verbraucher hat es heute schwer, eine angemessene Farbgestaltung zu bewältigen, da es keine Tradition mehr gibt, auf die man zurückgreifen könnte. Sicherlich wird man auch ratlos, wenn die Farbenproduzenten in Intervallen von 3 bis 4 Jahren abwechselnd für Lasuren oder Deckfarben plädieren.

Fragen Sie heute in einer Farbhandlung um Rat, werden Sie wahrscheinlich Leinölfarben für Fassaden empfohlen bekommen. Man hat den Eindruck, daß sich hier wieder ein Kreis schließt. Echte Leinölfarbe und unsere „Faluner Rot"-Farbe sind Produkte, die seit sehr langer Zeit benutzt werden und sich bewährt haben. Man kennt alle Vor- und Nachteile, weiß, wie sie benutzt werden und auf die beste Weise gepflegt werden können.

Heute kann man feststellen, daß viele Menschen ihre Häuser gern hellgrau mit weißem Zierwerk streichen. Hierzu werden rote Dachziegel oder ziegelfarbige Betonpfannen gewählt. Dies ist wohl eine instinktive Reaktion gegen die übertriebene Vielfarbigkeit.

In diesem Buch behandeln wir unter anderem Farben und Holzqualitäten, um Ihnen zu zeigen, wie man eine gute Hausfassade mit Holz gestaltet und ausführt.

Wie man ein Grundstück richtig plant und nutzt

Es ist ein Unterschied, ob man ein neues Haus baut oder in einen Altbau einzieht. Im ersten Fall haben Sie natürlich größere Möglichkeiten, den Gesamteindruck mitzugestalten. Kaufen Sie ein älteres Haus, werden Sie schnell feststellen, ob die Anlage Charme hat, Ihnen die Planung sinnvoll erscheint und Ihrem Geschmack entspricht.

Ob Sie nun beabsichtigen, ein neues Haus zu bauen oder ein altes zu kaufen, immer ist es wichtig, daß das Grundstück in einer hübschen, guten Umgebung liegt, die Ihnen und Ihrer Familie gefällt.

Wie plant und nutzt man nun ein Grundstück? Wir Menschen sind alle unterschiedlich. Der eine besitzt vielleicht viel Geschick im Umgang mit Pflanzen und schmückt seinen Garten am liebsten mit Blumen und Gemüsebeeten. Dieser Mensch ist bereit, viel Zeit und Mühe in seinen Traumgarten zu investieren. Ihr oder ihm macht der tägliche Rundgang im Garten keine Mühe, wenn es darum geht, zu beobachten und die Anlage zu pflegen. Eine recht verbreitete Gattung ist dagegen der Mensch, der den „pflegeleichten" Garten bevorzugt. Die meisten von uns haben leider nicht viel Zeit. Die Freizeit ist auf die Wochenenden und die Ferien begrenzt. Ich selbst besitze einen alten verwilderten Bauerngarten, in dem ich die Zeit mit Rasenmähen und Laubharken verbringe.

Ein Garten muß nicht besonders groß sein, um praktisch und gut angelegt werden zu können. Wir haben vorher schon erwähnt, wie ansprechend die Bebauung des 19. Jahrhunderts mit ihren abwechslungsreichen Gebäuden und hinter Brettern und hohen Lattenzäunen versteckten kleinen Grundstücken wirkt. Die Wohngegenden, die mir am besten gefallen, finde ich in einigen alten Stadtkernen und Küstengemeinden. Die Planung wird stark durch die Gegebenheiten des Grundstücks beeinflußt. Es ist ein Unterschied, ob das Grundstück eben oder hügelig ist. Ich glaube, es war der bekannte finnische Architekt Alvar Aalto, der niemals ein Haus entwarf, wenn das Grundstück nicht eine Hanglage aufwies.

DER FREISITZ – WOHNRAUM DES HAUSES

Eine schöne Terrasse oder Veranda oder, um einen anderen Begriff zu gebrauchen, ein Freisitz ist ein wichtiger Bestandteil des Grundstückes. Hübsche, pflegeleichte Holzdielen, Zäune und Tore sind weitere Details, die Sie selbst aus Holz bauen können.

Der Freisitz in seiner besten Form ist so angelegt, daß er auf natürliche Weise wie ein Wohnraum zu nutzen ist. Er kann an das Wohnzimmer, das Schlafzimmer oder die Küche anschließen. Er kann mit einem verglasten Teil versehen sein, wie bei einem Gewächshaus, oder einem Schutzdach, das den Freisitz teilweise überdeckt. Aber der Gesamteindruck sollte stets harmonisch sein. Es gibt schon zu viele Fälle, in denen man den Freisitz zu dicht umbaute. So wurde dieser selbst und auch das Hausinnere dunkel und trostlos. Es ist nicht immer einfach, den Freisitz auf der sonnenreichsten Seite anzulegen und gleichzeitig auch die Kommunikationsprobleme zwischen Haus und Freisitz zufriedenstellend zu lösen. Oft muß man sich entscheiden, ob man der Morgen- und Vormittagssonne oder der Nachmittags- und Abendsonne Vorzug geben will. Lösen läßt sich dieses Problem auch manchmal durch zwei Freisitze an unterschiedlichen Seiten des Hauses.

Beim Neubau kann man vielleicht ein wenig das Baugeschehen beeinflussen, um so die Voraussetzungen für einen schönen Freisitz, vielleicht in einer Ecke zwischen Haus und Garage, zu schaffen.

Beobachten Sie deshalb, wie die Sonne das Grundstück ausleuchtet, ob größere Bäume lange Schatten werfen, die Ihren Freisitz beeinflussen könnten. Ein wenig Schatten kann man auch als Vorteil ansehen, besonders wenn die Sommersonne brennt.

Ein Sitzplatz schließt sich in seiner besten Form auf natürliche Weise an den Wohnraum an.

Ein weiterer wichtiger Aspekt ist der Sichtschutz, der aber trotzdem Ausblick gewähren sollte. Dies sollte man nicht überbewerten, aber es ist sicherlich angenehm, nicht den direkten Blicken der Nachbarn ausgesetzt zu sein. Wir haben vorher schon gesagt, daß man den Freisitz leicht zu stark umbaut, so daß man später weder die Nachbarn noch die Sonne sieht. Dies läßt sich vermeiden, indem man Einfassungen in unterschiedlichen Höhen baut. Ein Niveau von 150 bis 160 cm schützt vor Einsicht, wenn man sitzt und gewährt Ausblick, wenn man steht. Weitere Möglichkeiten sind freistehende Spaliere oder ein niedriger Bretterzaun mit Klettergerüst, den schnellwachsende grüne Kletterpflanzen wie Knöterich, Hopfen und Geißblatt beranken können. Ein solches Arrangement ist praktisch und hübsch, da es weder im Winter und Frühling das Licht nimmt, noch die Aussicht aus dem Hause behindert. Aber jeder Freisitz und jedes Grundstück besitzt seine Eigenheiten.

DER FREISITZ – EIN BEISPIEL AUS DER PRAXIS

Ich selbst habe im Verlauf einiger Sommer ein Ferienhaus gebaut, bei dem der Freisitz ein wichtiger Teil der Gesamtheit war. Es gab genug Gelegenheiten, den Lauf der Sonne zu beobachten. Die beiden Häuser liegen im stumpfen Winkel einander zugewandt und sind nach Süden und Westen ausgerichtet. Der Abstand zwischen den Häusern beträgt sechs bis sieben Meter. Hinter dem Haus verläuft ein Spazierweg, der durch einen winkligen Plankenzaun, der gleichzeitig die Häuser verbindet, abgeschirmt wird. Hier stehen auch einige Bäume, die morgens Schatten spenden. An der Längsseite des kleineren und zwischen der Glasveranda des größeren Hauses gibt es einen Holzboden mit dem gleichen Höhenniveau des Hausfußbodens. Während des Baues ließen wir die Fußbodenbalken aus den Wänden herausragen, so daß sie die Träger für den Holzboden bilden konnten. Diese Planung wurde eigentlich durch die Stege und Brücken im Bohuslän inspiriert, obwohl das Haus weit vom Ufer entfernt liegt.

Zwischen den Häusern gibt es einen niedrigeren verbindenden Holzboden, der nach hinten durch eine Holzwand begrenzt wird. Dieser Freisitz verfügt über drei Ebenen mit vielen Ecken und Winkeln. Hier gibt es Platz für Gartenmöbel, Sonnenliegen und eine Hängematte. Damit man diese aufhängen kann, wurde ein kräftiger Pfahl in der Ecke an der Vorderkante des Freisitzes auf der Längsseite des kleinen Hauses verankert. Wir sahen auch eine Befestigung für ein Sonnensegel vor, das über den Freisitz gespannt werden kann.

Während des Sommers hat dieser Freisitz täglich zwölf Stunden Sonne, und zwar von 9 bis 21 Uhr. Die Ecken und Winkel geben Wind- und Sonnenschatten. Ein Problem ist, daß die Hauptwindrichtung auf der offenen Seite des Freisitzes liegt. Deshalb werden einige Meter von der Kante des Freisitzes entfernt Heckenrosen gepflanzt. Gestützt können sie bis zu 1,20 m hoch werden. Sie brechen den Wind, stören aber nicht die Aussicht.

Auf der Rückseite des großen Hauses gibt es schon vor neun Uhr morgens Sonne. Deshalb wurde eine große „sitzfreundliche" Holztreppe vor der Diele auf jener Seite errichtet. Hier sitzen wir gern in der Morgensonne mit einer frühzeitigen Tasse Kaffee und einem Frühstücksbrötchen.

Eine „sitzfreundliche" Treppe

Am frühen Morgen gibt es schon Sonne auf der Rückseite des Hauses, deshalb haben wir die Treppe vor dem Dieleneingang groß und sitzfreundlich gestaltet. Die Stufen führen aus drei Richtungen zur obersten Plattform. Der Winkel zwischen Front und Seiten beträgt 120 Grad. Das Material besteht aus 34 × 145 mm kesseldruckimprägnierter Kiefer und wird mit verzinkten Flachkopfnägeln 100 × 34 vernagelt.

Der Ausgangspunkt für die Größe der Treppe ist die Breite der Hinterkante. Die Seitenstufen stehen um 60° nach vorn abgewinkelt. Alle Maße und Linien werden im Maßstab 1:1 von oben gesehen auf eine große Spanplatte gezeichnet (die Abbildungen auf der nächsten Seite zeigen, wie man eine noch etwas breitere Treppe konstruiert). Anschließend wird die Treppe von unten nach oben zusammengenagelt: zuerst der große untere Rahmen mit Mittelstück und Stützen, die schräg in den Ecken stehen. Danach wird die erste Treppenstufe mit 20 mm Überstand vernagelt. Auf dem obersten Foto auf der nächsten Seite sehen Sie auch, wie das erste Brett des nächsten Rahmens eingepaßt wird.

Es ist sehr wichtig, daß man die Teile der Treppe sorgfältig zuschneidet und montiert, so daß sie präzise passen und ein sauberes Endergebnis erzielt wird. Reißen Sie die Sägeschnitte deutlich mit Hilfe des Tischlerwinkels, der Schmiege und spitzem Bleistift an. Schneiden Sie mit einer Baukreissäge zu, bei der sowohl Sägeblatt als auch Anschlag im entsprechenden Winkel schräggestellt werden können. Sie können aber auch einen feingezahnten, scharfen Fuchsschwanz benutzen.

Zuerst wird die Mittelstufe festgenagelt, danach prüfen Sie, ob der Winkel der Seitenstufen sauber anschließt. Deshalb sollte man die Seitenstufen zunächst etwas länger lassen, so daß der letzte Zuschniit auf Länge an der Hinterkante ausgeführt werden kann. Alle Sägeschnitte werden mit grobem Schleifpapier geglättet, so daß Sie dichte Gehrungsfugen in den Treppenecken erhalten. In den Ecken werden die Stufen schräg in der darunterliegenden Stütze vernagelt, deshalb kann es nicht schaden, für diese 45 mm dickes Holz zu verwenden. Die Löcher für die Nägel werden vorgebohrt, damit das Holz an den Enden nicht spaltet. Die drei Hölzer der oberen Stufe ruhen auf zwei zusätzlichen Stützen. Diese werden von unten als Übergang zwischen dem Außenrahmen und den drei Innenbrettern montiert.

Da eine solche Treppe viel Hirnholzstücke hat, welche mit der Zeit reißen können, muß das Holz mit Holzschutzöl oberflächenbehandelt werden. Diese Behandlung ist jährlich zu wiederholen. Es ist vorteilhaft, schon während der Herstellung alle Enden in Öl zu tauchen, so daß das empfindliche Hirnholz sich gründlich vollsaugen kann.

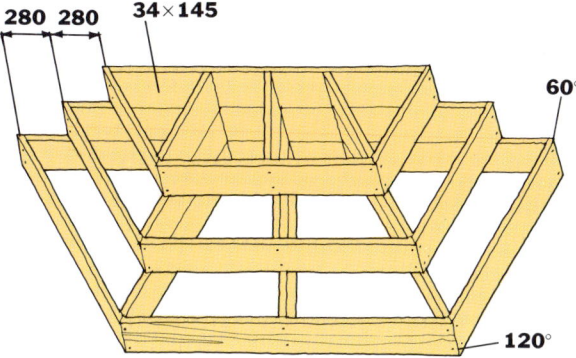

280 280 34×145 60° 120°

Die Zeichnung zeigt eine etwas breitere Treppenkonstruktion. Deren Breite bestimmt die Hinterseite, die an die Hauswand stößt.

Das Gerüst besteht aus drei Rahmen mit eingelassenen Versteifungen. Darauf werden die Treppenstufen festgenagelt.

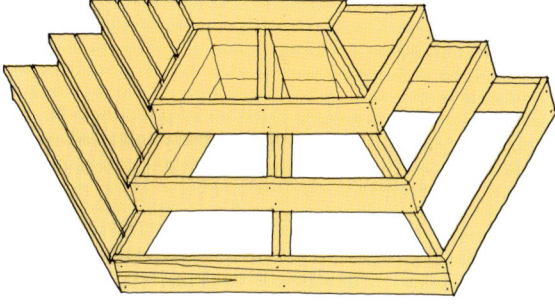

Sowohl Rahmen als auch die Auflagen der Treppenstufen müssen exakt auf Gehrung gesägt werden. Wir benutzten dazu eine Tischkreissäge mit verstellbarem Sägeblatt.

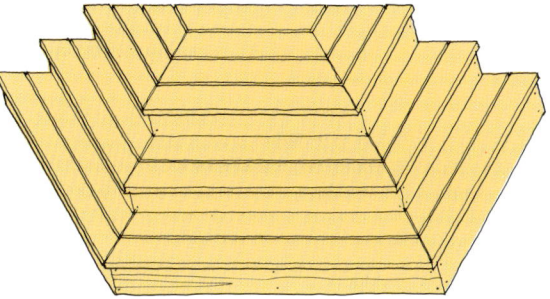

Die obere Plattform kann unterschiedlich gestaltet werden – wie hier, wenn die Treppe etwas breiter ist, oder wie auf dem Foto.

Eine solche Konstruktion hat viel Hirnholzseiten. Da sie besonders empfindlich gegen Feuchtigkeit und Austrocknung sind, müssen sie sorgfältig mit Holzöl oberflächenbehandelt werden.

Die Treppe schließt sich an der Rückseite des Hauses an die Diele an. Da das Haus in der Nähe eines alten Dorfes errichtet wurde, ist die Außengestaltung der vorhandenen Bebauung angepaßt. Dies ist empfehlenswert und in diesem Fall nach schwedischem Recht eine Voraussetzung für die Baugenehmigung.

Ein Freisitz mit mehreren Ebenen

Der Freisitz mit einem Holzboden aus Dielen liegt an der Längsseite des Hauses und ist ungefähr zwei Meter breit. Während wir das Haus bauten, ließen wir die Fußbodenbalken überstehen, die somit die Tragkonstruktion für den Holzboden ergaben. Auf diese Weise erhielten wir außen dasselbe Höhenniveau wie im Inneren des Hauses. So entsteht der Eindruck, daß der Freisitz zu den Räumen des Hauses gehört.

Zwischen den beiden kleineren Ebenen liegt eine niedrigere Plattform, welche die beiden Häuser gemeinsam mit dem weißen Plankenzaun verbindet. Dieser Zaun ist aus den gleichen Brettern und im gleichen Profilmuster hergestellt wie die Hauswände.

In der Wand befindet sich eine kleine Tür, die als Durchgang zur anderen Seite dient. Der Pfosten, auf dem ein ovaler Stein liegt, ist als Befestigung für eine Hängematte oder für ein Sonnensegel gedacht.

Die große Plattform dient als „Gemeinschaftsraum" und bildet die Verbindung zwischen den Häusern.

Das kleine Haus umfaßt zwei Räume, die Dusche, Waschmaschine, Ankleide und Gästezimmer enthalten.

Das Dach hat einen weiten Überstand, welcher Fenster und Türen schützt. Türen führen von der Glasveranda und vom Schlafraum auf den Freisitz. Die nach innen zu öffnende Glastür des Schlafzimmers ist eine empfindliche Konstruktion mit Spiegel und dünnen Sprossen, sie wird durch eine nach außen zu öffnende Holztür geschützt.

Ein Freisitz mit einem Plankenzaun verbindet die beiden Häuser. Der Freisitz liegt so, daß er den ganzen Tag Sonne erhält. Dieser Außenbereich mit seinen verschiedenen Ebenen ist durch die Bootsstege im Bohuslän inspiriert.

Beim Sommerhaus ist der Außenbereich ein wichtiger Platz. Deshalb sollte der Kontakt zwischen
Wohnräumen und Terrasse einfach
und günstig sein – wie hier mit
mehreren Türen.

Die Schwellen liegen auf Fundamenten aus Betonblöcken, die im Erdreich vergraben sind und ihrerseits auf
festem Untergrund ruhen.

Die Schwellen werden mit der Wasserwaage ausgerichtet
und durch Klötze aus druckimprägniertem Holz auf die
richtige Höhe gebracht.

Die Konstruktion des Freisitzes

Die Unterkonstruktion besteht aus drei längsverlaufenden Kanthölzern in den
Abmessungen 100×100 mm. Diese liegen auf Betonklötzen, die als feste Unterlage im Boden eingegraben werden. Auf den Betonblöcken liegen Klötze aus
druckimprägniertem Holz. Die Bodenträger werden mit einer langen Wasserwaage horizontal ausgerichtet.

Der Abstand zwischen den Kanthölzern beträgt zwei Meter. Quer darüber
sind Kanthölzer in den Maßen 45×120 mm im Abstand von 50 cm genagelt.
Alle Kanthölzer werden sorgfältig mit Streifen aus Teerpappe abgedeckt. So
wird das Holz vor Feuchtigkeit und Wasser von oben geschützt. Die Abdeckung
besteht aus gehobelten druckimprägnierten Brettern von 100×34 mm. Da
diese Bretter zur Verlängerung aneinandergestoßen werden, bohren Sie die
Nagellöcher vor, damit das Holz an den Enden nicht spalten kann. Zwischen
den Brettern verbleibt eine Fuge von 10 mm.

Zum Vernageln benutzen Sie deshalb 10 mm starke Distanzhalter aus Holz.
Rechtwinklige Sägeschnitte werden mit der Tischkreissäge, die schrägen mit

der Handkreissäge ausgeführt. Die Tischkreissäge ergibt sauberere Schnitte als die Handkreissäge. In beiden Fällen jedoch fasen Sie die Sägeschnitte mit grobem Schleifpapier.

Die drei tragenden Kanthölzer ruhen auf Unterlagen aus Beton, die in den Boden eingegraben wurden. Sie müssen auf jeden Fall den Grassoden und die gesamte Humuserde bis zum festen Untergrund beseitigen. Besteht dieser beispielsweise aus weichem Ton, muß man stärkere Betonfundamente tief in den Boden gießen.

Die richtige Höhe für die Kanthölzer wird durch Klötze aus druckimprägniertem Holz erreicht. Das gesamte Holzwerk der Unterkonstruktion wird mit Streifen aus Teerpappe abgedeckt. Das gilt auch für die Oberseite der Betonklötze – zwischen Beton und Holz. Um die Bodenträger waagerecht auszurichten, verwenden Sie eine lange Wasserwaage.

Ein Plankenzaun als Sichtschutz und Abgrenzung

Zwischen den Häusern haben wir einen Plankenzaun errichtet, um den Freisitz nach hinten zu begrenzen und einen Sichtschutz zu erhalten. Die Höhe des Zauns beträgt 165 cm, so daß man darüber hinwegblicken kann, wenn man auf dem Freisitz steht. Als Abschluß liegt oben ein Querholz (Rähm) auf.

Das Gerüst der Wand besteht aus druckimprägniertem Kiefernholz der Klasse A. Die Pfosten bestehen jeweils aus zwei Brettern in den Abmessungen 34 × 145 mm und einem 45 × 95 mm starkem Kantholz dazwischen. Auf diese Weise hat jeder Pfosten einen Querschnitt von 113 × 145 mm. Drei waagerechte Riegel von 45 × 120 mm liegen zwischen den Pfosten. Auf dem obersten Riegel genauso wie auf dem Rähm wird ein 34 × 145 mm breites Brett vernagelt, so daß der Querschnitt einem T-Träger gleicht. Auf dem Foto sind noch nicht alle Stützen zwischen der Oberkante der Bretterwand und dem darüberliegenden Rähm montiert. Die Oberseite des Rähms wird mit weiß-lackiertem Blech eingekleidet.

Gewöhnliche gehobelte (dreiseitig gehobelt, einseitig ungehobelt) Paneelbretter in den Abmessungen 22 × 145 mm werden beidseitig aufgenagelt. Die Stöße werden mit einer Profilleiste abgedeckt, so daß der Zaun genauso aussieht wie die Hauswände.

Alle Schwellen und Kanthölzer werden zum Schutz gegen die Feuchtigkeit von oben mit Streifen aus Teerpappe bedeckt. Die kräftige Bodenbeplankung wird auf den Bodenträgern mit feuerverzinkten Flachkopfnägeln vernagelt. Um gleichmäßige Abstände zwischen den Brettern zu erhalten, benutzen Sie 10 mm starke Abstandhalter.

Der Plankenzaun in der Ecke zwischen den beiden Häusern ist 165 cm hoch, darüber liegt im Abstand von etwa 35 cm ein Rähm. Hier sind noch nicht alle Stützen zwischen Plankenzaun und Rähm montiert.

Der Eckpfosten im Querschnitt.

In dem Plankenzaun befindet sich eine 70 cm breite Öffnung, die durch eine Holztür verschlossen wird. Die Tür ruht in kräftigen Scharnieren aus feuerverzinktem Flacheisen. Die Bauteile für den Eckpfosten des Zauns werden auf der Tischkreissäge mit schräggestelltem Sägeblatt zugeschnitten. Sie werden anschließend wasserfest verleimt und vernagelt.

Wenn der Zaun winklig zwischen den Häusern stehen soll, wird zuerst der Eckpfosten aufgerichtet. Zwei kräftige Flacheisenbeschläge werden unten mit Sechskantschrauben befestigt. Für das Fundament gräbt man ein tiefes Loch. Quer über das Loch wird ein Holzstück gelegt, so daß der aufgerichtete Pfosten von unten gestützt wird, während die Flacheisenbeschläge ziemlich tief in das Loch ragen. Anschließend wird der Pfosten mit drei 25 × 45 mm starken Latten gestützt. Sie werden oben am Pfosten angenagelt und mit Schraubzwingen an eingeschlagenen Holzpfählen befestigt. Auf diese Weise kann der Pfosten lotrecht ausgerichtet werden, was Sie anschließend mit einer langen Wasserwaage prüfen. Am Ende wird das Fundament mit Beton ausgegossen. Nach einigen Tagen, nachdem der Beton ausgehärtet ist, entfernen Sie die Stützen.

Eine solche Treppe zu bauen ist einfach. Sie brauchen im Prinzip nur Säge und Hammer. Die Treppe ist breit und dient auch als Sitzplatz.

Eine Holztreppe zwischen den Freisitzen

Der Höhenunterschied zwischen den Ebenen beträgt 45 cm. Als Übergang gibt es eine breite Treppe, auf der man gut sitzen kann. Der Freisitz wurde bewußt mit unterschiedlichen Niveauhöhen und mit vielen Ecken und Winkeln gebaut, was schöner ist als ein gerader, rechtwinkliger Platz.

Die Holztreppe zwischen den Ebenen wurde aus druckimprägniertem, gehobeltem Holz in den Abmessungen 34 × 145 mm errichtet. Die Breite beträgt 3,5 m.

Die Treppenstufen bestehen aus zwei Brettern mit einer 10 mm breiten Fuge. Der Auftritt ist 300 mm breit. Der Überstand an der Vorderkante der Stufe beträgt 20 mm. Die Stufenhöhe der untersten Stufe beträgt 180 mm, die der obersten 145 mm.

Alle Teile werden mit verzinkten Nägeln mit flachem Kopf (100 × 34) vernagelt. In der Nähe des Hirnholzes müssen die Nagellöcher vorgebohrt werden, damit das Holz nicht spaltet. Die vier Konsolen, welche die Treppenstufen tragen, werden hinten schräg vernagelt.

Eine Treppe zum Garten

Am Ende des langen Freisitzes am kleinen Haus befindet sich diese Treppe. Sie ist 90 cm breit und aus 45 × 220 mm gehobeltem, druckimprägniertem Kiefernholz hergestellt. Es können auch schmalere Hölzer breitenverleimt werden, so daß Sie die richtigen Abmessungen erhalten.

In die Wangen werden Nuten eingelassen, in denen die Stufen fest sitzen. Die Nuten werden eingesägt und ausgestochen. Benutzt man die Oberfräse oder Kreissäge, müssen die Werkzeuge exakt an Leisten entlanggeführt werden, die mit Schraubzwingen oder Nägeln befestigt wurden.

Die Stufen werden wasserfest verleimt. Die Konstruktion wird von zwei 10 mm starken Gewindestangen zusammengezogen und -gehalten sowie mit Scheiben und Muttern gesichert. Gewindestangen sind in gut sortierten Eisenwarengeschäften erhältlich.

Die Holzmaße für diese Treppe sind großzügig dimensioniert: 45 × 170 mm druckimprägniertes Holz für die Wangen und 45 × 220 mm für die Treppenstufen. Behandeln Sie das Hirnholz mit Holzöl, besonders dort, wo es Bodenkontakt hat.

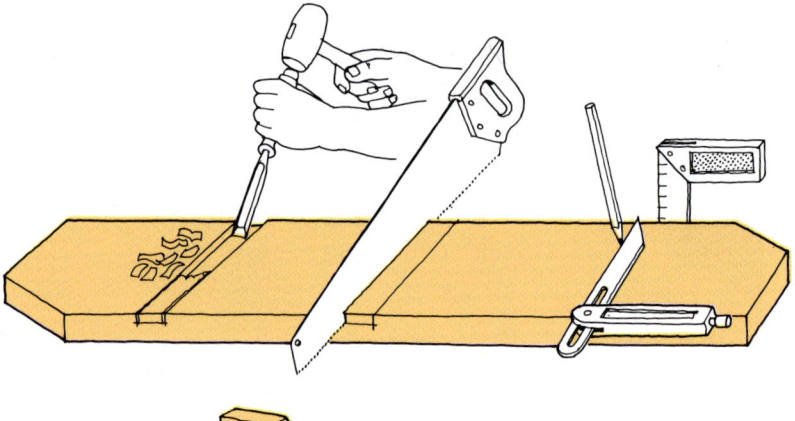

Alle Stufen werden 15–20 mm in die Wangen eingenutet. So wird die Konstruktion stabil. Die Nuten bewirken auch, daß die Stufen sich nicht verwerfen können.

Die Stufen haben Überstände, die an den Seiten die Nutverbindung verdecken. Zwei lange Gewindestangen mit Scheiben und Muttern halten die Treppe zusammen.

Die Oberflächenbehandlung

Die druckimprägnierten Bodenbretter sind mit 34 × 170 mm großzügig dimensioniert. Der Boden bleibt unbehandelt, so daß das Holz einen natürlichen grauen Farbton annehmen kann. Wird das Holz geölt, bekommt es mit der Zeit eine ziemlich dunkle Farbe.

Die unteren Bretter liegen seit drei Jahren und haben eine hübsche silbergraue Farbe angenommen. Sie weisen jetzt auch einige oberflächliche Risse auf, was jedoch die Haltbarkeit nicht beeinflußt, da das Holz ausreichend dick ist. Die oberen Bretter sind neu und besitzen noch den leichten gelb-grünen Farbton, wie er für druckimprägniertes Holz typisch ist.

Ein weiterer Vorteil liegt meiner Ansicht nach darin, daß unbehandeltes Holz nach dem Regen bedeutend schneller trocknet als geöltes. Auf einer gut geölten Oberfläche bleibt das Wasser länger stehen.

Auf einem Holzboden geht und liegt man gut. Er wird in der Sonne sehr schnell warm.

Die Wand und das Haus sind mit weißem Alkydharzlack (Kunstharzfarbe) gestrichen. Die Farbe ist thixotrop, was bewirkt, daß man dicke Farbschichten auftragen kann, ohne daß die Farbe Tränen bildet oder läuft. Für den ersten Anstrich ist es wichtig, die Farbe zu verdünnen, so daß sie tief ins Holz eindringen kann. Man sollte niemals direkt in der Sonne anstreichen. Die Farbe trocknet dann zu rasch, weil das Lösungsmittel schnell verdunstet. Der Farbe muß es gelingen, tief in das Holz einzudringen, bevor sie trocknet.

Um den Boden gegen Farbspritzer zu schützen, legen Sie eine Hartfaserplatte aus.

Die Bilder zeigen neue, druckimprägnierte Bodendielen (oben) und solche, welche drei Jahre im Freien waren (unten). Da letztere unbehandelt sind, erhalten sie auf natürliche Weise einen Grauton.

Im Bohuslän sind die Häuser oftmals weiß. Das wirkt schmuck und zeitlos. Wir haben das Außenholz und alle Holzverzierungen mit weißem Alkydharzlack von hoher Qualität gestrichen.

Ein langfristiges Projekt

Der Bau dieses Ferienhauses war ein langfristiges Do-it-yourself-Projekt und nahm sechs Jahre in Anspruch. Da das Haus auf einer Insel liegt, mußte das Baumaterial mit dem Boot herangeschafft und mit dem Traktor zur Baustelle transportiert werden.

Im ersten Sommer wurde der Brunnen und die Löcher für dreißig Betonfundamente gegraben, alle Tiefbauarbeiten führten wir mit der Hand durch. Der Boden besteht aus Sand und Kies ohne größere Steine. Die Fundamente wurden in Pappformen gegossen, der Beton aus einer Fertigmischung nur unter Zusatz von Wasser angemischt.

Im zweiten Sommer bauten wir die Außentoilette mit einer sogenannten Kompostierungskammer aus Glasfiberkunststoff. Die Toilette benutzt man ansonsten wie eine traditionelle Außentoilette und sie paßt daher gut auf eine Insel.

Im dritten Sommer wurde Strom installiert, so daß wir eine Tischkreissäge benutzen konnte. Jetzt wurden das Gästezimmer und die Abstellkammer gebaut, wie das Bild zeigt. Hier sieht man auch die überstehenden Holzbalken, die den Freisitz tragen. Die Wasserpumpe und der Warmwasserbereiter wurden installiert und die Zweikammerklärgrube für das Abwasser im Boden versenkt. Auf dem Vordergrund des Fotos sehen Sie auch die Betonpfeiler für das größere Haus, auf denen wir das Balkengerüst im vierten Sommer errichteten. Dach und Wände wurden verkleidet, so daß das Haus den Winter überstehen konnte. Das Bild zeigt das Fachwerk des größeren Hauses zu dem Zeitpunkt, als der Dachstuhl errichtet wurde.

Im fünften Sommer wurde das größere Haus fertiggestellt und mit Fußboden, Wänden, Dach, Küche und Kamin eingerichtet, so daß wir einziehen konnten.

Im sechsten Sommer wurden der Freisitz, der Plankenzaun und Treppen gebaut, das große Haus mit Windfedern ausgestattet und ordentlich angestrichen.

GARTENMÖBEL, ARBEITSBÖCKE, BLUMENKÄSTEN UND MEHR

Ein Gartentisch mit vielen Sitzplätzen

Dieser Tisch, an dem 10 bis 12 Personen Platz finden, wird an einer Stelle im Garten fest installiert. Wählen Sie einen schönen Platz in sonniger Lage mit gutem Sicht- und Windschutz. Dort kann man eventuell auch einen zünftigen Außengrill bauen.

Das Untergestell aus vier stabilen Beinen trägt sowohl die Platte als auch die Bänke. Es bleibt das ganze Jahr über im Freien. Darum bestehen die Teile A, B, C und D aus druckimprägniertem Kiefernholz der Klasse A. Die Beine werden im Boden mit vier Betonpfeilern vergossen.

Die Tischplatte und die Bänke sind abnehmbar und können während des Winters geschützt untergestellt werden. Es ist natürlich trotzdem vorteilhaft, sowohl Platte als auch Bänke aus der selben Holzqualität zu fertigen, wie die Beine.

Der Tisch kann länger als 3 m sein, vorausgesetzt ein weiteres Beinpaar wird in der Mitte plaziert. Alle Schrauben und Metallbeschläge müssen feuerverzinkt sein, so daß sie nicht rosten.

So wird es gemacht:

Stellen Sie die beiden Beinpaare A und B her. Die Beinlänge wird an die Beschaffenheit des Bodens angepaßt. Je tiefer sie in die Erde reichen, desto stabiler wird die Konstruktion. Das Bein A und die Bankauflage C werden mit durchgehenden kräftigen Bolzen mit Scheibe und Mutter verschraubt. Die Stützen D, die mit A vernagelt werden, tragen ebenfalls die Bankauflage C.

Die Beinpaare werden 60 cm von den Tisch- und Bankenden entfernt aufgestellt. Graben Sie vier passende Löcher. Bereiten Sie ein Loch im Boden vor und schlagen Sie anschließend die Beine ein, so daß sie fest stehen. Richten Sie die Teile senkrecht und waagerecht mit der Wasserwaage aus. Fertigen Sie die Tischplatte und die Bänke an, nageln oder schrauben Sie die Teile zusammen, und legen Sie Platte und Sitzflächen vorsichtig auf die Beinpaare. Die Teile G und J werden den Tisch- und den Sitzauflagen angepaßt, die Bänke auf ihrer Auflage mit durchgehenden Bolzen mit Scheiben und Muttern befestigt.

Oberflächenbehandlung

Um das Holz zu schützen, kann man die Oberfläche mit speziellem Öl für den Außenanstrich behandeln. Das ergibt ausreichenden Schutz mit wasserabstoßendem Effekt. Nach dem Regen bleibt das Wasser liegen und tropft von den Bank- und Tischoberflächen. Eine andere Möglichkeit ist, das Holz unbehandelt zu lassen, so daß es einen natürlichen Grauschimmer erhält. Wird die Holzoberfläche zweimal jährlich gescheuert, bleibt das Holz schön. Eine unbehandelte Oberfläche trocknet schnell.

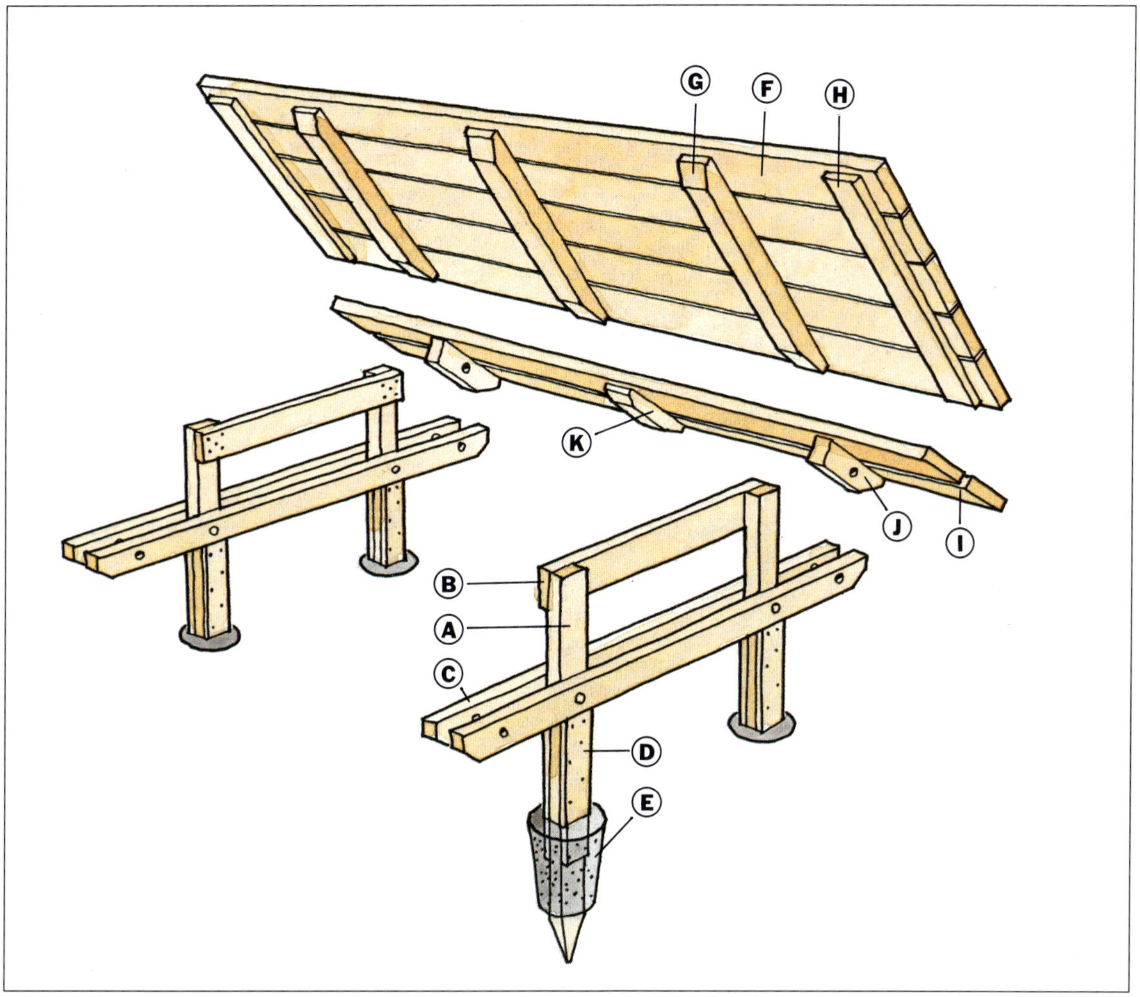

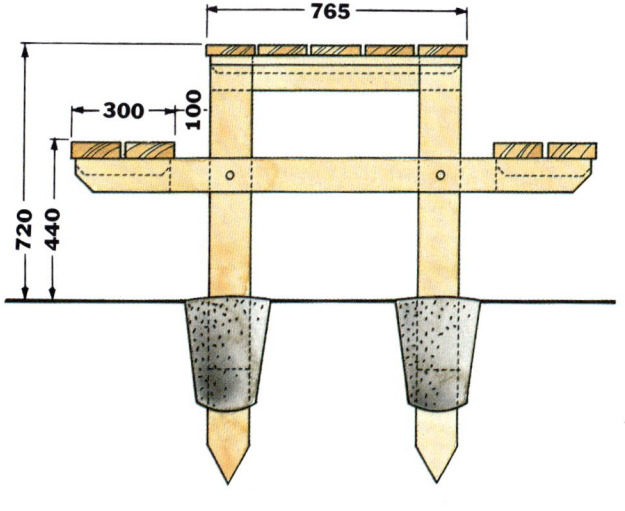

Bezeichnung	Anzahl	Maße in mm	Länge in mm
A. Bein	4	45 × 120	1200–1500
B. Tischauflage	2	22 × 95	745
C. Bankauflage	4	45 × 95	1500
D. Stütze	8	22 × 120	500
E. Betonfundament	4	⌀ 300	ca. 500
F. Tischplatte	5	28–34 × 145	max. 3000
G. Querriegel	3	45 × 95	745
H. Querriegel	2	22 × 95	745
I. Sitzbrett	4	45 × 145	max. 3000
J. Querriegel	4	45 × 95	280
K. Querriegel	2	45 × 95	280

Maße in mm

Tische und Bänke

Hier stellen wir einige bewährte Bänke vor, die mit oder ohne Rückenlehne hergestellt werden können. Zusätzlich finden Sie einen großen Tisch mit einer sehr stabilen Unterkonstruktion. Nur die Abmessungen des Holzes bestimmen die Größe der Möbel. Daher lassen sie sich sehr gut nach Maß anfertigen und z.B. auf der Terasse oder der von der Vormittagssonne beschienenen Giebelseite des Hauses einpassen.

Die Zeichnung zeigt eine Bank mit zwei Beinpaaren. Sie ist 1,50 m lang. Die Beine sind achtkantig zurechtgehobelt mit geschnitzten und gefeilten Rundzapfen. Das Foto zeigt eine Bank, die doppelt so lang ist und drei Beinpaare hat. Diese Beine sind rund gedrechselt und besitzen unten ein dekoratives Stabprofil.

Wenn Sie schon einmal Holz verarbeitet haben, wissen Sie wie schwer es ist, Möbel herzustellen, die sowohl bequem als auch stabil sind. Gartenmöbel bereiten besondere Schwierigkeiten, da Holz leicht verfault und die gewöhnlichen, verleimten Zapfenkonstruktionen durch Feuchtigkeit und Trockenheit schnell ihre Stabilität verlieren. Sitzmöbel werden außerdem stark belastet, was auch für Tische mit langen Beinen gilt. Deshalb sind die Diagonalverstrebungen des Untergestells besonders wichtig.

Material und Oberflächenbehandlung

Wir wählen druckimprägniertes Holz der Güteklasse A. Achten Sie darauf, daß es möglichst gerade und astfrei ist. Die Bank ist so konstruiert, daß sie das ganze Jahr über im Freien stehen kann. Die Oberfläche wird mit speziellem Öl getränkt. Die Füße, die sehr leicht Feuchtigkeit ziehen, sollten in ölgefüllte Dosen gestellt werden, so daß das Holz sich bis zur Sättigung vollsaugen kann. Ist die Bank beständig Wind und Wetter ausgesetzt, sollten Sie sie ab und zu scheuern, was ihr ein schönes, hellgraues Aussehen verleiht.

BANK 1

Diese Bank wird ohne jede Schraube zusammengesetzt. Es ist eine alte, bewährte Holzkonstruktion, bei der runde Zapfen durch die Querverbindungen und Sitzbretter geführt werden. Die Beine sind etwas schräg gestellt, wodurch die Bank auch auf etwas unebener Grundfläche stabil steht. Die schräggestellte Zapfenkonstruktion gewinnt bei Belastung an Tragfähigkeit. Benutzen Sie nur trockenes Holz, damit die Zapfen später an der feuchten Außenluft aufquellen können und der Bank zusätzliche Stabilität verleihen.

Die Beine sind achtkantig gehobelt und verjüngen sich nach unten. Die runden Zapfen können entweder geschnitzt und gefeilt oder gedrechselt werden. Die Zapfenlänge sollte so lang sein, daß der Zapfen sowohl durch das Querholz als auch die Sitzbretter reicht. Die Oberseite der Querstreben wird so zugesägt, daß die Sitzflächen sich nach innen neigen. Eine solche Sitzfläche ist bequemer als eine völlig ebene. Außerdem läuft das Regenwasser leichter ab, was gleich wichtig ist.

Vor der Montage der Teile werden alle Oberflächen und Kanten versäubert, abgerundet und gefast. Die Bretter werden auf die Querverbinder geleimt. Spannen Sie diese mit Schraubzwingen fest. Wenn der Leim getrocknet ist, werden die Löcher für die Beine gebohrt. Das geht am leichtesten mit einer Bohrwinde.

Sägen Sie einen Schlitz in jeden Beinzapfen und fertigen Sie passende flache Keile an. Treiben Sie die Zapfen in die Löcher ein, am besten mit etwas Leim. Von der Oberseite werden anschließend die Keile in die Zapfen geschlagen, so daß diese sich im Loch ausdehnen und festklemmen. Eine alte Tischlerregel sagt, daß die Keile so eingetrieben werden müssen, daß sie die Zapfen in der Faserrichtung der Sitzbretter ausdehnen, wie es auch das Bild zeigt. Auf diese Weise vermeidet man das Spalten der Sitzbretter. Überstehende Zapfenenden werden abgesägt, versäubert und auf eine Ebene mit der Sitzoberfläche gebracht.

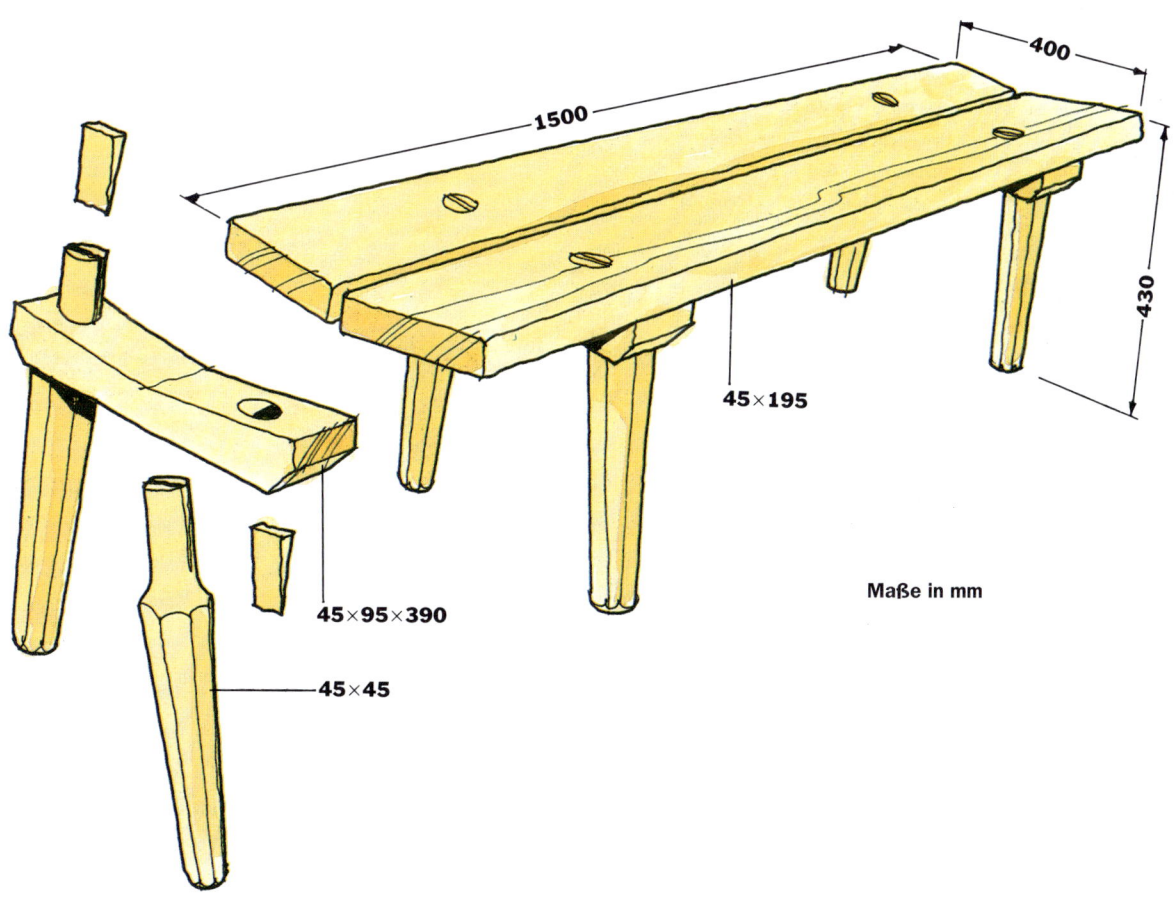

400

1500

430

45×195

45×95×390

45×45

Maße in mm

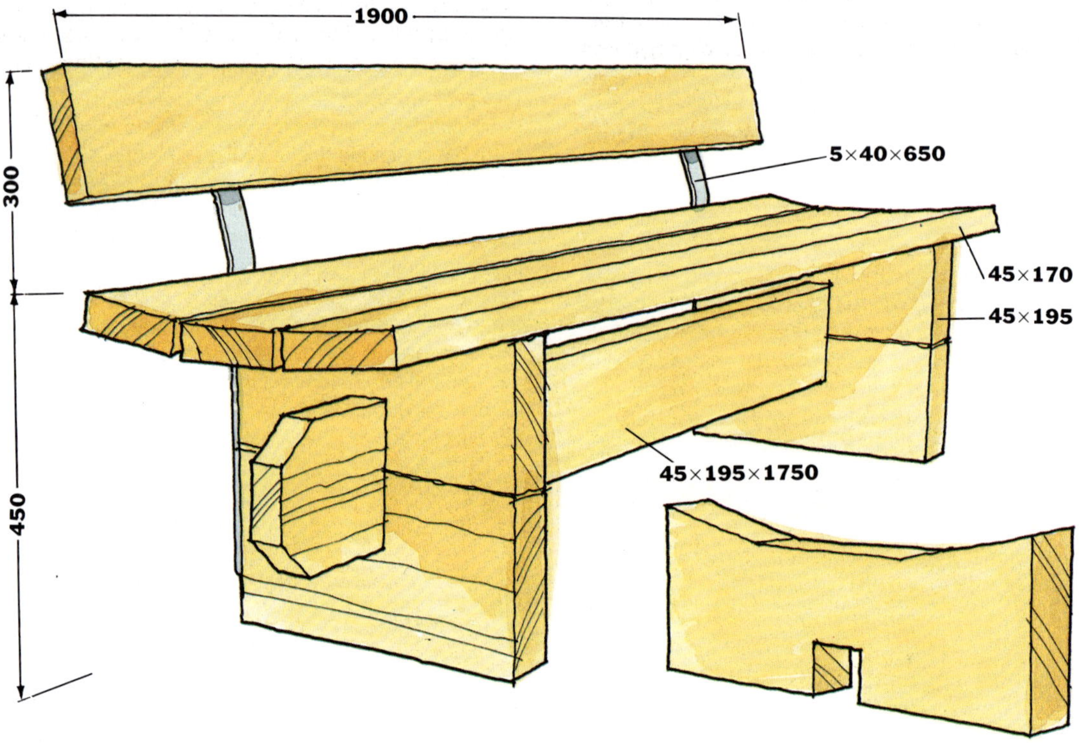

1900

300

450

5×40×650

45×170

45×195

45×195×1750

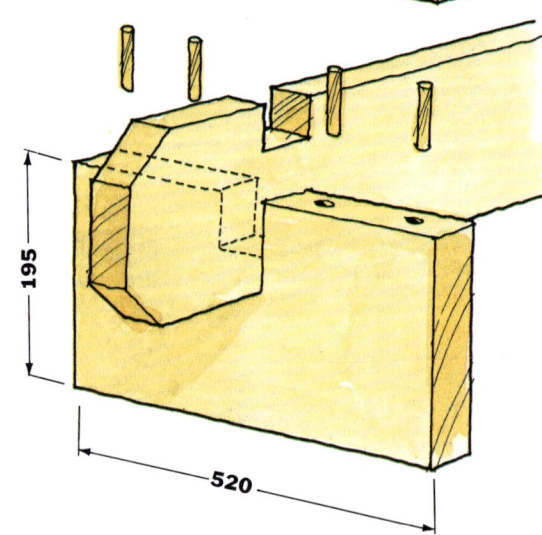

195

520

Maße in mm

BANK 2

Die Teile dieser Bank sind mit 45 × 170 und 45 × 195 mm sehr kräftig dimensioniert. Das Untergestell besteht aus zwei Wangen und einer Querbohle, die durch genau einge-paßte Überblattung verriegelt sind. Die Hälften der Wangen werden durch kräftige Holzdübel verbunden. Leim ist nicht nötig. Der hintere Flacheisenbeschlag verstärkt zusätzlich. Die Oberkante der Wangen wird so ausgeschnitten, daß beide äußere Sitzbretter zum mittleren, waagerecht liegen-den Sitzbrett geneigt sind. Das ergibt einen tiefen Sitz mit bequemer Wölbung, auf dem man bequem sitzen oder liegen kann. Die Bank ist ungefähr 2 m lang.

Jedes Sitzbrett wird auf dem Untergestell mit vier Holzdübeln befestigt. Diese Holzdübel sollten in den Sitz-brettern in Sacklöchern stecken, damit man sie auf der Oberseite nicht sieht. Messen Sie präzise aus und kenn-zeichnen Sie die Stellen für die Dübel genau. Ohne Leim bleibt die Bank zerlegbar, was ein Vorteil sein kann.

Die Rückenlehne wird durch zwei kräftige Flacheisen gehalten, die in einem Winkel von 20° abgewinkelt sind. Das Flacheisen wird mit Holzschrauben von hinten befe-stigt.

32

BANK 3

Dies ist eine recht lange Bank. Soll sie noch länger werden, bekommt sie mehr Beinstützen. Wird sie kürzer, reichen auch zwei aus. Wir benutzen durchgängig Holz mit einem Querschnitt von 45 × 70 mm.

Erst werden die Untergestelle, wie die Zeichnung zeigt, angefertigt. Die Ecken fügen Sie mit einer Überplattung der halben Holzstärke zusammen. Jede Ecke wird verleimt und mit vier Schrauben – zwei von jeder Seite – verschraubt. Den oberen Riegel schneiden Sie so zu, daß der Sitz nach innen eine Neigung bekommt. Die unteren Riegel erhalten Aussparungen für eine längs verlaufende Verstrebung. Die Verstrebung wird mit durchgehenden Schloßschrauben und Muttern befestigt. Befestigen Sie Füße aus dünnem, druckimprä-

gniertem Holz unter den Untergestellen. Die Sitzbretter werden von oben verschraubt. Benutzen Sie Messingschrauben mit Senkkopf oder versenken Sie die Schrauben entsprechend tief und decken Sie sie mit Holzstopfen ab. Leim zwischen Sitzbrettern und Untergestell festigt die Verbindung und verhindert, daß sich hier Feuchtigkeit ansammelt. Lassen Sie Vorder- und Hinterkante einige Zentimeter über die Untergestelle hinausragen.

Möchten Sie eine Rückenlehne haben, wird sie mit Flacheisen an der Rückseite befestigt. Die Leisten der Lehne werden mit Schloßschrauben und Muttern befestigt. Das Flacheisen winkeln Sie um 20° ab.

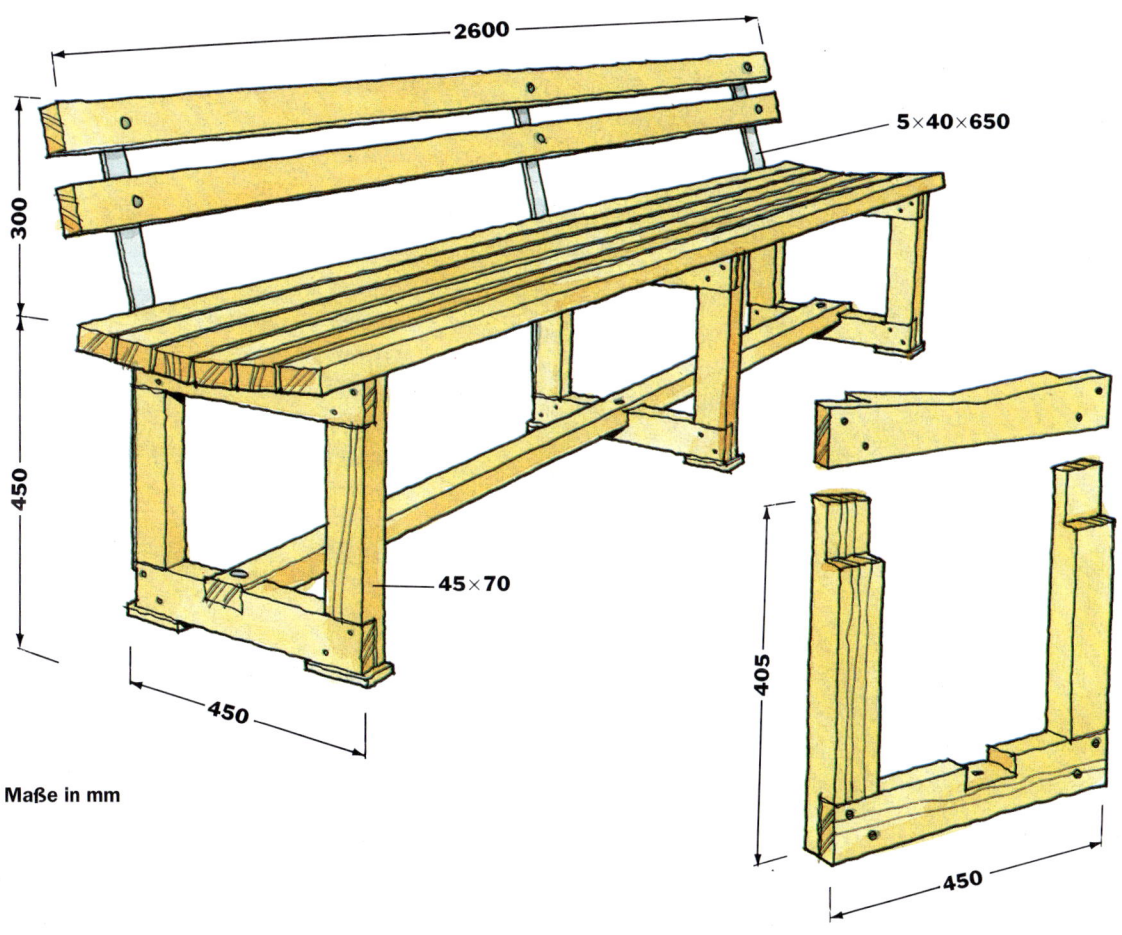

Maße in mm

EIN LANGER TISCH

Ein solcher Tisch ist hilfreich, wenn man ein Gartenfest für viele Personen ausrichtet. Er besteht aus vier Teilen, die leicht auseinanderzunehmen sind. Die Maße können verändert werden, so daß der Tisch kürzer und breiter wird.

Nach dem Bauprinzip werden alle Teile fest miteinander verbunden, wenn die Platte aufgelegt wird. Die beiden Untergestelle werden verbunden durch ein Mittelstück, das in vier Steckscharniere eingehakt wird. Es eignen sich beispielsweise Fensterscharniere oder kurze Torscharniere. Die drei Querverbinder der Tischplatte, die 45 × 70 mm stark sind, passen exakt zwischen die überstehenden Beinenden und ruhen auf der Oberseite des Mittelstücks. Alle Teile werden wasserfest verleimt und verschraubt.

Die Tischplatte hat eine Stärke von 28 bis 34 mm. Lassen Sie die Tischkanten einige Zentimeter über das Untergestell hinausragen. Wird der Tisch sehr lang, benötigen Sie ein paar kleinere Leisten, die die Hölzer der Tischplatte an den Außenenden miteinander verbinden.

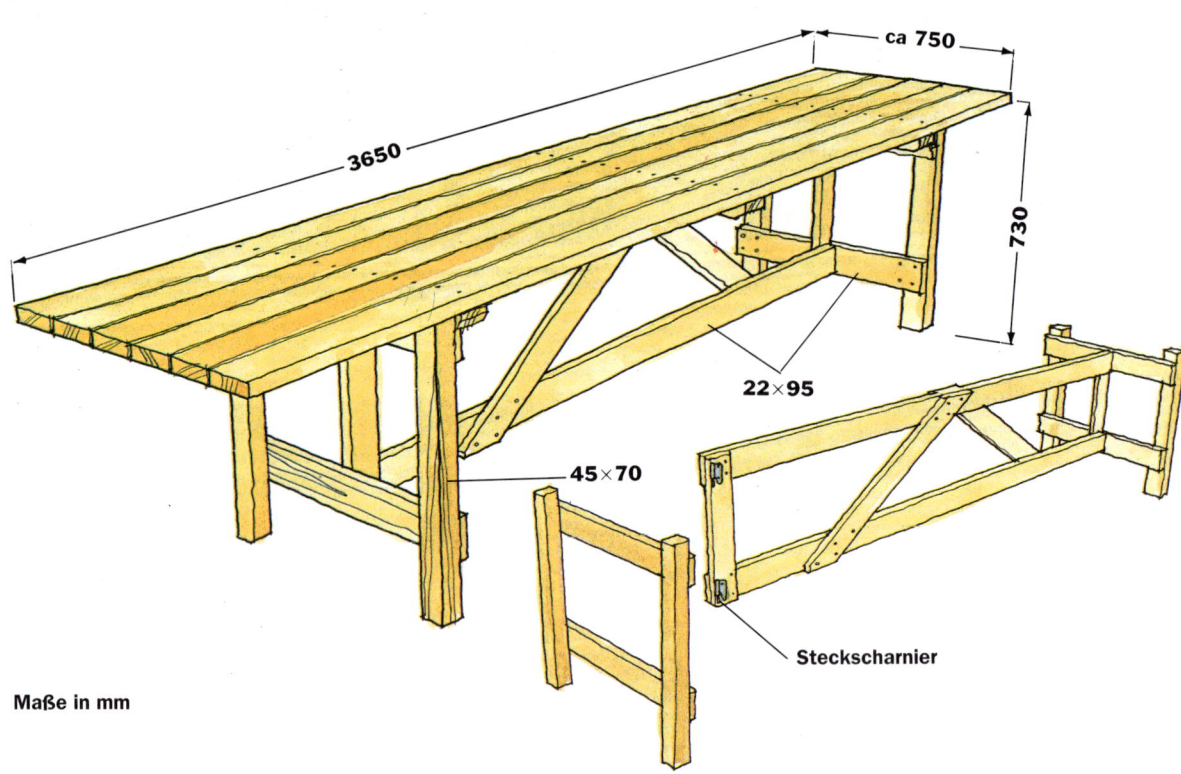

Maße in mm

34

Böcke

Ein paar Böcke erweisen sich oft als sehr nützlich. Man kann sie als Arbeitsböcke, als Gerüst oder als Untergestell für Tische und Bänke oder für eine Kinderwippe verwenden. Man fertigt sie auch zu speziellen Zwecken an, etwa als Sägeböcke oder Gestelle zum Aufpallen von Booten.

BÖCKE FÜR TISCHE ODER BÄNKE

Hier zeigen wir zwei traditionelle Bockkonstruktionen. Sie werden meistens draußen als Untergestell für Tische und Bänke benutzt, sind aber auch als Arbeitsböcke brauchbar. Zwei oder drei 400 mm hohe Böcke und eine kräftige Bohle (45 × 170 mm) ergeben eine stabile Bank im Garten, die Bohle zusammen mit einem Bock eine Kinderwippe.

Material

Für Böcke im Freien benutzen wir druckimprägniertes und qualitätskontrolliertes Holz der Klasse A. Das Hirnholz der Beine saugt Feuchtigkeit aus dem Boden. Um dem entgegenzuwirken, stellen Sie die Beine am besten einige Tage in Dosen mit Holzöl für die Anwendung im Freien, bis das Holz gesättigt ist.

Oberflächenbehandlung mit Alkydharzlack, Lasur oder Holzöl für den Gebrauch draußen.

So werden die Böcke gebaut

Beim linken Bock wird die Anlagefläche der Beine am Querträger schräg angehobelt, so daß sie nach außen streben. Wenn Sie den Bock 700 mm Höhe geben, kann eine Querverstrebung zwischen den Beinen notwendig werden.

Bei dem rechten Bock wird die Schrägstellung der Beine durch Aussparungen im Querträger erreicht. Es ist wichtig, sie sorgfältig anzureißen und auszuarbeiten. Benutzen Sie dazu den Tischlerwinkel und die Schmiege. Sägen Sie zwei Einschnitte und arbeiten Sie mit einem Stecheisen die Aussparungen aus. Anschließend glätten Sie mit einer Flachfeile.

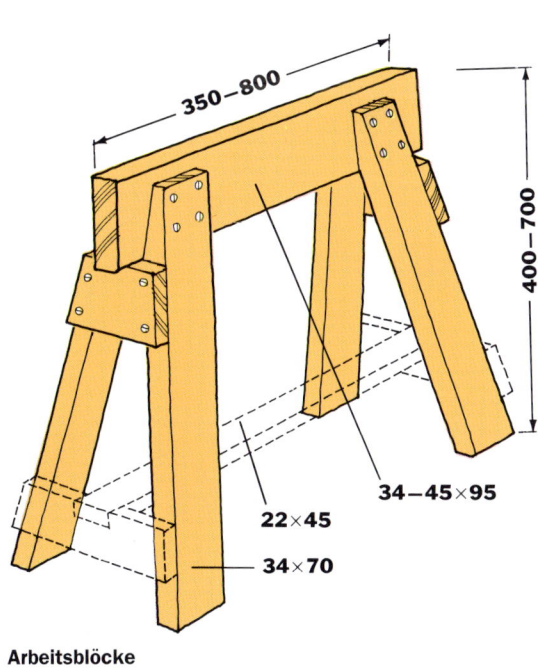

350–800

400–700

34–45×95

22×45

34×70

Arbeitsblöcke

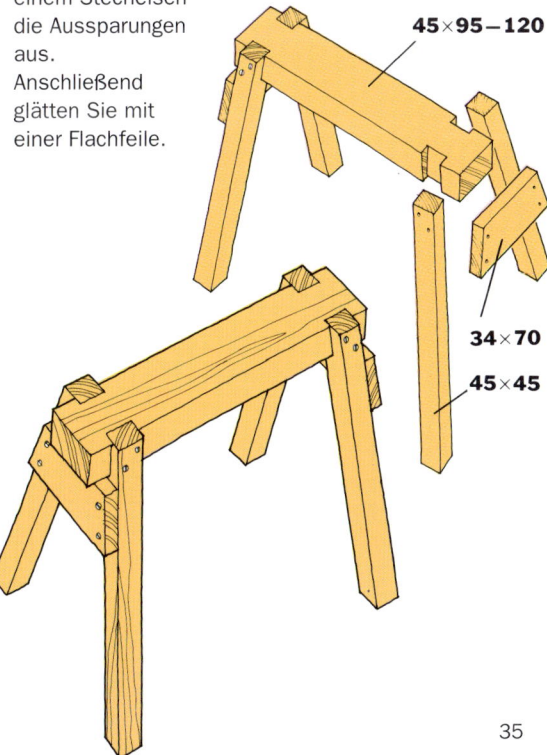

45×95–120

34×70

45×45

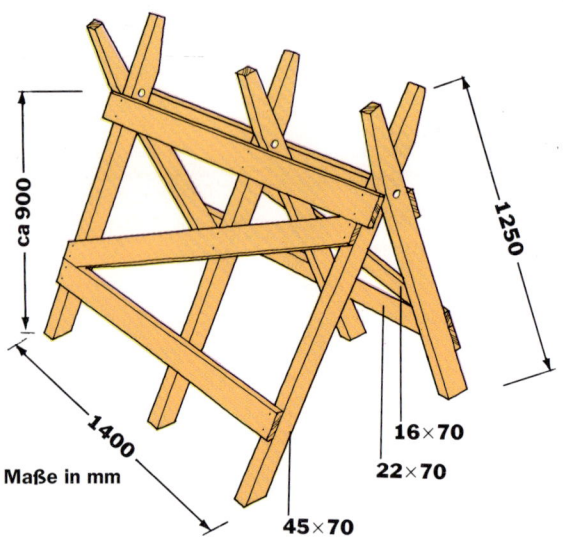

ca 900

1250

1400

16×70

22×70

45×70

Maße in mm

DER SÄGEBOCK

Die Teile werden unter Verwendung von Leim verschraubt oder nagelt, die drei gekreuzten Beinpaare mit
Maschinenschrauben, Scheiben und Muttern verschraubt, so daß sie auseinander- und zusammenge-
klappt werden können. Setzen Sie die oberste Querstrebe so an, daß sie als Arretierung für die
auseinandergeklappten Beine wirkt. Alternativ können
Sie zwischen den mittleren Beinen auch eine dünne
Kette anbringen, die dieselbe Funktion erfüllt.

ARBEITSBÖCKE

Diese Böcke sind vielseitig verwendbar. Eine lose Tischplatte und zwei Böcke bilden einen großen und hervorragenden Tisch für verschiedene Aktivitäten: Zeichen-
tisch, Näh- und Zuschneidetisch, Eßtisch für viele
Gäste, Werkbank in der Hobbywerkstatt und mehr. Als
Material wählen wir gehobelte Kiefer in den Abmessungen 22–28 × 70–95 mm. Eine geeignete Höhe ist
700 mm, die Breite 800 mm. Die untere Querstrebe
sollte ca. 400 mm breit sein.

So wird es gemacht:

Schneiden Sie zuerst alle Teile auf Länge. Die Abrundungen am Ständerwerk und an den Füßen werden mit
Hilfe eines Zirkels oder eines Gegenstandes mit ent-
sprechender Rundung angerissen. Schneiden Sie diese
mit der elektrischen Stichsäge aus. Alternativ können
statt Abrundungen auch Schrägen in einem Winkel von
45 ° mit einer feingezahnten Säge mit breitem Blatt zugeschnitten werden. Reißen Sie die Aussparung für die
obere Querstrebe und die T-Überplattung mit halber
Holzstärke an. Die letztgenannte Aussparung darf nicht
tiefer angefertigt werden, damit die Schrauben Halt bekommen. Benutzen Sie kleine Schrauben mit Scheiben
und Muttern. Die Querstrebe zwischen den Beinen verleimen Sie mit langen, dünnen Holzschrauben. Alle
Teile werden verleimt und verschraubt.

Arbeitsböcke

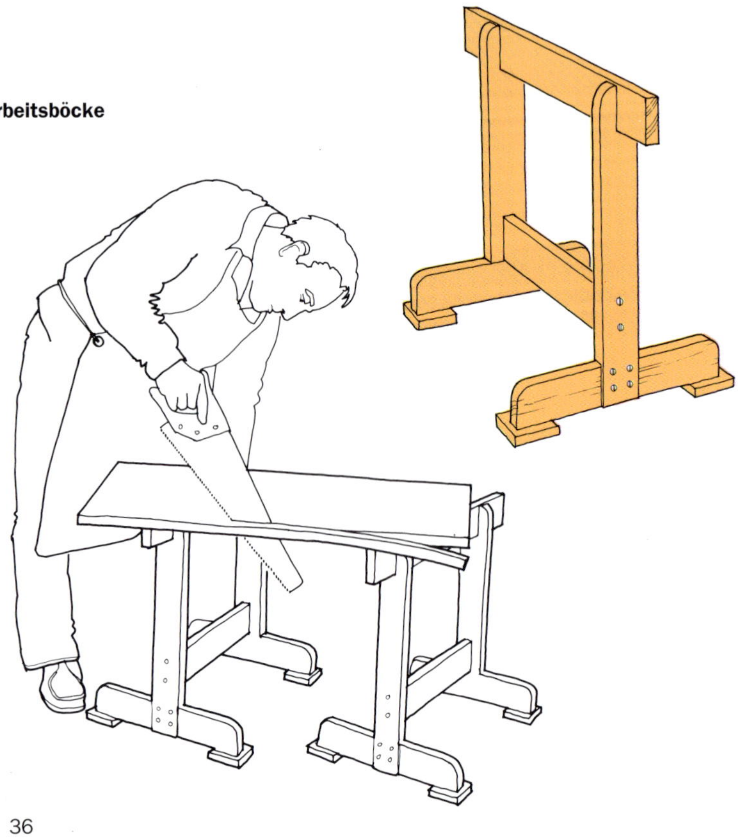

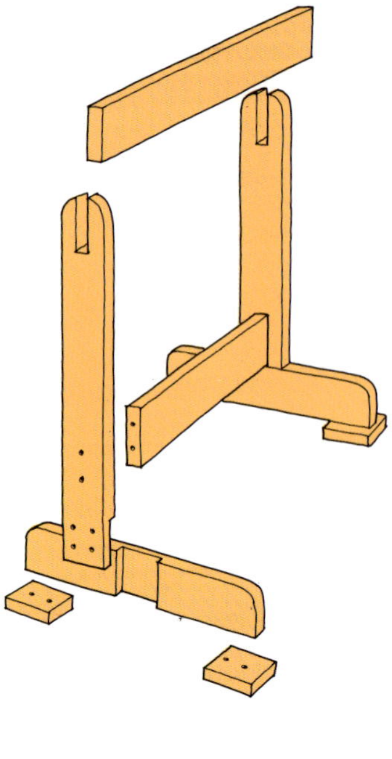

EIN BAUGERÜST

Dieses Baugerüst aus zwei hohen Böcken und einigen kräftigen Bohlen reicht für ein eingeschossiges Wohn- oder Freizeithaus aus. Es ist nicht nur beim Neubau praktisch, sondern auch bei Renovierungs- und Anstreicharbeiten. Man kann solch ein Gerüst auch mit den Nachbarn gemeinsam bauen, um es abwechselnd einzusetzen.

Die waagerechten Streben können etwa in den Höhen 100, 150 oder 200 cm angenagelt werden. Sollen die Böcke sehr hoch sein, muß die Basis dementsprechend breit und stabil sein. Die hinteren können mit Befestigungen für Stangen ausgerüstet werden, um ein einfaches Schutzgeländer anbringen zu können.

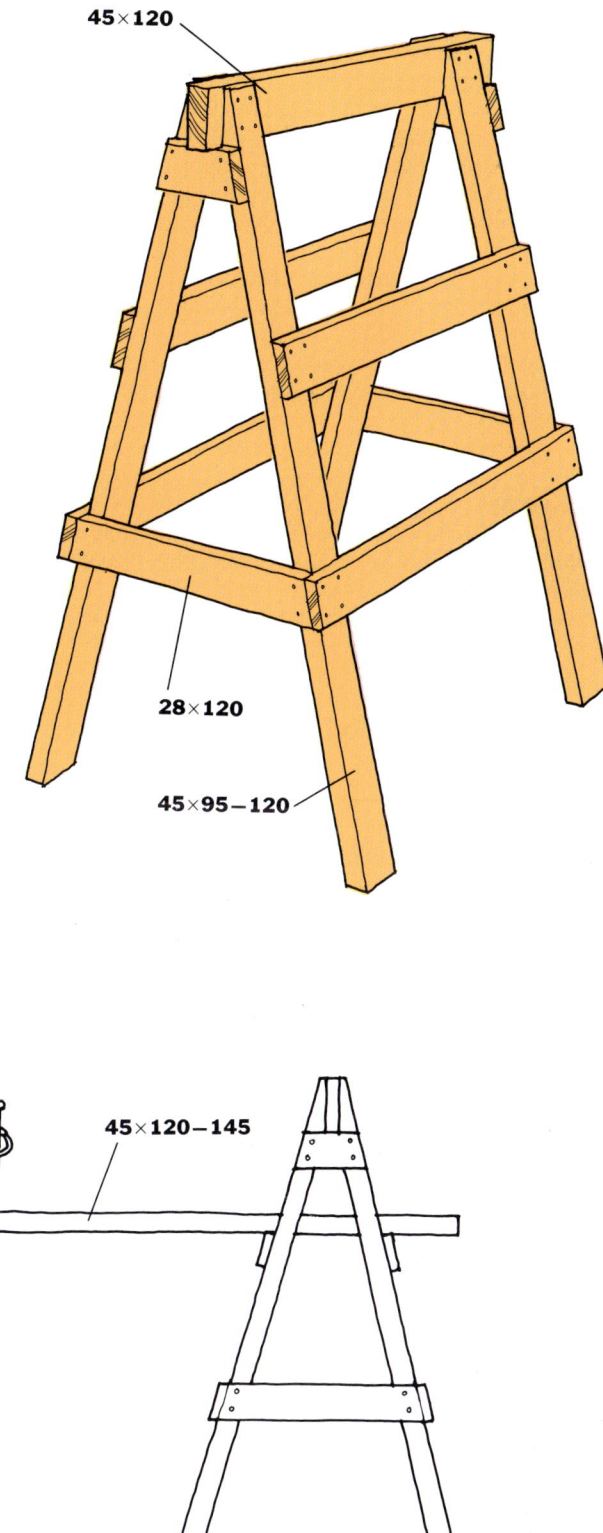

45×120

28×120

45×95−120

45×120−145

GESTELLE FÜR BOOTE

Das Boot im Winter aus dem Wasser zu nehmen und einzulagern, ist eine sich regelmäßig wiederholende Arbeit. Ein ordentliches Gestell für Boote oder andere stabile Böcke, die der Größe und der Form des Bootes angepaßt sind, erleichtern diese Tätigkeit. Da das Boot meistens unbeobachtet lange Zeit herumsteht, ist es sehr wichtig, daß man der Konstruktion für das Winterlager vertrauen kann. Stürme, Hochwasser, Eis und Schnee können unerwartete Probleme auslösen.

Kleinere Motorboote mit Innenbordmotor können durch vier dreibeinige Holzböcke (rechts) abgestützt werden. Die Persenning wird über eine, parallel zum Kiel verlaufende, aufgelegte Längsstange gehängt. Sie wird dicht um den Rumpf gezogen und unter dem Kiel festgezurrt. Mit Hilfe der Böcke wird auch die Persenning festgehalten. Bei Schleif- und Malarbeiten im Frühling versetzt man jedesmal einen Bock, um überall an den Rumpf zu kommen.

Gewöhnliche 4,5 bis 5 m lange Kunststoffboote werden normalerweise kieloben aufgepallt. Dem Rumpf bekommt es gut, wenn er auf ein paar kräftigen Böcken ein wenig über dem Boden liegt (unten). So ist es ebenfalls leicht, eine Persenning um den Rumpf zu ziehen und sie festzuzurren.

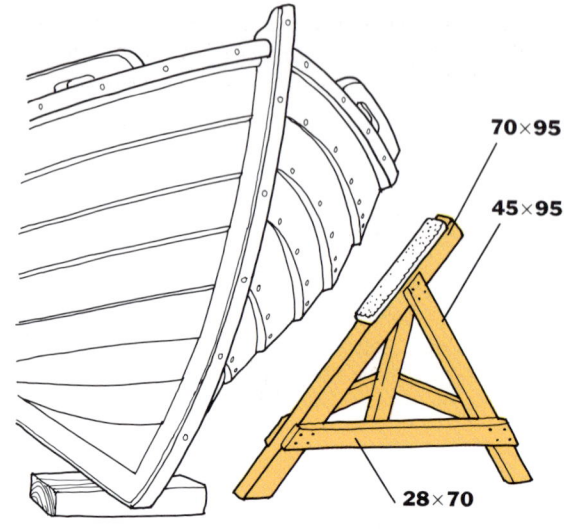

70×95

45×95

28×70

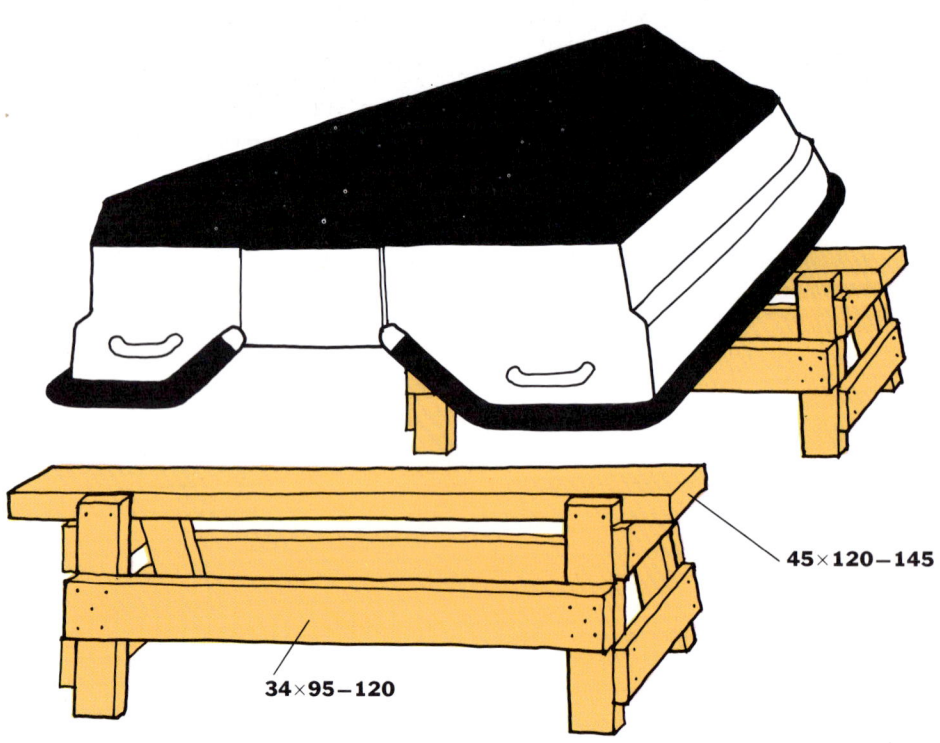

45×120−145

34×95−120

Um ein Gestell aus Holz für ein größeres und schwereres Boot herzustellen, bedarf es stärkerer Abmessungen des Holzes. Sie verwenden eine Kombination aus Nagel- und Schraubenverbindungen mit durchgehenden Maschinenschrauben, Scheiben und Muttern. Diagonalstreben über Kreuz sorgen für die erforderliche Versteifung. Es ist ein Vorteil, wenn die Stützplatten, die am Rumpf aufliegen, aus einstellbaren Metallplatten bestehen. So können sie umgelegt werden, wenn der Rumpf neu gestrichen wird.

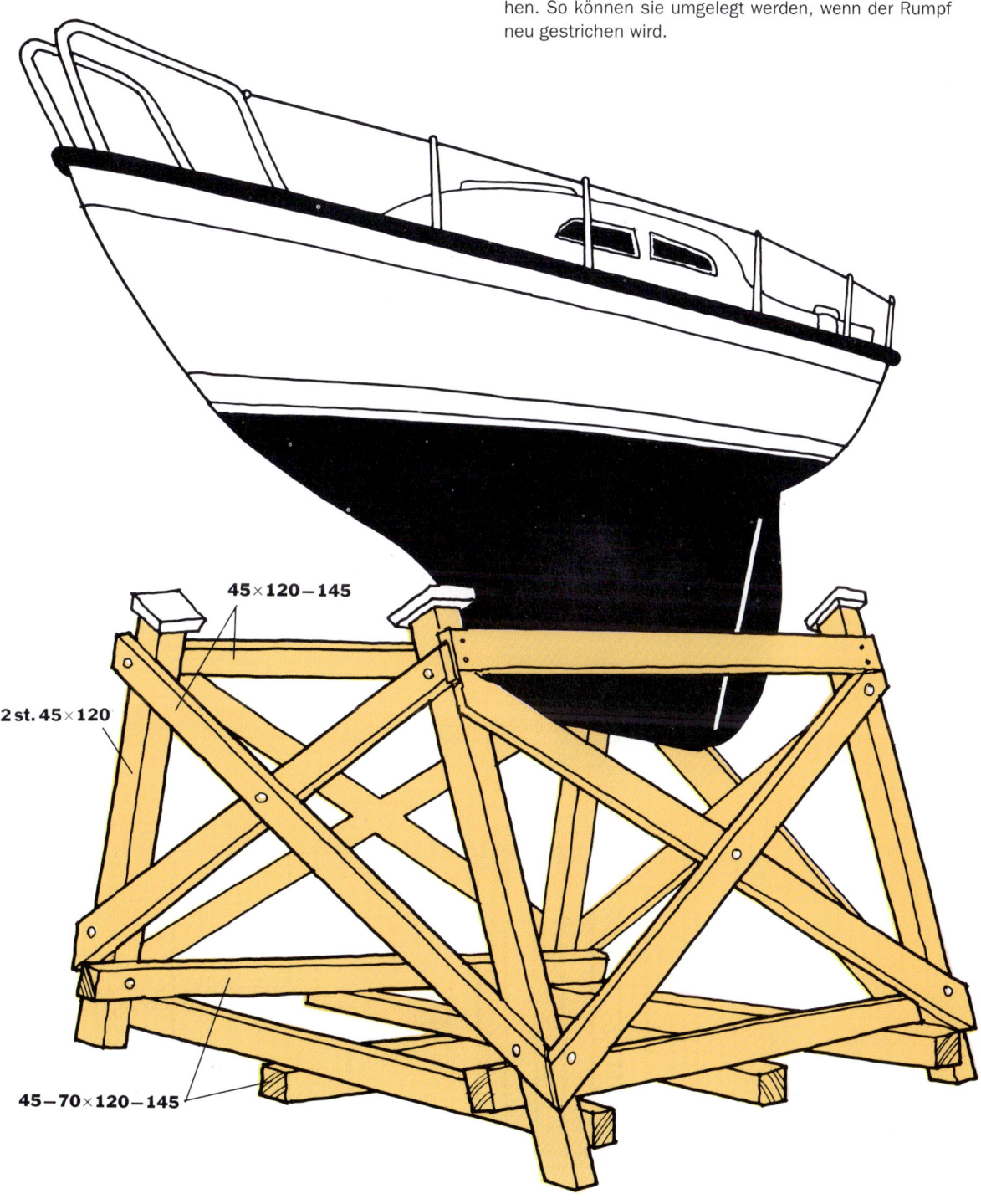

45×120−145

2 st. 45×120

45−70×120−145

Schutzwände aus Holz

Mit versetzbaren Schutzwänden kann man einen beliebig gewählten Sitzplatz im Garten schaffen. Die Wände geben sowohl Sichtschutz als auch Windschatten. Sie können je nach Jahreszeit verstellt werden. Früh im Jahr sitzt man gern direkt in der Sonne. Im Sommer, wenn es am wärmsten ist, kann es angenehm sein, einen schattigen Platz zu haben.

Schutzwände sind leicht zu versetzen. Die Abmessungen der einzelnen Segmente betragen 90 × 140 cm. Bei einer Höhe von 120–140 cm kann man leicht stehend über die Wände schauen. Am besten setzen Sie sie mit Steckscharnieren aneinander, so daß sie Stabilität bekommen. Auf dem Bild sind fünf Segmente zu einer 4,50 m langen Schutzwand zusammengekoppelt. Die winklige Stellung verhindert, daß die Wand umfällt.

Fünf versetzbare Schutzwände, die abgewinkelt zueinander stehen. Das erste Element ist an einem schweren Kübel befestigt. Sie können auch von einem im Boden verankerten Pfosten oder einer Hauswand ausgehen.

Der Boden muß eben sein, wenn viele Schutzwände zusammengekoppelt werden sollen. Im Herbst, wenn man nicht mehr draußen sitzen kann, werden die Schutzwände ins Winterlager gebracht.

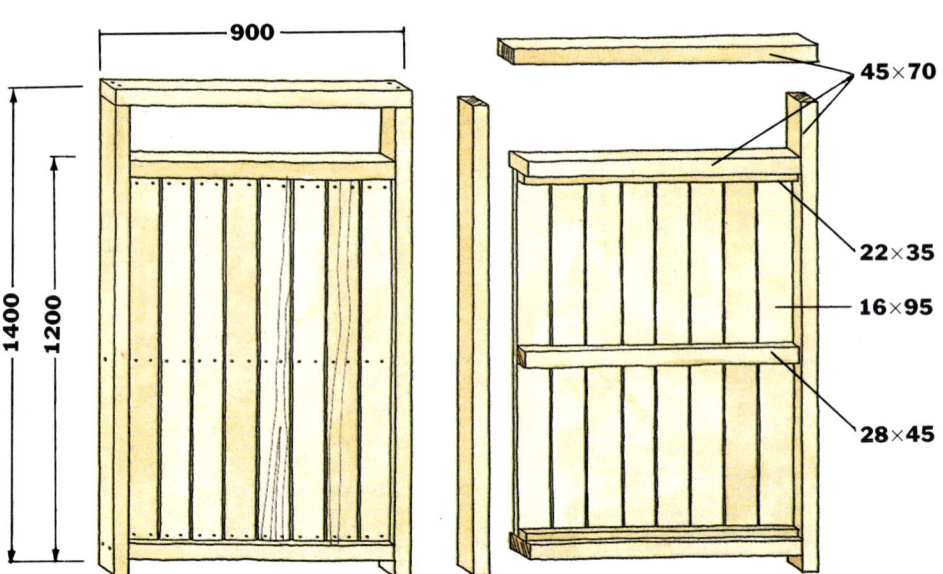

900

1400
1200

45×70

22×35

16×95

28×45

Maße und Abmessungen in mm

So werden die Wände gefertigt

Die Abschirmungen werden aus gehobelter druckimprägnierter Kiefer hergestellt. Wählen Sie gerade gemaserte Stücke ohne größere Risse oder Äste aus. Für das Rahmenholz verwenden Sie Abmessungen von 45 × 70 mm. Die dünnen Bretter sind 16 × 95 mm. Die drei horizontalen Riegel sind 22 × 35 mm bzw. 28 × 45 mm.

Verbinden Sie die Rahmenkonstruktion mit langen Nägeln oder Schrauben. Achten Sie auf genaues Einhalten der Maße und prüfen Sie überall die Rechtwinkligkeit.

Vernageln Sie die drei horizontalen Nagelleisten mit dem Rahmen. Der stärkere Mittelriegel wird mit langen Nägeln oder Schrauben von der Außenseite des Rahmens her verschraubt. Zum Schluß werden die senkrechten Bretter am Rahmen angenagelt. An den Enden der Bretter bohren Sie die Nagellöcher vor, damit das Holz nicht spaltet.

Behandeln Sie die Oberfläche für den Gebrauch im Freien mit Öl. Setzen Sie die Beine der Schutzwände für einige Stunden in ölgefüllte Dosen, so daß das Hirnholz sich ordentlich vollsaugt.

Weiße Schutzwände stellt man aus gehobelter Fichte oder Kiefer her. Eine Außenbehandlung, die schön und leicht zu pflegen ist, ist das typische Faluner Rot. In diesem Falle sollte das Holz jedoch eine leicht sägerauhe Oberfläche haben.

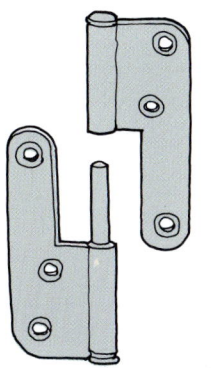

Steckscharnier
Die Schutzwände werden mit Scharnieren, wie man sie für gewöhnliche Fenster benutzt, zusammengesetzt. Dies ist aus verschiedenen Gründen praktisch: Vielleicht will man nur zwei Wände versetzen, um ein wenig Windschutz am Haus zu erhalten. Sie sind so auch leichter zu transportieren, wenn sie z. B. den Winter über ins Lager gebracht werden sollen.

Hochbeete

In einem Hochbeet aus Holz kann man auch dann Pflanzen ziehen, wenn der Gartenboden dafür eigentlich nicht geeignet ist. Man kann so auch einen Miniaturgarten gestalten. Baut man Sitzbänke zwischen die Beete, erhält man einen hervorragenden Freisitz. Blumenkästen an Fenster oder Zaun sehen nett aus und wirken einladend.

EIN STABILES HOCHBEET

Dieses Hochbeet hat die Form eines Quaders mit den Abmessungen 60 × 60 × 60 cm. Es ist aus druckimprägniertem Holz hergestellt (28 × 95 mm). Der Boden kann aus wasserfestem Sperrholz gefertigt werden. Bohren Sie Drainagelöcher in den Boden. Die Quaderecken sind auf Gehrung gearbeitet. Die Bretter der Seitenverkleidungen schneiden Sie deshalb an den Enden in einem Winkel von 45° in der Gehrungslade ab. Sie können dafür auch eine Tischkreissäge benutzen. Die Bretter werden an die Eckpfosten (45 × 45 mm) genagelt. Die Oberkanten und Eckpfosten decken Sie mit einer Leiste (22 × 75 mm oder 22 × 95 mm) ab.

Drei Varianten

Die Detailabbildungen (unten) zeigen drei weitere Möglichkeiten, ein Hochbeet zu bauen. Hier überlappen sich die Ecken. Der Abdeckrahmen besitzt überplattete Eckverbindungen. Die Eckpfosten können außen oder innen angebracht werden. Handgriffe an den Außenseiten erleichtern den Transport.

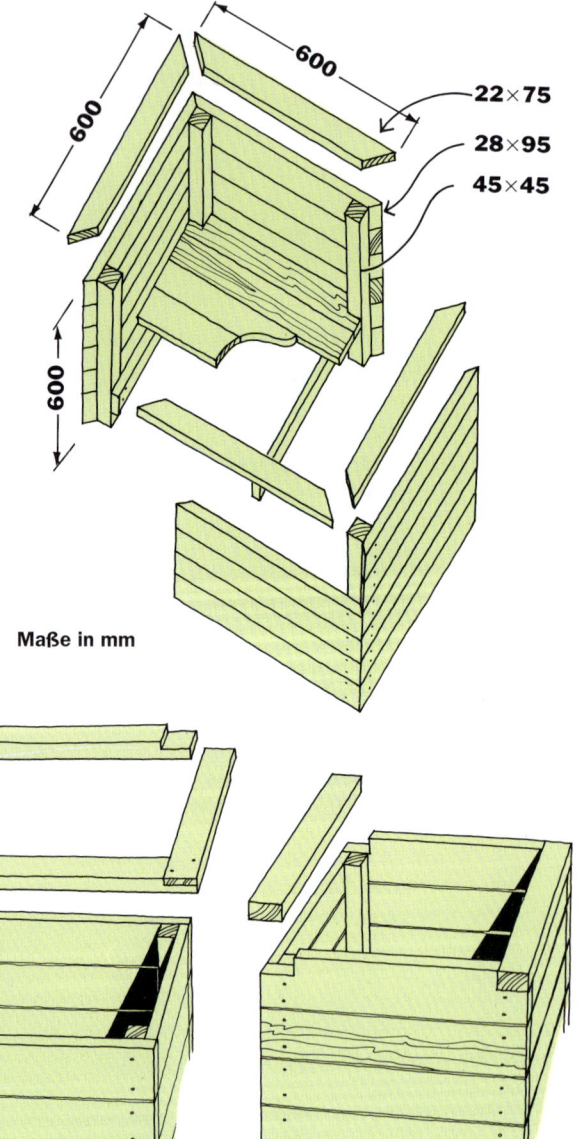

Maße in mm

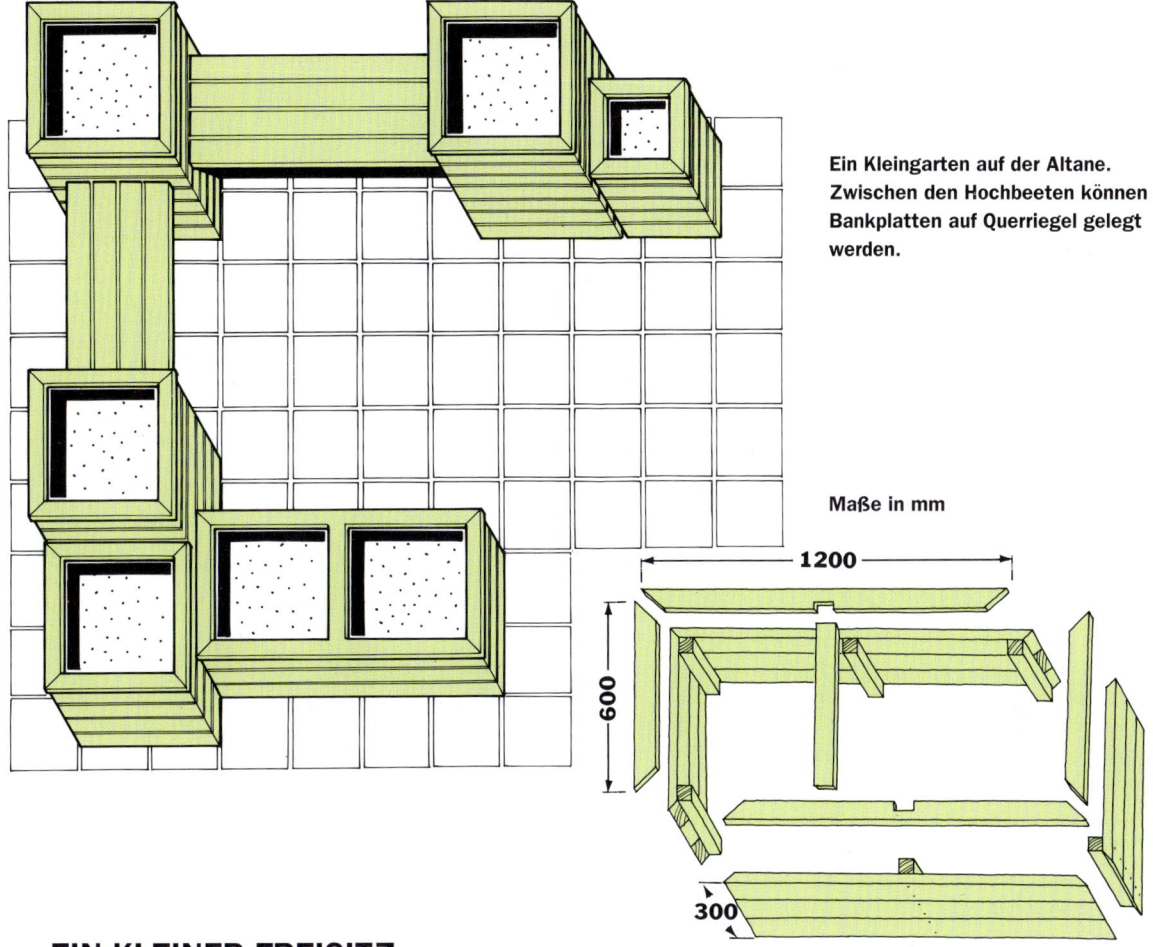

Ein Kleingarten auf der Altane. Zwischen den Hochbeeten können Bankplatten auf Querriegel gelegt werden.

Maße in mm

1200

600

300

EIN KLEINER FREISITZ ZWISCHEN BLÜHENDEN HOCHBEETEN

Ein Hochbeet sollte transportabel und nicht zu groß sein. Mit Erde gefüllt wird es schwer. Damit es hält, muß das Material großzügig dimensioniert und die Verbindungen kräftig ausgeführt werden. Die Hochbeete auf dem Bild besitzen die Maße 40 × 40 cm, 60 × 60 und 60 × 120 cm. Die Höhe variiert zwischen 30, 45 und 60 cm. Das druckimprägnierte Holz kann ungehobelt oder gehobelt sein. Die Brettstärke sollte 28, 32 oder 34 mm betragen. Solche und andere Stärken erhalten Sie in Baumärkten oder in Holzhandlungen. 22 mm starkes Holz wird für die Abdeckrahmen benötigt. Die Eckposten sollten 45 × 45 mm oder 45 × 75 mm stark sein. Die Hochbeete sind mit feuerverzinkten oder rostfreien Nägeln oder Schrauben zusammenzubauen.

Die Erdfüllung

Um das Holz zu schützen, können die Kästen mit Kunststoffolie ausgekleidet werden. Auf den Boden, in dem sich Drainagelöcher befinden müssen, schichten Sie zuerst Kies oder Blähton. In flachen Kisten sollte diese Drainagelage eine Höhe von 3–5 oder 5–10 cm haben. Auf diese Grundschicht kommt eine Lage Torf und obenauf lockere, nährstoffreiche Erde. Für kleine, einjährige

Pflanzen benötigen Sie ca. 15 cm Erdtiefe, Büsche und mehrjährige Pflanzen 30–50 cm und für Bäume 50–70 cm.

Die Bänke zwischen den Hochbeeten

Mit Hochbeeten in verschiedenen Größen kann ein kleiner Freisitz gestaltet und abgegrenzt werden. Zwischen den 60 cm hohen Würfeln haben wir 40 cm breite Sitzbänke montiert. Die Bretter der Sitze sind 45 × 95 mm im Querschnitt. Die Auflagen weisen Abmessungen von 45 × 70 mm auf und sind an den Enden schräg angeschnitten. Sind die Bänke länger als 1,30 m, benötigen sie in der Mitte einen Stützrahmen.

Ein längeres, flaches Hochbeet

Ein solches flaches Hochbeet ist für Blumen und niedrige Büsche gedacht. Mit Glasscheiben abgedeckt kann es als Frühbeet genutzt werden. Sie können es mit oder ohne Boden herstellen. Die Querstrebe in der Mitte hält die Seitenwände zusammen, damit sie nicht nach außen gedrückt werden.

BLUMENKÄSTEN

Diesen Blumenkasten können Sie leicht aus gehobeltem Holz, wie es in jedem Baumarkt erhältlich ist, fertigen. Hier wird er der Breite des Fensters angepaßt, läßt sich aber auch am Zaun in der Nähe des Briefkastens, den Sie vielleicht auch selbst gebaut haben, oder am Balkon- oder Terrassengeländer aufhängen.

Wählen Sie die Farbe passend zur Umgebung. Also einen weißen Blumenkasten zu weißen Fenstern oder Geländer, oder Faluner Rot zur gleichfarbigen Wand (siehe Bild). Es sollen die Blumen sein, die Farbe geben. Sie harmonieren mit den roten Hauswänden.

In die Kästen kann man Blumentöpfe stellen oder sie auch mit Erde füllen. In letzterem Fall sollte der Boden aus wasserfestem Sperrholz von mindestens 15 mm Stärke bestehen. Die Innenseite des Kastens legen Sie mit dicker Kunststoffolie aus, und in den Boden bohren Sie einige Entwässerungslöcher.

Unten hinein geben Sie zuerst eine Entwässerungsschicht von 3–4 cm Blähton, danach eine Lage Torf und zum Schluß lockere, nährstoffreiche Erde.

So wird der Blumenkasten gemacht

Boden- und Seitenteile werden aus gleichbreiten Brettern zusammengefügt. Wählen Sie zwischen 145 mm und 170 mm. Die Verzierungen schneiden Sie mit der elektrischen Stich- oder Bandsäge und schmalem, feingezahntem Sägeblatt aus. Die Rückseite ist 170 mm hoch. Die vordere Seite besteht aus 45 mm breiten Leisten. Nageln und leimen Sie die Teile der Rück-, Boden und Seitenwände zusammen. Die Vorderseite verschrauben Sie mit Leim. Die Löcher für die Schrauben werden vorgebohrt, die Köpfe versenkt. Benutzen Sie wasserfesten Holzleim. Der Blumenkasten wird mit 2–4 geraden Hängebeschlägen an der Wand befestigt.

Die Außenseiten müssen sorgfältig behandelt werden. Achten Sie dabei besonders auf das Hirnholz, damit es keine Feuchtigkeit zieht.

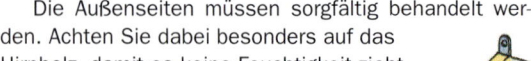

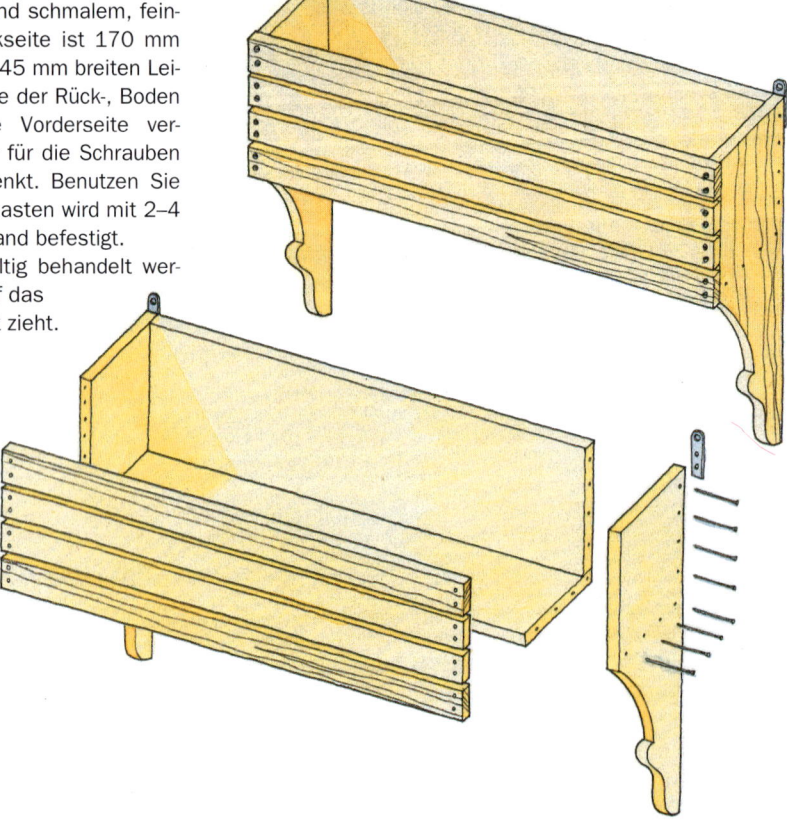

GARTENTORE, LATTENZÄUNE UND PLANKENZÄUNE

Gartentore selbstgebaut

Dieses schöne Tormodell kann als Einzel- oder Doppeltor ausgeführt werden. Da alle Teile des Tores gerade sind und das Gitter aus Rundstäben gemacht wird, können Sie es leicht selbst herstellen.

Dieses einfache und hübsche Tor steht in Gamla Linköping. Das Tor hat neunzehn senkrechte Sprossen aus Rundholz, die in Sacklöcher eingepaßt wurden. Dies ist eine einfache und kräftige Verbindung, die dem Tor auch diagonale Stabilität verleiht.

Das hier beschriebene Tor hat eine Breite von 1200 mm. Ein Vorteil dieser Konstruktion ist, daß sie in ihrer Breite variabel ist. Der Abstand zwischen den Rundstäben beträgt 110 mm, von Mitte zu Mitte gemessen. Die Torbreite kann daher beispielsweise um 110, 220 oder 330 mm verringert oder vergrößert werden. Natürlich sollte das Tor nicht allzu breit sein, weil sonst die diagonalen Kräfte zu stark werden. Deshalb betragen die üblichen Breitenmaße 870 mm, 980 mm, 1090 mm, 1200 mm und 1310 mm.

Das Doppeltor hat auf jeder Seite eine Breite von 1310 mm, die Toröffnung ist nun so groß, daß ein Auto passieren kann. Eine Torhälfte wird mit einem Schubriegel, der in ein Loch in einem Betonpfeiler im Boden einrastet, verschlossen. Soll das Tor zwischen bereits vorhandenen Pfosten angebracht werden, muß die Gesamtbreite neu berechnet und der Abstand der Rundstäbe dementsprechend verändert werden.

Gute Qualität

Eine Voraussetzung für Haltbarkeit und Stabilität bildet die Materialauswahl. Sie sollten nur bestes Kiefern- oder Eichenholz mit gradliniger Maserung und dichten Jahresringen ohne größere Äste verwenden. Das Holz muß so verarbeitet werden, daß es sich nicht verwinden oder platzen kann.

Alle Metallteile und Beschläge sollten Sie besser zu groß als zu klein wählen. Am besten sind feuerverzinkte Beschläge, die anschließend lackiert werden. Sind die Metallteile galvanisch verzinkt, müssen sie mit Rostschutzfarbe gestrichen werden. Gehen Sie beim Bau des Tores mit Sorgfalt vor. Feste und genau verleimte Zapfenkonstruktionen bewirken, daß das Tor stabil wird. Hohlräume und Spalten, die Wasser aufnehmen könnten, sollten Sie unbedingt vermeiden. Eindringende Feuchtigkeit fernzuhalten ist besonders wichtig, um ein Abblättern der Farbe und Pilzbefall zu verhindern.

Das gleiche Modell als Doppeltor.

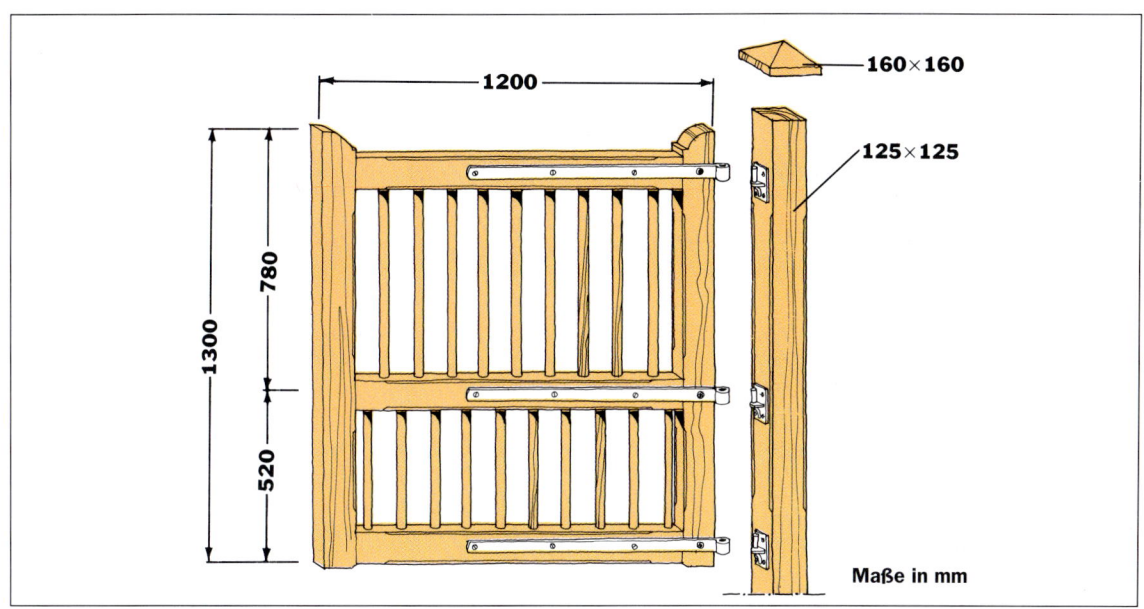

1200

160×160

125×125

1300

780

520

Maße in mm

Die Oberflächenbehandlung

Wählen Sie am besten einen Acrylharzlack oder einen lufttrocknenden Ölfirnis. Damit der Anstrich gut haftet, muß das Holz zuerst grundiert werden. Hirnholzenden werden mit verdünntem Leinöl (Verdünnung oder Terpentin) getränkt. Die ersten Pinselstriche machen Sie mit verdünnter Farbe oder Grundierung, damit das Holz gut getränkt wird. Anschließend streichen Sie zwei, drei oder mehrere Lagen mit glänzendem oder seidenmattem Lack.

Bohren Sie die Schraublöcher für die Scharniere vor, bevor das Holz gestrichen wird. Montieren Sie diese Teile erst vor dem letzten Anstrich, so daß auch die nun verdeckten Holzoberflächen vorher mindestens einen schützenden Anstrich erhalten haben.

So wird das Tor gemacht:

Die Rahmenkonstruktion des Tores wird aus gehobeltem Holz in den Abmessungen 45–70 × 95 mm ausgeführt. Die Gesamtbreite beträgt 1200 mm, die Höhe 1300 mm. Die waagerechte Mittelstrebe wird entsprechend den Maßen in der Zeichnung eingesetzt. Die Gitterstreben werden aus Rundholz in den standardmäßigen Durchmessern 27 oder 33 mm ausgeführt. Die Pfosten bestehen aus gesägtem Holz mit den Maßen 125 x 125 mm. Die Abdeckplatten auf den Pfosten fertigen Sie aus gehobeltem Holz mit einem Querschnitt von 45 x 170 mm. Die Rahmenkonstruktion besteht aus drei waagerechten Riegeln und zwei senkrechten Kanthölzern, die durch sechs Zapfen zusammengefügt werden. Reißen Sie die exakte Lage der Zapfenlöcher auf den Seitenteilen an. Benutzen Sie dazu Streichmaß und Tischlerwinkel. Verwenden Sie die Bohrwinde, elektrische Handbohrmaschine oder eine Standbohrmaschine, um die Zapfenlöcher auszubohren. Auf der Seite der

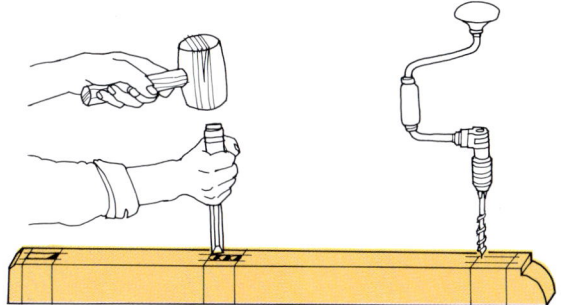

Scharniere sollten die Zapfenlöcher durchgängig sein und von beiden Seiten gebohrt werden. Stechen Sie die Löcher mit Hilfe eines schmalen und eines breiten Stemmeisens aus. Die durchgehenden Zapfenlöcher werden mit einer Flachfeile innen geglättet. Reißen Sie auch die Form der Zapfen mit Streichmaß und Tischlerwinkel an. Die Abmessungen von Zapfen und Zapfenloch sollten 20 mm betragen. Damit die Zapfenlöcher

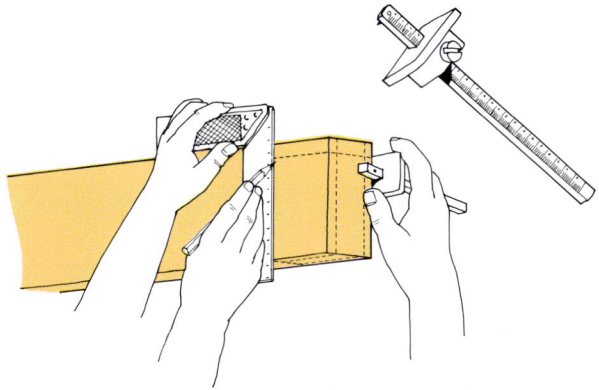

nach der Montage nicht sichtbar sind, werden sie mit umlaufender Brüstung angefertigt.

Die Zapfen schneiden Sie mit einer feingezahnten Rückensäge mit breitem Blatt zu. Sägen Sie immer auf der Verschnittseite der Anrisse.

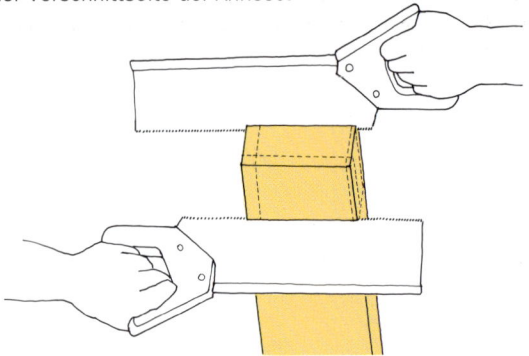

Jeder Zapfen wird sorgfältig in das jeweilige Zapfenloch eingepaßt.

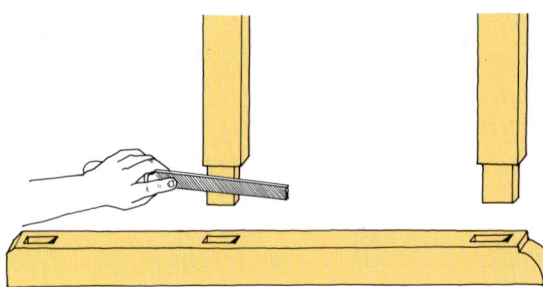

Glätten Sie falls notwendig mit einer Flachfeile. Die Passung sollte einen dichten und strammen Sitz gewährleisten.

Je breiter das Tor ist, desto stärker wirken die Diagonalkräfte. Das bedeutet eine Tendenz zum Durchhängen.

In dieser Torkonstruktion wirken dem sechs Zapfen und 19 in 38 Löchern befestigte Rundstäbe entgegen. Diese Löcher müssen deshalb mindestens 30 mm tief gebohrt werden. Alle Zapfen werden wasserfest verleimt.

Die vierkantigen Zapfen verkeilen Sie außerdem in den Zapfenlöchern. Dies ist eine sichere Methode, um einem Zapfen festen Sitz im Zapfenloch zu geben. Sägen Sie entsprechende Kerben für die Keile in den Zapfen. Schneiden Sie ausreichend breite und flache Holzkeile zu. Die Zapfen sollen in der Faserrichtung der Seitenpfosten auseinandergedrückt werden, so daß das Holz nicht spalten kann.

Auf der Seite der Scharniere, wo die Belastungskräfte am stärksten wirken, werden die Zapfen durchgängig ausgeführt. Hier treiben Sie Keile ein, wenn die Zapfen vollständig eingeschoben sind. Ganz unten wird nur ein Keil verwendet, da das Zapfenloch so nah am Ende liegt. Zu großer Druck kann besonders hier das Hirnholz spalten lassen. Machen Sie die Zapfen und Keile etwas länger und sägen Sie die Überstände ab, wenn der Leim vollständig durchgetrocknet ist. Auf der anderen Seite

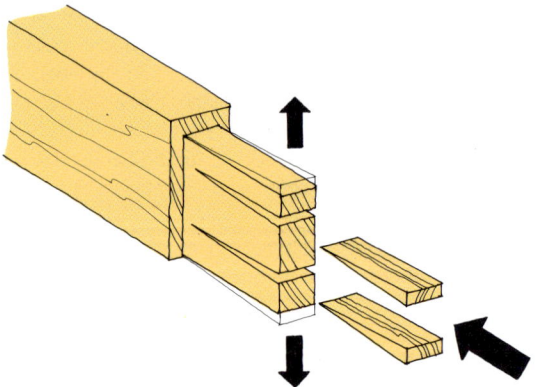

Wenn die Keile eingetrieben werden, dehnt sich der Zapfen aus und verkeilt sich im Zapfenloch.

des Tores sind die Zapfen nicht durchgängig und hier sind auch die einwirkenden Kräfte geringer. Die Länge der Zapfen und Keile werden exakt an die Tiefe des Zapfenloches angepaßt. Zapfen, Keile und Zapfenlöcher werden mit Leim eingestrichen. Die Keile werden locker in die Zapfen gesteckt. Werden die Zapfen später in die Zapfenlöcher gesteckt, drücken sich die Keile so in die Zapfen, daß sich diese ausdehnen und fest im Loch sitzen. Benutzen Sie möglichst einige lange Zwingen, denen Sie Holzstückchen zum Schutz unterlegen, und spannen Sie mit ihnen die Konstruktion zusammen.

Die Bodenverankerung des Torpfostens

Ein Torpfosten sollte kräftiger als ein Zaunpfosten sein und zusätzlich kräftiger im Boden verankert werden. Wir zeigen hier zwei Beispiele. Soll der Pfosten in den Boden eingelassen werden, muß er aus druckimprägnierter Fichte sein.

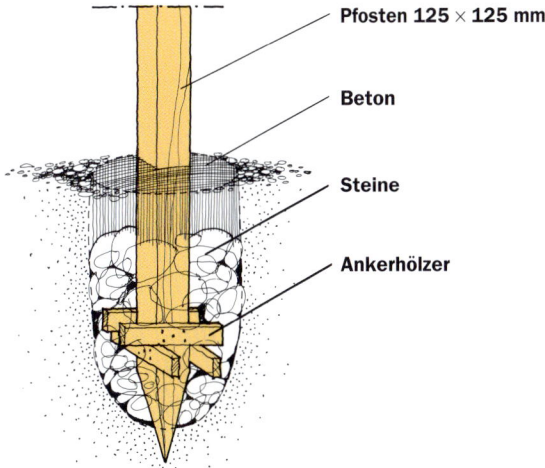

Pfosten 125 × 125 mm

Beton

Steine

Ankerhölzer

Je nach Beschaffenheit des Bodens wird das Loch für den Zaunpfosten 80–100 cm tief ausgegraben. Den angespitzten Pfosten schlagen Sie in der Mitte des Loches in den Boden und stützen ihn seitlich mit ein paar Holzleisten ab. Benutzen Sie die Wasserwaage, um den Pfosten auszurichten. Besonders fest steht der Pfosten, wenn man zuerst ein paar Holzleisten kreuz und quer am unteren Ende annagelt. Zum Verkeilen des Pfostens wird das Loch mit Steinen unterschiedlicher Größen dicht verpackt. Obenauf gießen Sie Beton.

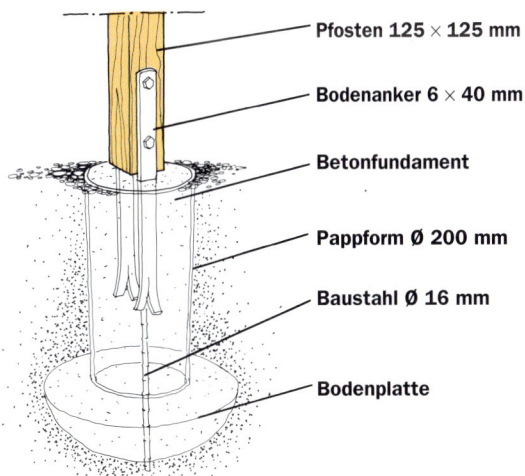

Pfosten 125 × 125 mm

Bodenanker 6 × 40 mm

Betonfundament

Pappform Ø 200 mm

Baustahl Ø 16 mm

Bodenplatte

Graben Sie ein 80–100 cm tiefes Loch und gießen im Boden eine Platte. Wenn der Beton angezogen hat, drücken Sie ein Armiereisen in die Mitte der Bodenplatte.

Nach dem Aushärten des Betons setzen Sie eine runde Gußform aus Pappe auf die Bodenplatte. Der Zwischenraum darumherum wird wieder aufgefüllt. Sie gießen die Form mit Beton aus und befestigen darin zwei kräftige Bodenanker in genauer Position. Nageln Sie diese an einem quer über der Pappform liegenden Kantholz in Pfostenstärke fest.

Ist der Beton nach einigen Tagen ausgehärtet, befestigen Sie den Torpfosten mit durchgehenden Bolzen und Muttern. Achten Sie darauf, daß der Pfosten eine ausreichende Oberflächenbehandlung von unten erhält, bevor er montiert wird.

Beschläge

Nehmen Sie zwei Scharniere in kräftiger, feuerverzinkter Qualität. Es gibt sie in Längen von 300–1000 mm. Diese Scharniere werden, besonders in der Nähe des Torpfostens, mit durchgehenden Schloßschrauben befestigt. Im übrigen benutzen Sie Holzschrauben mit Sechskantkopf (auch für die Befestigung der Beschläge am Torpfosten). Sie werden mit Hilfe eines Schraubenschlüssels in vorgebohrte Löcher eingedreht. Die zwei abgebildeten Verschlüsse kann man gewöhnlich in einer gut sortierten Eisenwarenhandlung kaufen oder bestellen.

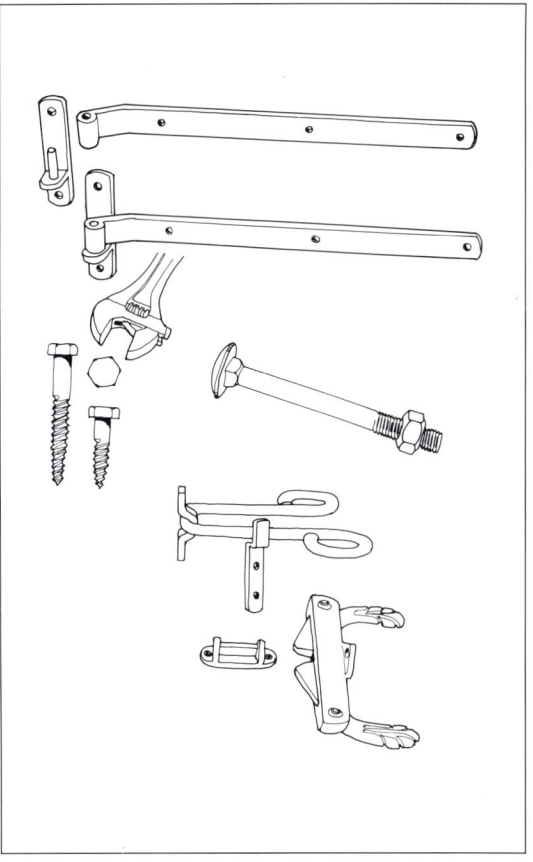

Tor und Zaun

Es ist eine alte Tradition, vor seinem Wohn- oder Sommerhaus einen weißgestrichenen Holzzaun zu haben, der etwas vom Stil der Jahrhundertwende erahnen läßt. Das Tor hier ist geradlinig, schlicht und zeigt eine ansprechende, zeitlose Form.

DAS TOR

Hier ist das Tor doppelflüglig abgebildet, es ist allerdings auch als einfaches Tor verwendbar. Die Breite eines Flügels beträgt 950 mm und die Höhe 1000 mm. Dieses Maß kann natürlich nach eigenen Vorstellungen variiert werden. Die Torpfosten besitzen Abmessungen von 120 × 125 mm. Die Torhöhe sollte mit den Torpfosten und dem Zaun abgestimmt werden. Das Rahmenwerk wird durch Überplattungen in der halben Holzstärke ausgeführt und ergibt eine Aufteilung in vier Felder. Unten befinden sich acht runde Streben mit einem Durchmesser von 27 mm, oben zwei Kreuze. Auch diese sind durch Überplattung verbunden. Wer glaubt, die Kreuze seien zu schwer herzustellen, kann auch hier Rundstäbe einsetzen.

Ein Tor wird intensiv von Feuchtigkeit und Trockenheit wie auch von spielenden Kindern beansprucht. Das Holz sollte Kiefer sein (dichte Jahresringe mit großem Anteil des Kerns). Sie können auch imprägnierte Kiefer der Klasse A verwenden. Früher benutzte man mit Vorliebe für solche Zwecke Eichenholz. Setzen Sie ihr Tor sorgfältig zusammen, so daß das Tor in der Diagonalen steif und die Fugen dicht werden, damit Feuchtigkeit nicht so leicht eindringen kann. Der Rahmen wird durch

Überplattungen in halber Holzstärke mit Leim verschraubt. Benutzen Sie reichlich wasserfesten Tischlerleim. Während des Trocknungsprozesses drücken Sie die Leimflächen mit Schraubzwingen fest zusammen. Beachten Sie, daß das Tor in den Ecken wirklich rechtwinklig ist. Sind die Diagonalmaße gleich lang, sind die Ecken rechtwinklig. Damit das Wasser schneller abläuft, kann man die Oberteile der Seiten B, C und E leicht mit dem Hobel abrunden.

Die Kleinteile wie Schrauben, Bolzen, Beschläge, Scharniere sollten etwas überdimensioniert sein, um die Haltbarkeit zu erhöhen. Nehmen Sie am besten feuerverzinkte Teile. Es ist von Vorteil, wenn die Scharniere lang sind, am besten genausolang, wie das Tor breit ist. Mit durchgehenden Schloßschrauben wird die gesamte Torkonstruktion verstärkt.

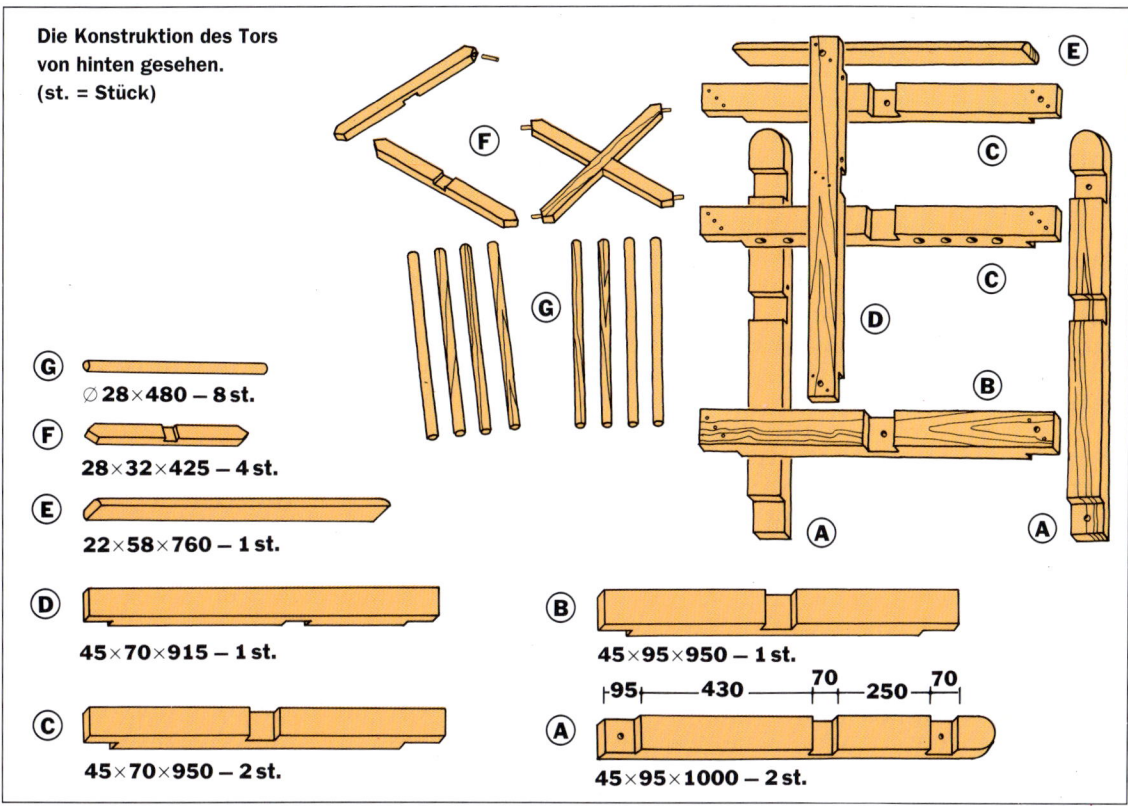

Die Konstruktion des Tors von hinten gesehen.
(st. = Stück)

G ⌀ 28×480 – 8 st.

F 28×32×425 – 4 st.

E 22×58×760 – 1 st.

D 45×70×915 – 1 st.

C 45×70×950 – 2 st.

B 45×95×950 – 1 st.

|95| 430 |70| 250 |70|

A 45×95×1000 – 2 st.

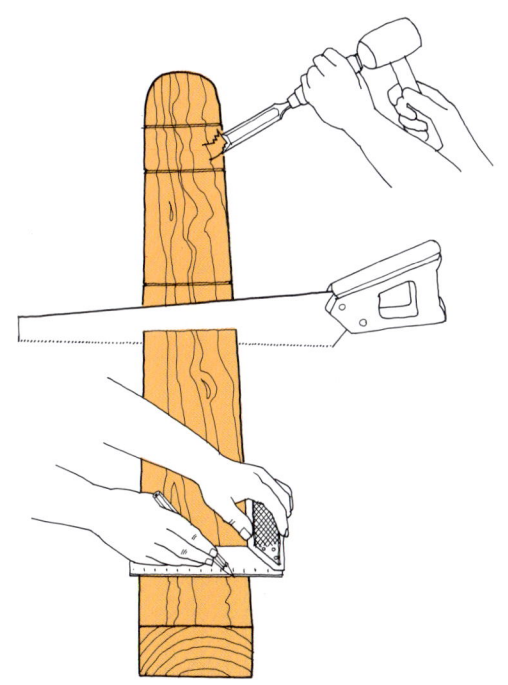

Vermessen und reißen Sie sorgfältig an. Benutzen Sie den Tischlerwinkel und eventuell ein Streichmaß. Sägen Sie mit einer feingezahnten Säge mit breitem Blatt die Einschnitte. Danach stechen Sie mit einem flachen Stecheisen das Holz aus. Um die Grundfläche der Aussparung zu glätten, benutzen Sie zum Schluß eine Flachfeile. Die obere Abrundung der Pfosten wird ausgesägt und zurecht-

gefeilt. Die Rundstäbe G werden in Sacklöchern im unteren Teil B und im Mittelstück C verleimt. Besonders im unteren Teil müssen die Löcher ordentlich mit Leim gefüllt werden, so daß kein Wasser eindringen kann. Benutzen Sie wasserfesten Tischlerleim.

Die obere Abdeckung E wird etwas breiter als C zugerichtet, damit sie ein wenig übersteht. Diese Abdeckung deckt auch das obere Ende von D, welches Hirnholz zeigt, ab. Damit das Kreuz F sauber paßt, muß die Rahmenkonstruktion provisorisch montiert und abgezeichnet werden. Jedes Kreuz wird anschließend mit vier 8 mm starken Zapfen in Bohrlöchern in Seiten- und Mittelzargen des Rahmens verankert.

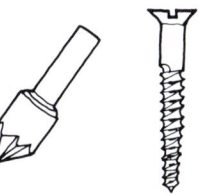

Benutzen Sie Holzschrauben mit Senkkopf für die Verschraubung der Überplattungen der Rahmenkonstruktion. Bohren Sie enge Löcher vor, die oben mit dem Krauskopf erweitert werden, so daß die Schraubenköpfe unter die Oberfläche des Holzes versenkt werden können. Anschließend wird mit elastischem Kitt verspachtelt.

DER ZAUN

In der Abbildung unten können Sie das Tor mit dem Zaun sehen. Die Höhe des Zaunes liegt auf dem gleichen Niveau wie das Tor. Die Torpfosten sind etwas höher, um sie optisch vom Zaun abzuheben. Langfristig ist es vorteilhaft, die tragenden Teile, besonders Pfosten und Querträger, aus imprägnierter Kiefer der Qualität A herzustellen. Die Zaunpfosten haben die Abmessungen 70 × 100 mm und die Querträger 50 × 100 mm. Sie sind ungehobelt. Die Zaunlatten weisen die Abmessungen 22 × 70 oder 22 × 95 mm auf. Benutzt man 70 mm breite Latten, sollte ihr Abstand zueinander zwischen 40 und 50 mm betragen. Sie können zwischen gehobelter, angehobelter oder roher Qualität wählen. Das Faluner Rot und andere Schlämmfarben haften jedoch nicht auf gehobeltem Holz.

Das Bild zeigt drei verschiedene Variationen von Zaunspitzen. Werden sie rechtwinklig abgeschnitten, ist es wichtig, daß der Sägeschnitt eine Neigung von 20–30° erhält, so daß das Wasser leichter ablaufen kann. Die abgerundeten und spitzen Latten schneiden Sie z. B. mit einer elektrischen Stichsäge aus.

Die Zaunpfosten können direkt im Boden mit Beton vergossen oder in Bodenankern auf einem Betonfundament befestigt werden. Der Anker für einen Zaunpfosten braucht nicht so kräftig zu sein, wie der für einen Torpfosten. Wird ein Torpfosten 1000 mm tief verankert, reichen 600 mm für einen Zaunpfosten.

Ein weißer Zaun und ein weißes Tor sehen gut aus, erfordern aber ständige Pflege. Eine Abdeckung, die Feuchtigkeit und Wasser ableitet, schützt Zaun und Pfosten.

Hier richtet man sich nach der Höhe und Beschaffenheit des Zaunes.

Es ist sehr wichtig, daß die Pfosten stabil, senkrecht und in Reihe stehen. Verwenden Sie eine gute Wasserwaage und eine Richtschnur.

In diesem Beispiel sind die waagerechten Träger in Aussparungen am Pfosten vernagelt. Diese Verbindung wird besonders stabil und ordentlich, wenn die Träger dort zur Verlängerung aneinandergesetzt werden.

Streichen Sie die Latten und die Pfosten an, bevor sie miteinander vernagelt oder verschraubt werden. Weiß ist hübsch, erfordert allerdings sorgfältige Pflege. Ein roter Zaun im typischen Faluner Rot ist leichter zu pflegen. Eine schöne und nostalgische Kombination ist ein weißes Tor und weiße Torpfosten zusammen mit einem roten Zaun mit weißen Spitzen.

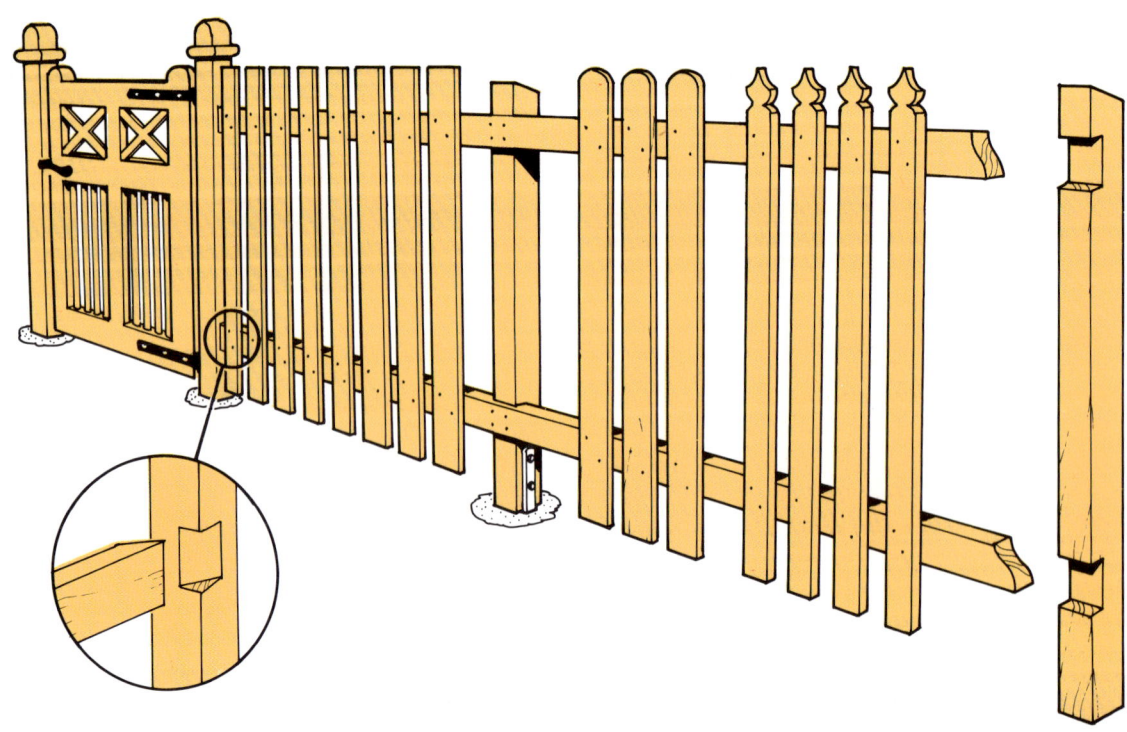

Lattenzäune

Einfaches ist oft am hübschesten! Dieser traditionelle, rotgestrichene Zaun mit weißen Spitzen schmückt jedes Haus. Das Tor und die etwas höheren Torpfosten werden durch weiße Farbe besonders hervorgehoben.

Für einen Zaun von 80 cm oder niedriger benötigt man in Schweden keine Baugenehmigung (erkundigen Sie sich nach den für Sie gültigen Bestimmungen!) Sie sollten eine Übereinkunft mit ihrem Nachbarn treffen, bevor Sie einen Zaun errichten. Baut man einen Zaun zwischen zwei Grundstücken, ist es vorteilhaft, Kosten und Arbeit zu teilen.

Die Verankerung der Pfosten im Boden ist für die Stabilität des Zaunes von entscheidender Bedeutung. In einem weichen Grund müssen die Pfostenfundamente tiefer in den Boden eingelassen werden als bei einem festen Untergrund. Die Torpfosten benötigen selbstverständlich stärkere Abmessungen und eine noch bessere Verankerung. Ob die Holzpfosten nun Erdkontakt haben oder nicht, auf jeden Fall sollte man druckimprägniertes Holz der Klasse A wählen. Dies gilt ebenfalls für die Querriegel.

Abmessungen

Ein günstiges Pfostenmaß ist 70–95 × 95 mm.

Der Abstand zwischen den Pfosten sollte nicht zu groß sein, da der Zaun sonst instabil wird und die Riegel sich durchbiegen können. Ein geeigneter Abstand ist

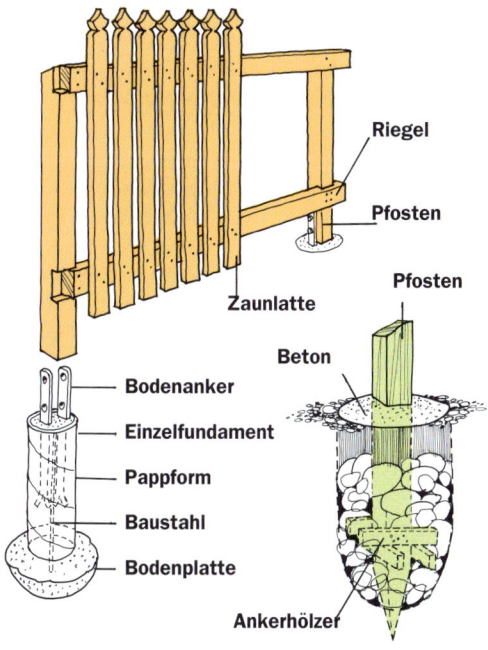

Riegel

Pfosten

Pfosten

Zaunlatte

Beton

Bodenanker

Einzelfundament

Pappform

Baustahl

Bodenplatte

Ankerhölzer

Die Pfosten können auf verschiedene Arten verankert werden. Wir zeigen hier zwei Varianten. Siehe auch S. 55.

1,5–2 m, abhängig von der Konstruktion und den Abmessungen der Riegel. Die geeigneten Abmessungen für die Riegel betragen 45 × 70–95 mm, für die Zaunlatten 22 × 70 mm. Der Zwischenraum sollte höchstens 25 mm betragen.

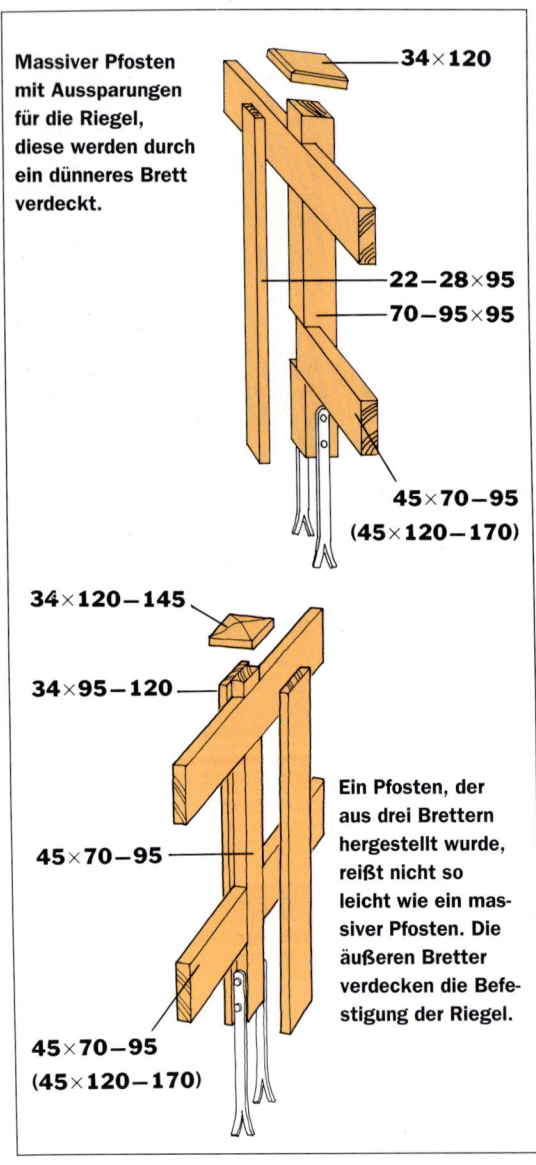

Massiver Pfosten mit Aussparungen für die Riegel, diese werden durch ein dünneres Brett verdeckt.

34×120

22−28×95

70−95×95

**45×70−95
(45×120−170)**

34×120−145

34×95−120

Ein Pfosten, der aus drei Brettern hergestellt wurde, reißt nicht so leicht wie ein massiver Pfosten. Die äußeren Bretter verdecken die Befestigung der Riegel.

45×70−95

**45×70−95
(45×120−170)**

Zwei verschiedene Pfosten, bei denen die Befestigungen der Riegel verdeckt liegen. Eine Abdeckplatte bildet einen hübschen Abschluß und schützt das empfindliche Hirnholz des Pfostens. Die Deckplatte kann schräg montiert oder von vier Seiten schräg zugehobelt werden, so daß das Wasser abläuft. Die Abmessungen in Klammern schlagen wir für einen offenen Zaun ohne Latten vor.

So wird es gemacht

Spannen Sie zuerst eine Richtschnur gerade über die gedachte Zaunposition. Teilen Sie die Gesamtlänge in gleiche Teile, um die Positionen für die Pfosten festzulegen. Kalkulieren Sie ein eventuelles Tor ein.

Sie richten die Pfosten mit der Wasserwaage senkrecht aus, wenn Sie sie im Boden befestigen. Denken Sie sich eine Fluchtlinie mit dem Augenmaß, und spannen Sie mit einer Richtschnur die Pfosten danach aus.

Die oberen Enden der Pfosten werden mit der Wasserwaage auf gleiche Höhe ausgerichtet. Nehmen Sie dazu eine Richtschnur und eine lange Wasserwaage. Die Wasserwaage kann mit einem langen, geraden Brett verlängert werden. Beachten Sie dabei auch das Gefälle des Grundstückes. Die Pfosten werden oben schräg abgeschnitten, damit das Wasser leichter ablaufen kann.

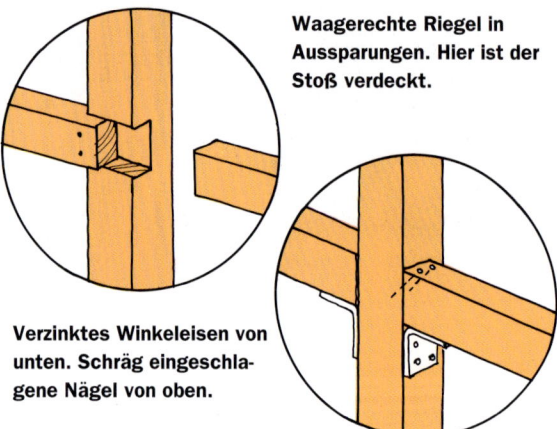

Waagerechte Riegel in Aussparungen. Hier ist der Stoß verdeckt.

Verzinktes Winkeleisen von unten. Schräg eingeschlagene Nägel von oben.

Wenn die Riegel in Aussparungen eingelassen werden, wird die Verbindung haltbarer und hübscher. Reißen Sie die Aussparungen an, sägen Sie sie mit dem Fuchsschwanz ein, und stechen Sie das Mittelstück mit einem breiten Stecheisen aus. Eine andere Möglichkeit ist, unter dem Riegel ein Winkeleisen anzubringen und von oben Nägel schräg einzuschlagen. Dies ist eine brauchbare Lösung, wenn die Oberkante der Riegel schräg zugeschnitten oder gehobelt wurde, um das Wasser besser ablaufen zu lassen.

Streichen Sie mit Faluner Rot und weißem Alkydharzlack. Damit die rote Schlämmfarbe gut haftet, dürfen die Zaunlatten nur in ungehobeltem Zustand verwendet werden. Kaufen oder bestellen Sie nur rohes oder angehobeltes Holz.

Die Pfosten

Pfosten aus Metall, Rundrohr, T-Profilen oder Vierkantrohr werden direkt im Boden mit Beton befestigt. Behandeln Sie die Oberfläche zunächst sorgfältig. Am besten nehmen Sie feuerverzinkte Pfosten. Als Rost-

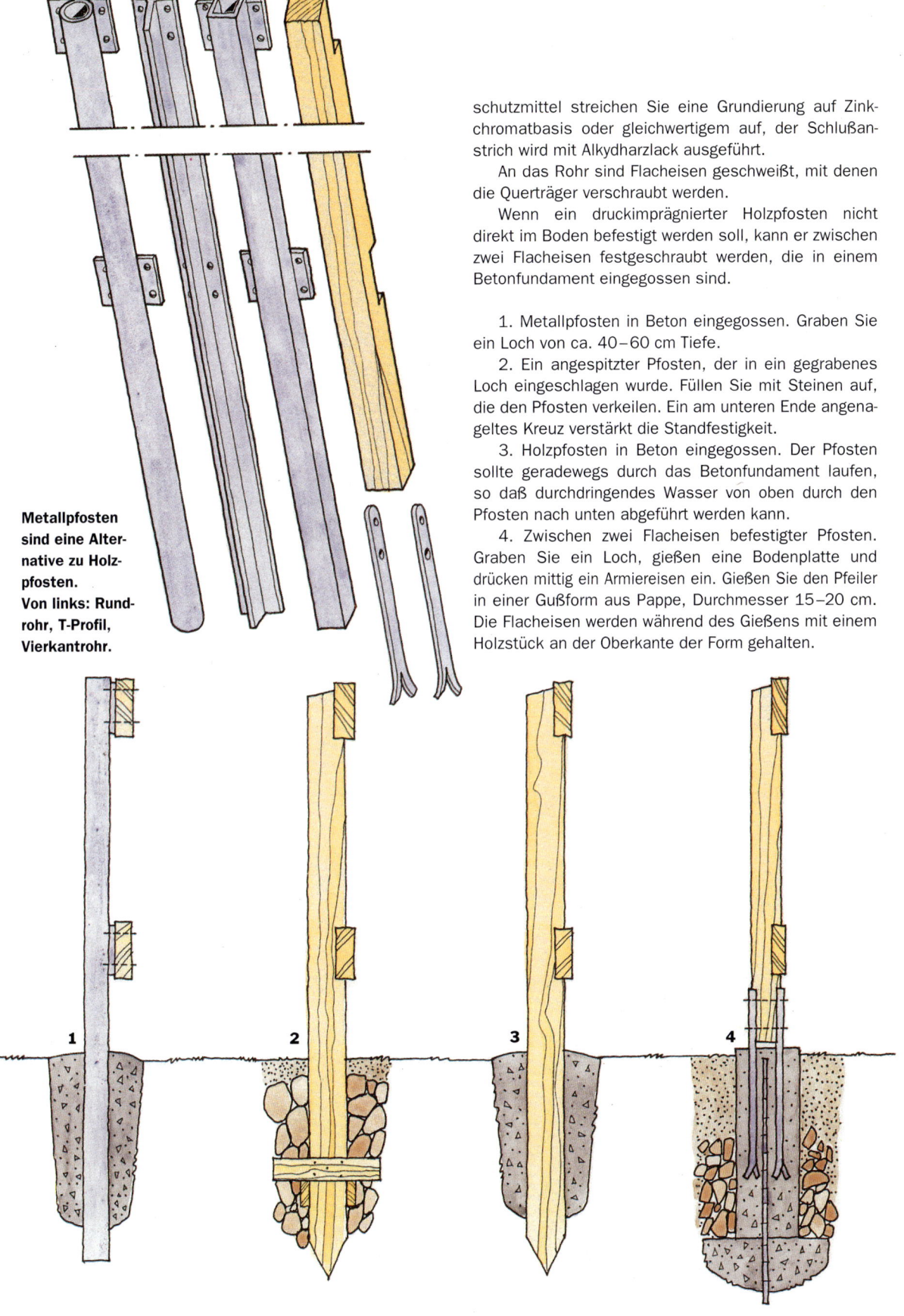

Metallpfosten sind eine Alternative zu Holzpfosten. Von links: Rundrohr, T-Profil, Vierkantrohr.

schutzmittel streichen Sie eine Grundierung auf Zinkchromatbasis oder gleichwertigem auf, der Schlußanstrich wird mit Alkydharzlack ausgeführt.

An das Rohr sind Flacheisen geschweißt, mit denen die Querträger verschraubt werden.

Wenn ein druckimprägnierter Holzpfosten nicht direkt im Boden befestigt werden soll, kann er zwischen zwei Flacheisen festgeschraubt werden, die in einem Betonfundament eingegossen sind.

1. Metallpfosten in Beton eingegossen. Graben Sie ein Loch von ca. 40–60 cm Tiefe.

2. Ein angespitzter Pfosten, der in ein gegrabenes Loch eingeschlagen wurde. Füllen Sie mit Steinen auf, die den Pfosten verkeilen. Ein am unteren Ende angenageltes Kreuz verstärkt die Standfestigkeit.

3. Holzpfosten in Beton eingegossen. Der Pfosten sollte geradewegs durch das Betonfundament laufen, so daß durchdringendes Wasser von oben durch den Pfosten nach unten abgeführt werden kann.

4. Zwischen zwei Flacheisen befestigter Pfosten. Graben Sie ein Loch, gießen eine Bodenplatte und drücken mittig ein Armiereisen ein. Gießen Sie den Pfeiler in einer Gußform aus Pappe, Durchmesser 15–20 cm. Die Flacheisen werden während des Gießens mit einem Holzstück an der Oberkante der Form gehalten.

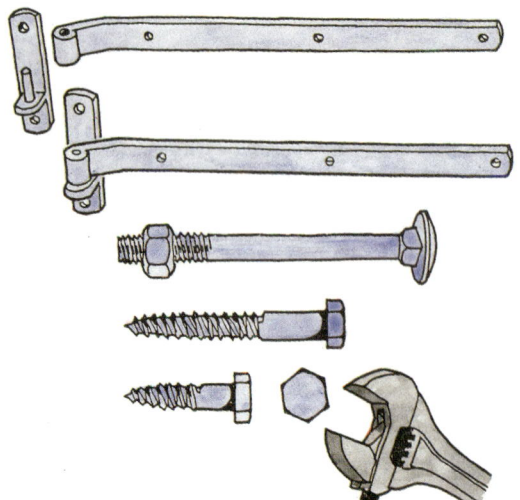

Das Tor

Hier zeigen wir Ihnen das Prinzip eines einfachen, stabilen Tores. Die Abmessungen für die Torlatten und Riegel sind dieselben wie beim Zaun. Benutzen Sie dazu feuerverzinkte Senkkopfnägel.

Verwenden Sie lange Scharniere aus verzinktem Flacheisen für das Tor, und befestigen Sie diese mit durchgehenden Schloßschrauben an den horizontalen Trägern. Die Hänge werden am Torpfosten mit Sechskantholzschrauben, die mit dem Schraubenschlüssel angezogen werden, befestigt.

ZAUNVARIANTEN

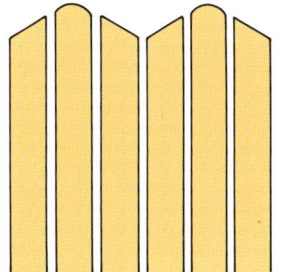 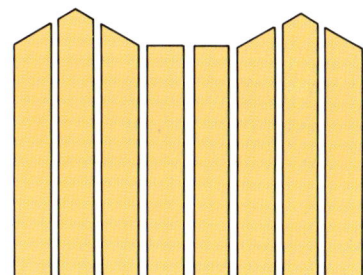 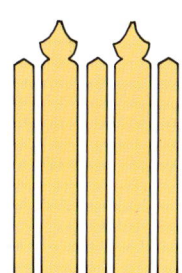

Zaunlatten verschiedener Formen und Abmessungen kann man kombinieren. Achten Sie darauf, daß der Abstand zwischen den Latten nicht zu groß wird. Das sieht nicht gut aus. Probieren Sie selbst!

Zaun und Tor.
Die gerade abgeschnittenen Latten des oberen Zaunes sind 23 × 70 mm. Schneiden Sie die Oberkanten schräg an, damit das Wasser leichter abläuft. Der nächste Zaun ist eine niedriger Plankenzaun mit schräg gestelltem Abdeckbrett obenauf. Der untere Zaun besteht aus drei waagerechten Riegeln von 45 × 120 mm.

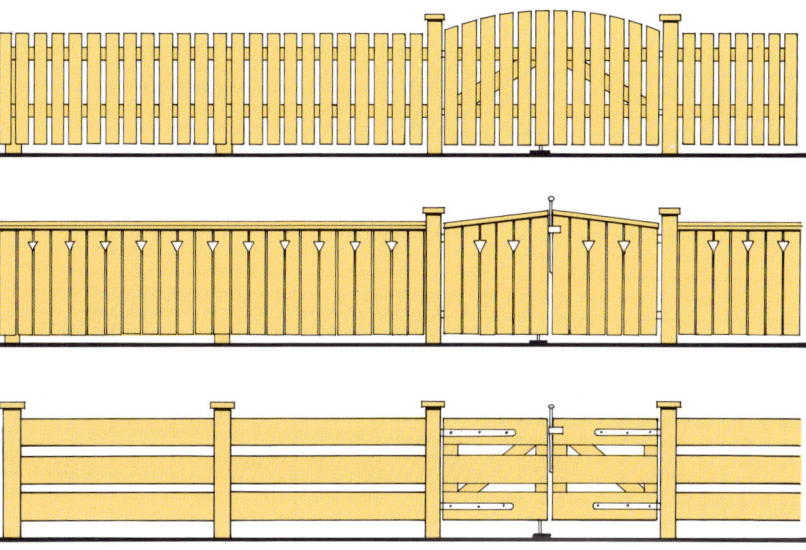

Beispiele von Zaunlatten, bei denen das Wasser gut abläuft. Abgerundete Formen und Spitzen werden mit einer Bandsäge oder einer elektrischen Stichsäge ausgeschnitten.

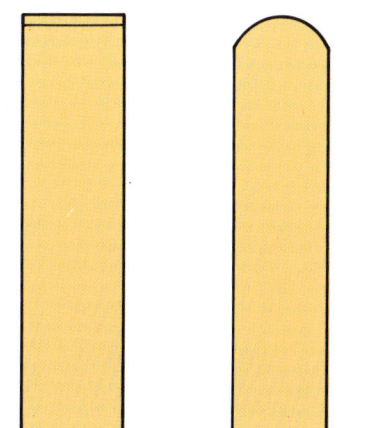 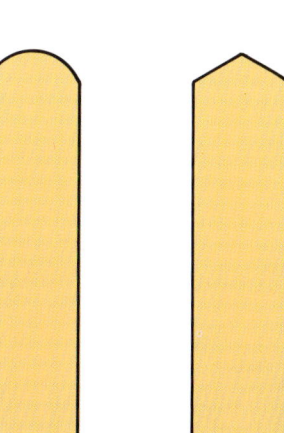 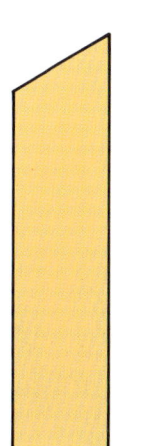 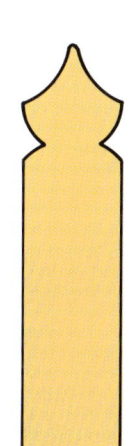 

Plankenzäune

Ein Plankenzaun zur Einfriedung des Grundstückes gibt Sicht- und Windschutz, dämpft Geräusche und schirmt den Freisitz ab.

Ein niedriger Zaun, mit Fliederbüschen bepflanzt, gibt während der warmen Jahreszeit einen ausgezeichneten Sichtschutz. Eine Kombination aus Pergola und halbhoher Holzwand gibt Klettergewächsen wie z. B. Knöterich, Hopfen oder Geißblatt guten Halt.

Ein langer, hoher und gradliniger Plankenzaun sieht oft etwas langweilig aus. Verschaffen Sie daher der Konstruktion etwas Abwechslung, die zum Haus, dem Grundstück und der Umgebung paßt. Der Zaun kann beispielsweise in eine gestutzte Hecke übergehen, in verschiedenen Höhen mit oder ohne Pergola gebaut werden oder auch in eine Pergola mit Kletterpflanzen übergehen. In dem Zaun kann es die eine oder andere Öffnung geben, die durch Spaliergitter und Kletterpflanzen bedeckt werden. Eine dichte Holzwand kann auch in einen durchsichtigen Zaun übergehen.

Mit Granitsteinen gepflasterte Straße, Haus und Plankenzaun in der Altstadt von Kalmar. Die Konstruktion des Plankenzauns finden Sie auf Seite 64.

Für Zäune und Holzwände, die höher als 80 cm sind, benötigt man nach schwedischem Recht eine Baugenehmigung. Beginnt der Zaun direkt am Haus, darf er nicht höher als 1,80 m sein, sich nicht weiter als 3 m vom Haus aus erstrecken und der Grundstücksgrenze nicht näher als 4,50 m kommen. In Deutschland gelten andere Bestimmungen (siehe S. 121). Bevor Sie bauen, sprechen Sie mit Ihrem Nachbarn. Vielleicht können Sie zusammenarbeiten, wie z. B. bei einer doppelwandigen Konstruktion, die auf beiden Seiten gleich aussieht.

Ein traditioneller Plankenzaun wird aus senkrechten Brettern hergestellt. Oben wird ein schräggestelltes Abdeckbrett angebracht, mit einem horizontalen Brett darunter. Übersteigt die Höhe 1,60 m, benötigen Sie drei Riegel, um die Bretter zu vernageln.

Eine feste Bodenverankerung ist wichtig

Es ist von großer Bedeutung, daß die Standpfosten der Holzwand gut im Boden verankert werden. Sie können entweder direkt in Bodenlöchern mit Beton eingegossen oder mit kräftigen Flacheisenbeschlägen, die in einem Betonfundament verankert sind, festgeschraubt werden. Das Fundament können Sie direkt in ein Loch im Boden oder in eine eingegrabene Pappröhre gießen. Die Stabilität hängt von der Tiefe des Pfostens oder des Fundaments im Boden ab. 50–70 cm sind in der Regel günstig.

Ein Pfosten, der direkt im Boden festgegossen wird, muß aus druckimprägniertem Holz sein, damit er nicht verfault. Er kann aus einem massiven Stück oder aus zwei zusammengenagelten Brettern bestehen. Auf diese Weise können große Risse, die bei stärkeren Holzabmessungen vom Holzkern ausgehen, vermieden werden. Den angespitzten Pfosten schlagen Sie in einem Loch im Boden fest. Richten Sie ihn mit der Wasserwaage senkrecht aus, und stützen Sie ihn mit einigen Holzleisten. Füllen Sie das Loch zuerst mit einigen Steinen auf, um den Pfosten festzukeilen, und gießen Sie es dann mit Beton voll.

Hier zeigen wir, wie man Betonpfeiler mit doppelten Befestigungen aus verzinkten Flacheisen mit den Abmessungen 6 × 50 × 500 mm befestigt. Die Gußform kann aus einem Betonrohr oder einer Pappröhre mit einem Durchmesser von 150–200 mm bestehen und in einem passend gegrabenen Loch aufgestellt werden. Die Pfostenlöcher markieren Sie in gleichmäßigem Abstand mit einer Richtschnur. Ein geeigneter Abstand für eine Holzwand ist ca. 1,80–2,20 m. Setzen Sie die Gußform in das Loch, füllen Sie rundherum Steine und Erde auf, und gießen Sie zum Schluß den Beton in die Gußform. Danach drücken Sie den Flacheisenbeschlag in den Beton und fixieren ihn in seiner genauen Lage mit einem Holzklotz und Nägeln, bis der Beton ausgehärtet ist. Sägen Sie die Pfosten oben schräg ab, so daß das Wasser leichter ablaufen kann.

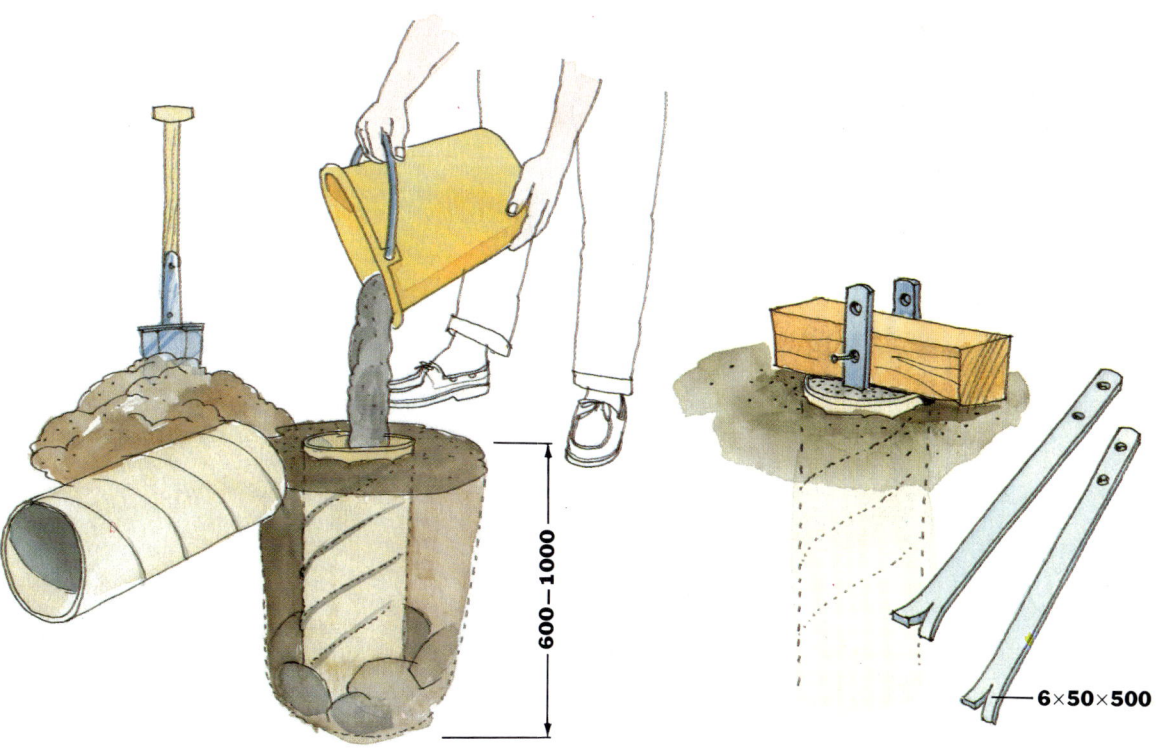

600 – 1000

6×50×500

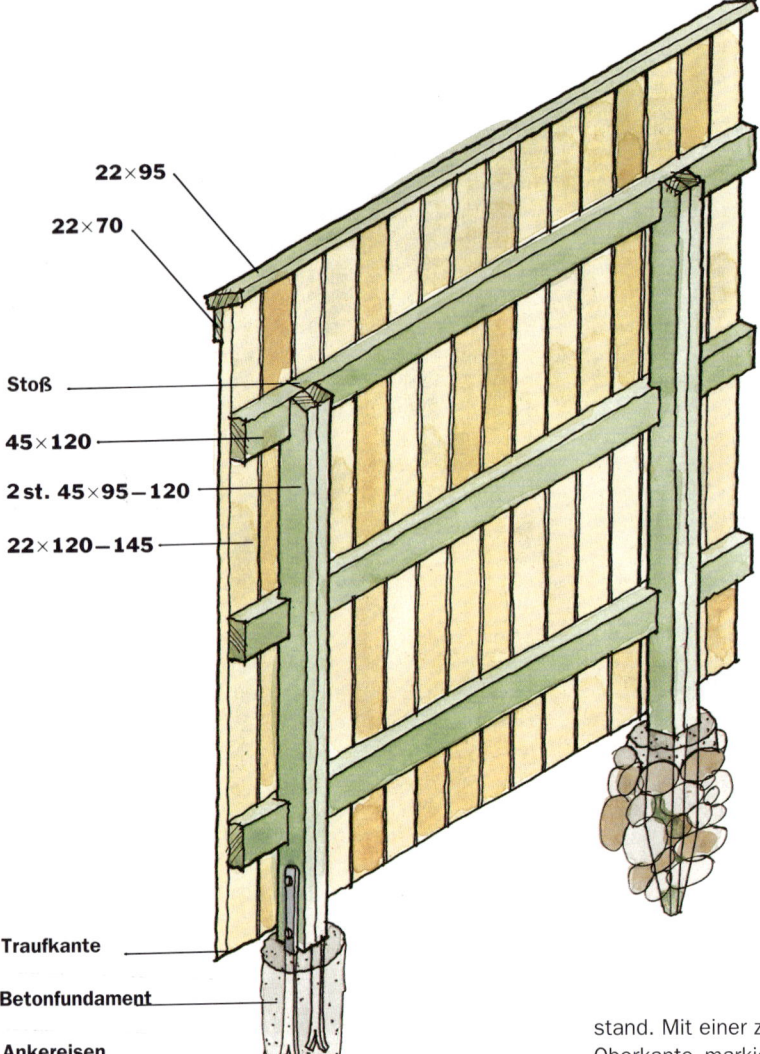

22×95

22×70

Stoß

45×120

2 st. 45×95−120

22×120−145

Traufkante

Betonfundament

Ankereisen

Die grün gezeichneten Bauteile müssen aus druckimprägniertem Kiefernholz hergestellt werden.

EIN TRADITIONELLER PLANKENZAUN

Dies hier ist ein traditioneller Plankenzaun in einfacher Ausführung. Die senkrechten Bretter sind rohe oder angehobelte Fassadenbretter. Die Höhe des Zauns kann zwischen 1,30 m bis knapp über 2 m variieren. Die Bretter werden auf zwei oder drei waagerechte Kanthölzer genagelt. Die Höhe des Zauns und ob eine Abschlußleiste außen aufgenagelt wird, das beides bestimmt die Anzahl der Querträger. Die Lebensdauer hängt davon ab, wie haltbar und kräftig die Pfosten sind und auf welche Weise sie im Boden befestigt sind. Der Abstand zwischen ihnen darf 1,80–2,20 m nicht überschreiten.

Spannen Sie eine Richtschnur im gedachten Verlauf des Zauns. Graben Sie die Löcher in gleichmäßigem Ab-

stand. Mit einer zweiten Richtschnur kann ebenfalls die Oberkante markiert werden. Sie kann waagerecht gespannt oder auch dem Gefälle des Grundstückes angepaßt sein. Es ist gegebenenfalls möglich, einen Zaun treppenförmig mit waagerechten Oberkanten am Hang zu bauen. Benutzen Sie eine lange Wasserwaage oder eine Wasserwaage in Kombination mit einer Richtlatte, um den waagerechten Verlauf zu kontrollieren.

Riegel und Beplankung

Die horizontalen Kanthölzer werden in die Pfosten eingelassen und festgenagelt. Zur Markierung der Aussparungen verwenden Sie ein langes Kantholz und eine Wasserwaage. Sägen Sie sie an den Begrenzungen der Einsparungen ein, und stechen Sie das überflüssige Holz aus. Die Oberkante der Riegel sollte schräg zugeschnitten werden, damit das Wasser leichter ablaufen kann. Sie nageln nun die Fassadenbretter an den Riegel mit rostfreien Nägeln fest und halten eine Wasserwaage bereit, um den senkrechten Verlauf der Bretter zu kontrollieren. Richten Sie die Oberkante nach einer gespannten Richtschnur aus. Das ist besonders wichtig, wenn der Boden zwar nur leicht geneigt ist, die Oberkante jedoch trotzdem waagerecht verlaufen soll.

Das Wasser muß gut ablaufen können

Es ist sowohl praktisch als auch schön, wenn die Oberkante eine Traufkante als Abschluß erhält. Auf dem Bild befindet sich darunter ein Brett zur besseren Befestigung. Optisch wirkt es wie eine Schattenleiste der Oberkante, gleichzeitig wird das ungeschützte Hirnholz nicht durch Wasser in Mitleidenschaft gezogen. Vergessen Sie nicht ein wichtiges Detail an der Unterseite: Die Bretter müssen unten schräg zugeschnitten werden. So erhalten Sie eine Tropfkante, die verhindert, daß das Wasser ins Hirnholz eindringen kann.

Oberflächenbehandlung

Das untere Ende der Verkleidung läßt sich nur schwer mit dem Pinsel anstreichen. Deshalb tauchen Sie die schräg zugesägten Brettenden vor der Montage in Farbe.

Andere mit dem Pinsel nur schwer zugängliche Stellen, z. B. dort wo die Bretter Kante an Kante angenagelt werden, müssen Sie vor der Montage streichen. Werden die Bretter mit dunkler Farbe gestrichen, markieren sich die Kanten sonst später hell, nachdem das Holz geschrumpft ist. Deshalb streichen Sie alle Kanten und schwer zugänglichen Stellen, bevor die Bretter montiert werden.

Wird der Zaun mit Schlämmfarbe gestrichen, muß alles Holz im rohen Zustand, also ungehobelt, gestrichen werden, damit die Farbe Halt findet. Solches Holz kann in gut sortierten Sägewerken oder Baustoffhandlungen bestellt oder gekauft werden.

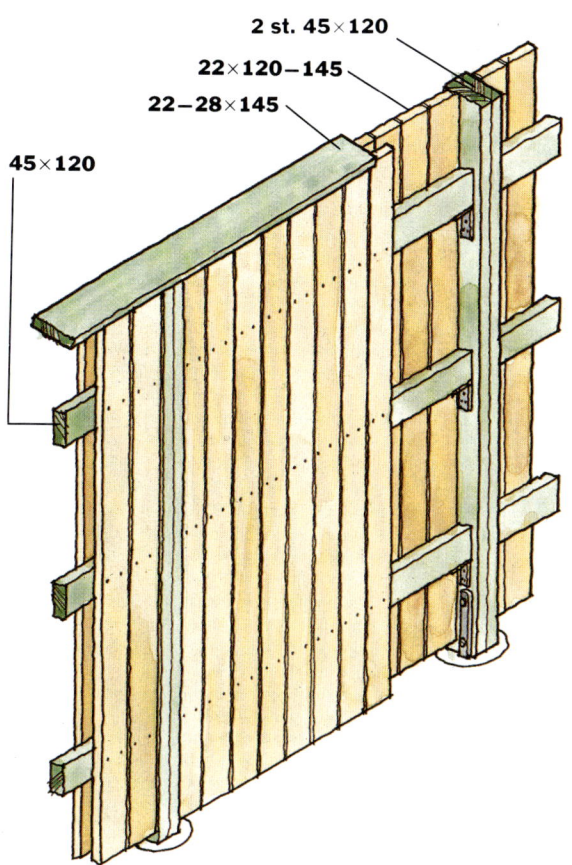

2 st. 45 × 120
22 × 120 – 145
22 – 28 × 145
45 × 120

Plankenzaun mit Portal in der Altstadt von Kalmar. Ein so hoher Zaun gibt guten Sichtschutz und dämpft den Straßenlärm.

DIE DOPPELWANDIGE AUSFÜHRUNG

Ein Plankenzaun als Abschirmung oder Windschutz, der sich an den Freisitz anschließt, wirkt am schönsten, wenn die Riegel nicht sichtbar sind.

Auf Seite 22 zeigen wir einen Freisitz mit einem Plankenzaun im Hintergrund, er schließt an die danebenliegenden Häuser an. Hier sind die Pfosten aus drei Teilen zusammengenagelt und bilden ein H-förmiges Profil. Die waagerechten Riegel können so gut aussehend und haltbar in den Profilen befestigt werden.

Das obere Bild zeigt eine einfachere Variante. Die horizontalen Riegel werden mit Winkelbeschlägen z. B. 90 × 90 × 40 × 3,0 mm und Ankernägeln befestigt. Setzen Sie die Winkelbeschläge unter die Hölzer, und vernageln Sie von oben schräg gegen den Pfosten, der ein Maß von 90 × 120 mm hat. Wählen Sie den Abstand zwischen den Pfosten als Mehrfaches der Brettbreite so, daß die Bretter dazwischen genagelt werden können

Sägen Sie die Oberkante und die Pfosten schräg ab, so daß ein schräggestelltes Traufbrett oben aufgenagelt werden kann. Ein solches Brett wird mit Blech eingekleidet, welches Sie beim Klempner auf Maß bestellen können.

45×70—95

45×120—145

45×120—145

45×145—170

28—34×120—145

EIN DOPPELWANDIGER PLANKENZAUN MIT DARÜBERLIEGENDER PERGOLA

Wenn Sie die Pfosten etwas höher ausfallen lassen, können Sie den Plankenzaun zusätzlich mit einer Pergola ausstatten. Ein Freisitz erhält so eine Abschirmung, die zwar Schutz bietet, wenn man sitzt, aber den Ausblick nicht verstellt, wenn man steht. Will man Kletterpflanzen Halt bieten, werden obenauf noch Querriegel befestigt. Dazwischen spannen Sie kräftige Stahldrähte, an denen Kletterrosen, Geißblatt und schnellwachsende Pflanzen wie Hopfen und Knöterich ranken können.

Das Bild zeigt auch das Prinzip für eine Verbindung zwischen einem Holzboden und der Wand.

ZWEI UNTERSCHIEDLICHE PLANKENZÄUNE

Der obere, rotgestrichene Zaun hat eine leichte und luftige Konstruktion, die Bretter haben einen Abstand von 15 mm, jedes zweite Brett wurde verkürzt. Die obere Abdeckung besteht aus drei Brettern, die in ihrer Kombination ein hübsches Profil geben. Die oberen, schrägliegenden Traufbretter sind aus druckimprägniertem, widerstandsfähigem Holz.

Die Verbretterung des Tors hat mit 145 cm über dem Boden die gleiche Höhe wie die kürzeren Bretter des Zauns. Die Durchgangshöhe des Portals beträgt 2,15 m. Wenn die Wand rot gestrichen wird, können z. B. Tor und Portal mit einer kontrastierenden Farbe hervorgehoben werden. Nehmen Sie weißen oder hellgrauen Alkydharzlack.

Der untere, hellgrün gestrichene Plankenzaun ist vollständig geschlossen. Wie bei einer Hauswand werden die senkrechten Stoßkanten mit einer Abdeckleiste verschlossen. Die Bretter und Leisten nageln Sie auf drei waagerechte Riegel. Das untere Brett der Abdeckung ist 145 mm breit und hat ausgesägte Halbbogen, die sich an die oberen Enden der Abdeckleiste anschließen. Die Bogen werden mit einer elektrischen Stichsäge ausgeschnitten. Fasen Sie die Kanten der Abdeckleisten 45° an, können auch die Bögen mit einer halbrunden Feile oder einer Oberfräse gefast werden (45° Schaftfräser mit Kugellageranschlag).

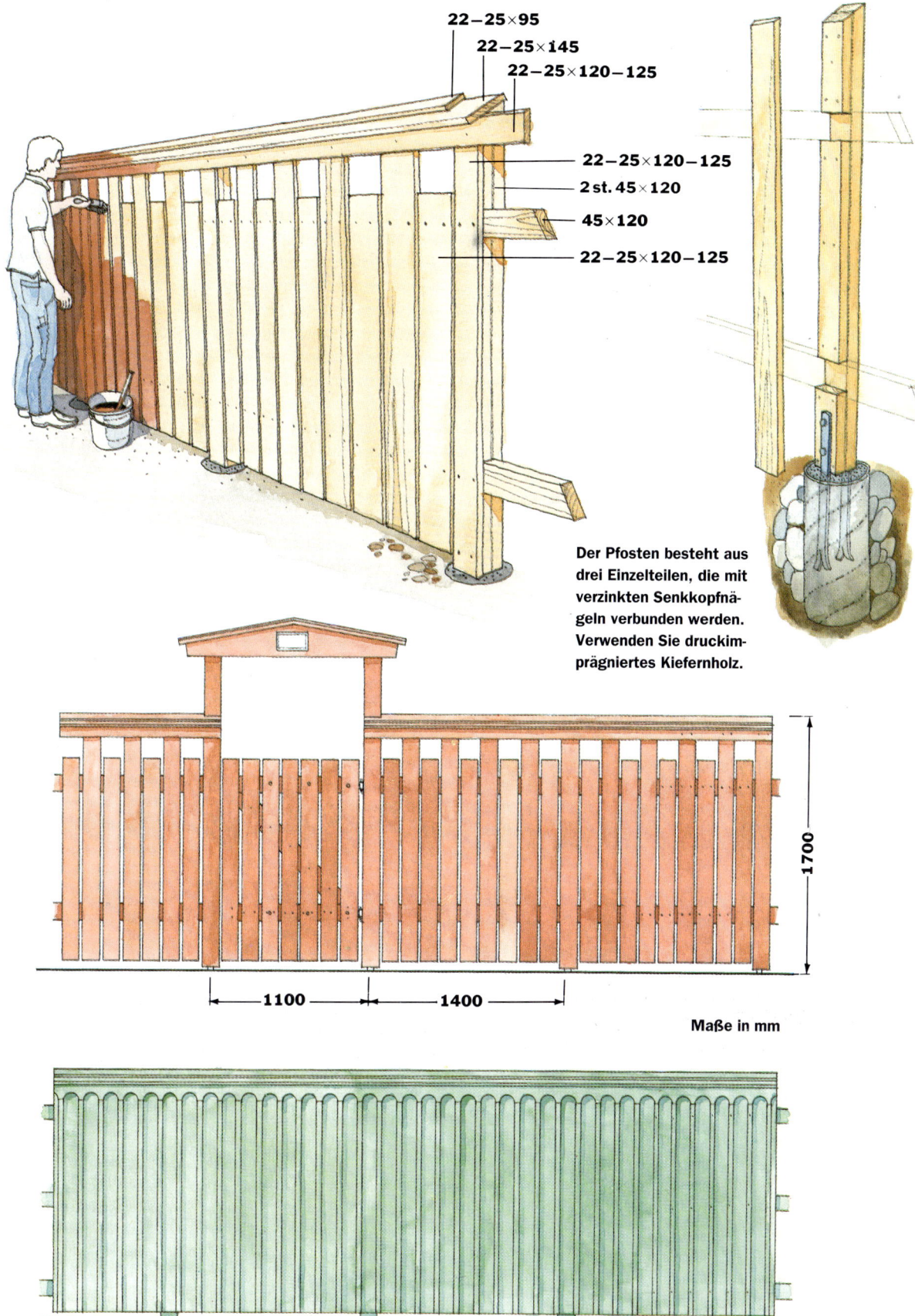

22—25×95

22—25×145

22—25×120—125

22—25×120—125

2 st. 45×120

45×120

22—25×120—125

Der Pfosten besteht aus drei Einzelteilen, die mit verzinkten Senkkopfnägeln verbunden werden. Verwenden Sie druckimprägniertes Kiefernholz.

1700

1100

1400

Maße in mm

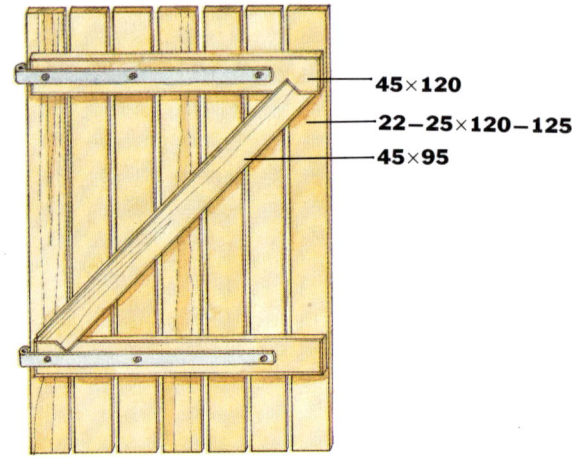

45×120

22−25×120−125

45×95

Pfosten und Deckbretter

Die Pfosten des oberen Plankenzauns wurden aus Holz mit den Abmessungen 45 × 120 mm zweilagig zusammengenagelt. So ist es leicht, für die horizontalen Riegel saubere Aussparungen herzustellen. Am besten ist natürlich druckimprägniertes Holz. Die Pfosten werden zwischen Flacheisenbeschlägen mit zwei durchgehenden Maschinenschrauben und Muttern befestigt. Außen nageln Sie ein Deckbrett der gleichen Abmessungen wie bei der übrigen Beplankung auf. Unten wird auf der Innenseite des Deckbrettes eine Aussparung für das Flacheisen ausgebohrt und -gestochen. Streichen Sie alle Hirnholzenden und schwer zugänglichen Stellen, bevor die Teile montiert werden.

Wählen Sie die richtige Farbe

Das Faluner Rot ist eine langlebige und schöne Farbe, die in vielen Fällen paßt. Sie ist eine sogenannte Schlämmfarbe. Damit die Farbe am besten hält, muß das Holz eine ungehobelte Oberfläche haben. Eine gehobelte Oberfläche gibt einen geeigneten Untergrund für Deckfarben auf Öl- oder Alkydharzbasis und transparente Lasuren.

Das Tor

Das Tor besteht aus dem gleichen Material wie der Zaun. Die Diagonalstrebe ist wichtig für die Stabilität des Tores. Der Stirnversatz der Diagonalstrebe an den beiden Querhölzern verstärkt die Konstruktion. Die langen Scharniere aus Flacheisen werden mit durchgehenden Schloßschrauben befestigt. Alle Metallbeschläge und Nägel sollten verzinkt sein. Beschläge und Bolzen können Sie in gut sortierten Baumärkten oder Eisenwarengeschäften erwerben.

Ein hoher Plankenzaun oder eine Verkleidung mit Deckleisten erfordert drei waagerechte Riegel. So wird die Wand stabil, und die Leisten erhalten eine Unterlage, auf der sie befestigt werden können.

Die Ecke des Plankenzauns kann mit einem Pfosten gebildet sein, oder wie hier mit zwei Pfosten mit 60 cm Abstand von der Ecke.

VERANDEN UND FREISITZE

Eine Eingangspergola

Eine Pergola in Faluner Rot geleitet wie ein blühender Gang zum Haus. Das einfache Holzgerüst dient als Stütze für die Kletterpflanzen und bietet Schutz gegen Wind. So schafft man einen begrünten Raum im Garten, der freudige Erwartung erweckt.

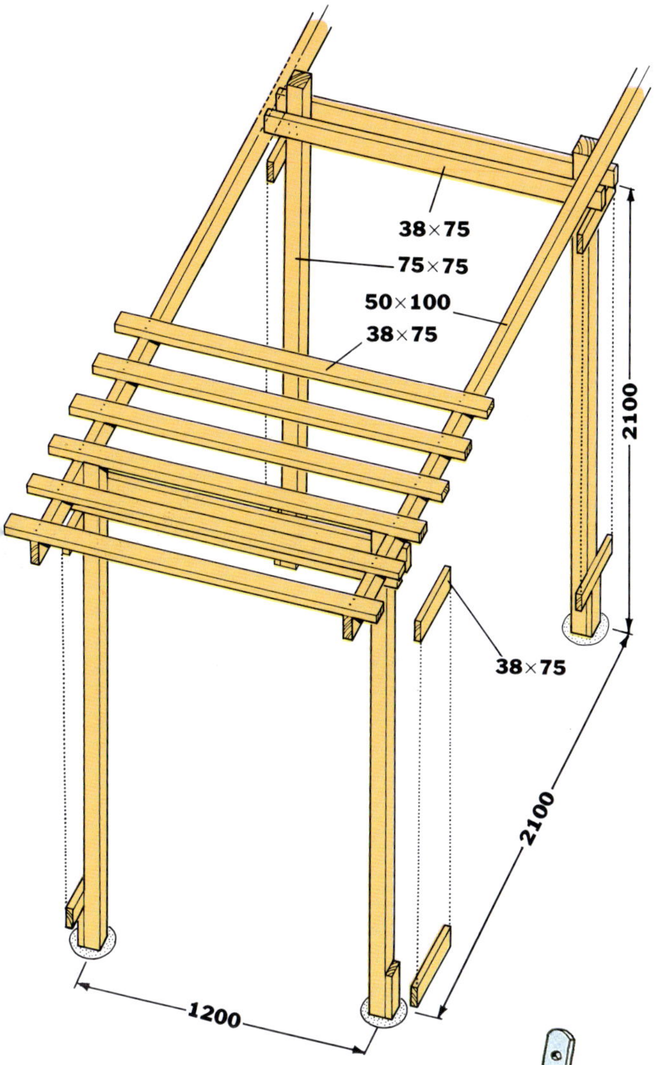

38×75

75×75

50×100

38×75

2100

38×75

2100

1200

Maße in mm

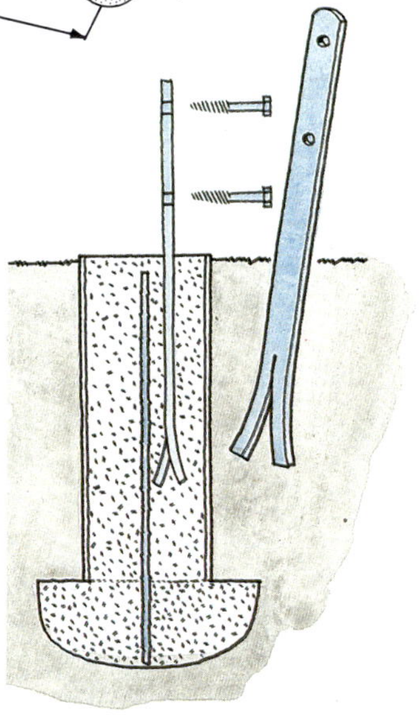

Eine freistehende
Pergola muß stabil
im Boden verankert
werden.

Die Fundamente

Die Pergola ist eine freistehende Konstruktion. Es ist deshalb wichtig, daß die Pfosten stabil im Boden verankert werden. Der Abstand der Fundamente beträgt von der Mitte der Pfosten aus gemessen 120 cm in der Breite und 210 cm in der Länge. Graben Sie bis Sie festen Grund erreichen, d.h. im Normalfall 50–60 cm. Ist der Boden tonig und weich, müssen Sie tiefer graben.

Gießen Sie eine Bodenplatte in das Loch, und drücken Sie ein Armiereisen in die Mitte. Ist der Beton ausgehärtet, setzen Sie darauf ein Papprohr mit einem Durchmesser von 15 cm. Als Pfostenbefestigung gießen Sie ein kräftiges, feuerverzinktes Flacheisen im Fundamentpfeiler fest.

So wird die Pergola gebaut

Das gesamte Holz muß druckimprägniert sein. Wird die Pergola mit Faluner Rot gestrichen, müssen die Bretter ungehobelt, d.h. roh sein. Die rauhe Oberfläche ist eine Voraussetzung für das Haften der Farbe. Nageln Sie zuerst die Pfosten paarweise mit den doppelten, querlaufenden Kanthölzern (38 × 75 mm) zusammen. Anschließend werden die Pfosten an den Flacheisen mit verzinkten Schloßschrauben mit Mutter oder Sechskantholzschrauben befestigt. Richten Sie das erste bzw. letzte Pfostenpaar mit Wasserwaage und Augenmaß aus, und stabilisieren Sie es mit schräggestellten Stützleisten. Verbinden Sie das Pfostenpaar mit längsverlaufenden Kanthölzern (50 × 100 mm). Richten Sie das dazwischenliegende Pfostenpaar aus. Die längsgehenden Kanthölzer werden in der Mitte eines Pfostens verlängert. Zum Ende nageln Sie die Verlattung als Abdeckung auf. Die Halterungen (38 × 75 mm) für Rankgitter oder Rautenspalier werden oben und unten an den Pfosten festgenagelt.

Eine offene Veranda

Eine großzügige Veranda an der Südseite des Hauses wirkt einladend. Hier zeigen wir Ihnen, wie man eine große Veranda mit Geländer und breiter Treppe baut, die sich ein Stück über den Boden erhebt.

Material

Wählen Sie Holz von hoher Qualität, am besten druckimprägniertes Kiefernholz der Qualität A, gerade gewachsen und ohne allzu viele Äste. Es ist sinnvoll, das Holz beim Händler selbst auszuwählen.

Ist die Konstruktion gut durchlüftet, kann man gewöhnliches Holz für die Kanthölzer verwenden. Legen Sie Streifen aus Teerpappe darüber, um sie gegen Wasser und Feuchtigkeit von oben zu schützen.

Pfosten, Traggebälk und Boden

Die Fundamente für die Pfosten bestehen aus gegossenen Betonpfeilern. An der Wand können Pfosten und Tragbalken verankert werden.

Die Pfosten haben Abmessungen von 95 × 95 mm oder 120 × 120 mm. Statt massive Pfosten zu verwenden, die leicht reißen, kann man zwei Bretter von 45 × 95 mm verleimen und vernageln. Die Abmessungen des Traggebälks werden durch die Spannweite bestimmt.

Beträgt der Abstand zwischen den Pfosten 2–2,5 m, können die unteren Querträger z. B. Abmessungen von 45 × 145 mm und die oberen 45 × 120 mm haben.

Die Stärke der Bodenbretter sollte 28 oder 34 mm betragen, die der Treppenstufen 34 oder 45 mm.

Das Geländer

Das Geländer sieht von beiden Seiten gleich aus. Es ist etwas komplizierter herzustellen. Das obere Querholz wird mit den Pfosten verzapft. Das untere, aus zwei Leisten bestehend, wird mit Ankerplatten befestigt.

Die senkrechten Bretter werden in eine Nut im oberen Kantholz eingepaßt und festgenagelt. Dann nageln Sie die beiden unteren Leisten dagegen.

Am besten werden die Teile vor dem Zusammenbau sorgfältig oberflächenbehandelt. Konstruieren Sie alle Teile so, daß das Wasser leicht ablaufen kann. Ein einfaches Geländer kann man mit zwei horizontal angeordneten Kanthölzern herstellen, die mit Winkelbeschlägen befestigt werden. Anschließend nageln Sie die senkrechten Bretter wie bei einem gewöhnlichen Zaun an.

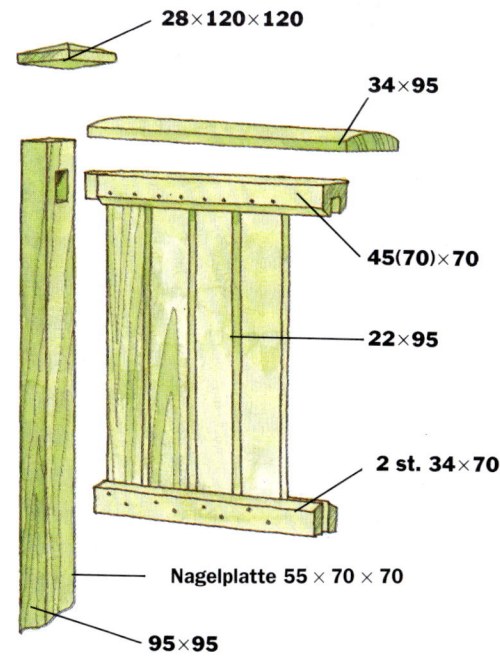

28×120×120

34×95

45(70)×70

22×95

2 st. 34×70

Nagelplatte 55 × 70 × 70

95×95

Überdachte Veranden

Eine Veranda kann sehr unterschiedlich konstruiert sein. Sie sollte so entworfen werden, daß sie sich dem Haus anpaßt, sowohl vom praktischen als auch ästhetischen Gesichtspunkt betrachtet. Hier zeigen wir eine Grundkonstruktion mit zwei unterschiedlichen Dachformen – Satteldach und Pultdach. Die Abbildungen zeigen wie sich das Bild verändert, wenn die mittleren Pfosten eingesetzt bzw. weggelassen werden. Besondere Schreinerfertigkeiten brauchen Sie eigentlich nicht. Die kleinen Halbbogen – oben eingesetzt – sind ein gutes Beispiel, wie kleine, diskrete Details den Gesamteindruck verbessern können.

Hier hat man die große, freie Giebelwand mit einer Veranda versehen. Das Dach wird noch mit Dachziegeln auf Latten, Blechdachrinne, Windfedern und Winkelblechen an der Hinterkante und an den Seiten vervollständigt.

Das Verandadach kann auf zwei verschiedene Weisen gebaut werden, damit es sich am besten an die Größe und Form des Hauses anpaßt. Hier wurde ein Satteldach mit drei Sparrengebinden aufgebaut.

Die grün gekennzeichneten Bauteile müssen aus druckimprägniertem Kiefernholz hergestellt werden.

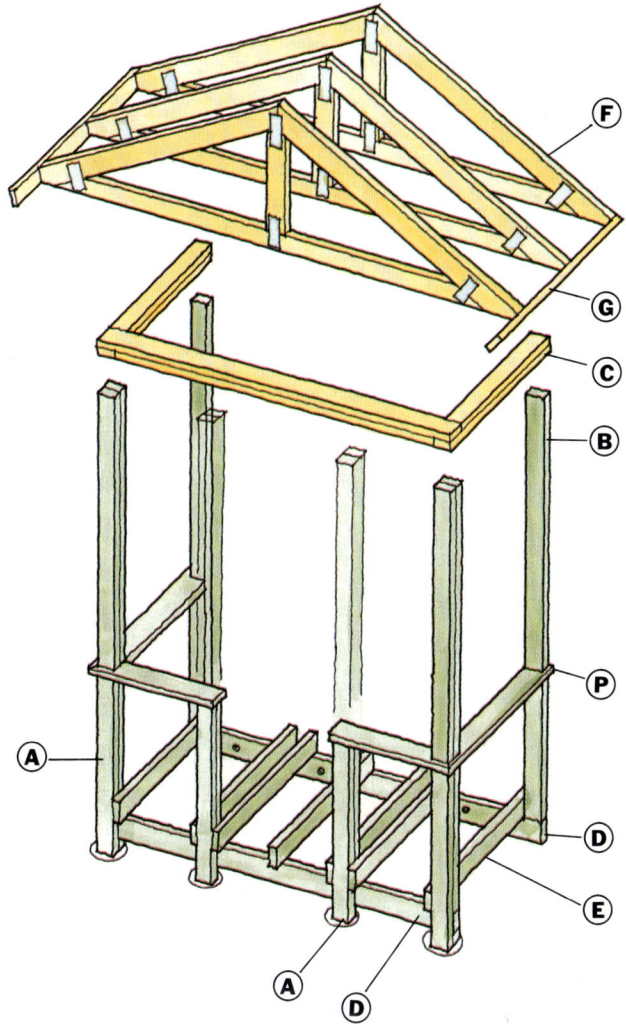

DIE KONSTRUKTION DER VERANDA

Die Pfosten A ruhen auf gegossenen Betonfundamenten. Die Pfosten werden mit Bodenankern auf den Einzelfundamenten befestigt. Sie können auch kräftige Flacheisen nehmen. Die Pfosten wurden aus zwei Kanthölzern der Abmessungen 45 × 95 mm zusammengenagelt. Das ist von Vorteil, weil man – im Gegensatz zu einem einzigen starken Kantholz – Rißbildungen und Verwindungen vermeidet. Der hintere Pfosten (B), 45 × 95 mm, wird an die Hauswand geschraubt oder genagelt. Oben werden die Pfosten mit einem Rähm (umlaufender Ringbalken) verbunden, der aus doppelten Kanthölzern der Abmessungen 45 × 95 mm hergestellt wird. Zwei Tragbalken, auch Schwellen genannt (D), 45 × 120–145 mm, bilden die Unterkonstruktion für die Bodenträger (E). Diese haben die Abmessungen 45 × 120 mm. Die vordere Schwelle wird in die Pfosten A eingelassen und festgenagelt, die hintere am Hausfundament mit Sechskantschrauben in Kunststoffdübeln befestigt.

Die Bodenträger (E) werden im Abstand von 40–60 cm (von Mitte zu Mitte gemessen) angebracht, die beiden kurzen Pfosten (A) durch zwei Kanthölzer beidseitig unten befestigt.

Das Dach

Der Dachstuhl (F) wird aus Kanthölzern guter Qualität (45 × 95 mm) errichtet. Diese Teile werden mit Ankerplatten und Ankernägeln zusammengebaut. Bei größeren Spannweiten oder hohen Schneelasten muß der Mittelstiel aus kräftigem 45 × 120–140 mm starkem Holz gefertigt werden. Lassen Sie das Dach mindestens 30 cm, besser mehr, überstehen. Der Dachstuhl wird am Rähm und an der Wand angenagelt, die überstehenden Dachsparren mit einem Traufbrett (G) 22 × 70–95 mm verbunden.

Das Traufbrett überlappt die Deckenverkleidung (H), wird jedoch selbst durch die Außenschalung (J) überragt. Den Giebel verkleiden Sie mit senkrechten Panee-

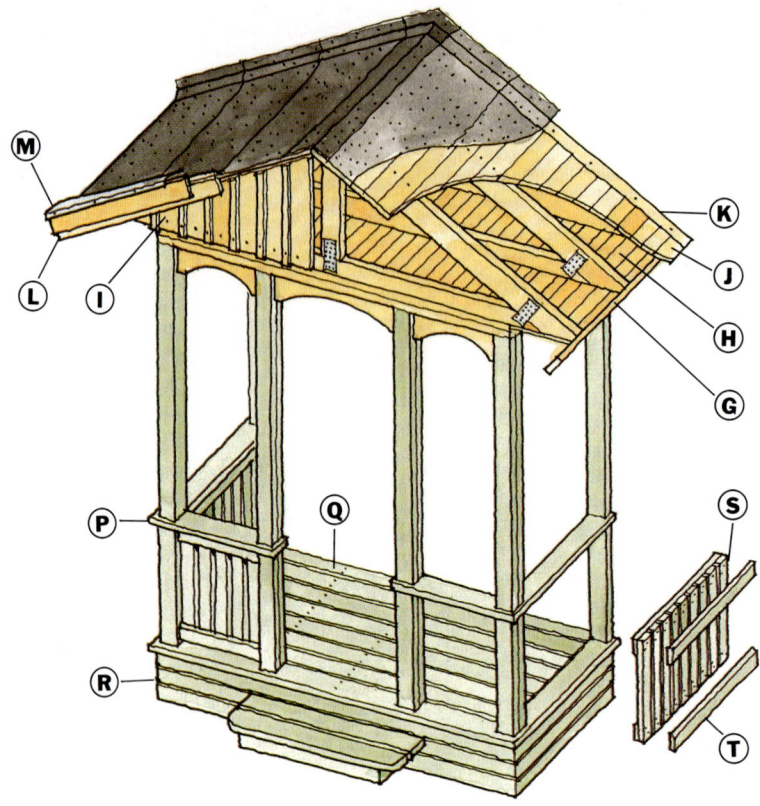

len, deren Stöße durch eine Abdeckleiste verdeckt werden, oder Rauhspund. Die Unterkante der Paneele wird schräg angeschnitten und erhält so eine Tropfkante. Sie wird vor der Montage oberflächenbehandelt. Die Außenschalung des Daches (J) stellen Sie aus Rauhspund, 16 × 22 × 95 mm, her. Sie wird auf den Dachsparren vernagelt. Eventuelle Lüftungsschlitze versehen Sie mit Fliegengittern. Die Dachkanten an der Hauswand erhalten eine Dreikantleiste (K). Auch die Windfeder (L) bekommt auf der Dachseite eine Dreikantleiste. Durch die Dreikantleisten wird die Dachpappe hochgebogen, andrerseits dienen sie gleichzeitig als Befestigung für die Windfedern. Dünne Verandadächer sehen gut aus. Deshalb sollten die Windfedern nicht breiter als notwendig sein (hängt von der Dachabdeckung ab). Sie können wahlweise eine doppelte Lage Dachpappe, Schindelplatten aus Teerpappe, Wellblech oder Dachpfannen aus Ton oder Beton verwenden. Für Dachpfannen brau-

chen Sie breitere Windfedern, da Sie auf Dachlatten aufliegen. Die Oberkante der Windfedern wird mit einem Blech (M) abgedeckt, das bei uns fertig lackiert gekauft werden kann. Der Übergang zwischen Wand und Verandadach ist empfindlich. Um Undichtigkeiten unbedingt zu vermeiden, benutzen Sie hier ein Abdeckblech (N; siehe nächste Seite), das je nach Voraussetzung in die Vertiefungen zwischen den Wandpaneelen eingedrückt oder unter die Wandpaneele eingeschoben wird.

Besonders beim Pultdach ist es wichtig, eine Dachrinne an der Vorderkante des Daches anzubringen. Sie ist natürlich auch beim Satteldach bedeutsam, wenn Sie vermeiden wollen, daß Wasser auf die Hausfassade läuft. Möchten Sie kein Fallrohr verwenden, kann die Regenrinne an einer Seite überstehen, um das Regenwasser abzuführen. Die Rinneisen werden an den überstehenden Dachsparren befestigt. Nehmen Sie Rinnen und Eisen aus fertig lackiertem Blech.

Geländer und Bogen

Die Abdeckung (P) des Geländers hat die Abmessungen 28–34 × 120 mm. An den Pfosten erhält sie Aussparungen und wird von unten angenagelt. Alle schwer zugänglichen Stellen werden vor der Montage oberflächenbehandelt. Besondere Sorgfalt benötigen hier die Hirnholzenden, die schnell Wasser ziehen. Fasen Sie die Teile P leicht in einem Winkel von 45° an, wo sie an A–B stoßen, und dichten Sie die Fuge mit Dichtmasse. Es ist vorteilhaft, wenn die Oberseite des Abdeckbrettes eine Wölbung erhält, damit das Wasser leichter ablaufen kann.

Der Boden (Q) wird in Form eines Holzrostes aus druckimprägnierten Brettern in den Abmessungen 28–34 × 120–145 mm angefertigt. Entlang der Außenkante nageln Sie ein breiteres Abdeckbrett mit Aussparungen für die Pfosten auf. Alternativ kann auch ein schmaleres Brett mit einer zusätzlichen Außenleiste angebracht werden. Zum Boden hin erhält die Terrasse einen Sockel (R) aus dünnerem, druckimprägniertem Holz, z. B. 16–22 × 95 mm. Das Geländer (S) wird in einzelnen Sektionen hergestellt und zwischen den Pfosten und der Abdeckung schräg vernagelt. Es besteht aus Brettern der Abmessungen 16–22 × 70 mm und horizontalen Riegeln (T), 22 × 45 mm, die beidseitig aufgenagelt werden und gefaste Kanten besitzen.

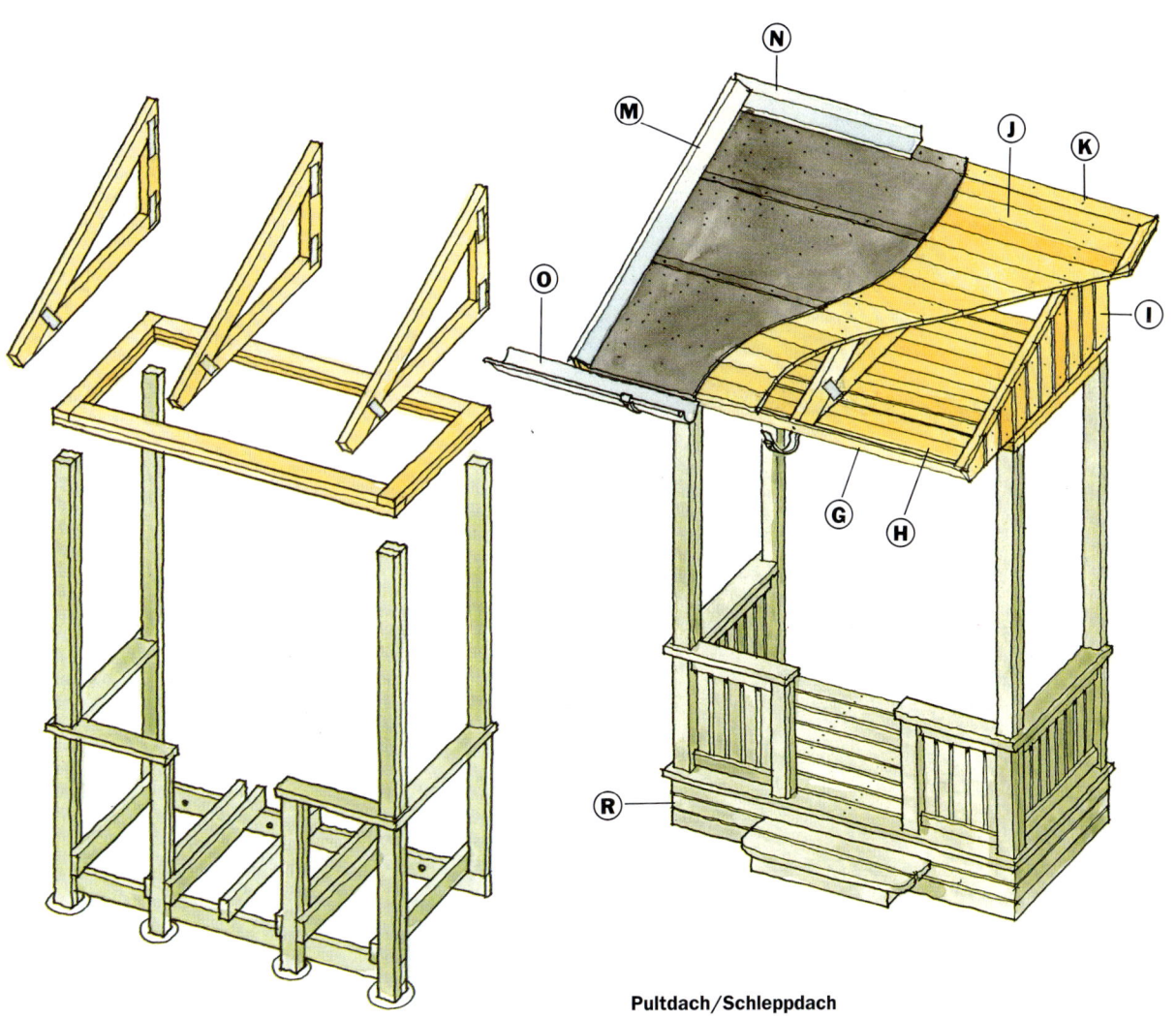

Pultdach/Schleppdach

Die Terrasse –
Bestandteil des Hauses

Der Ort für eine Terrasse am Haus ist meistens vorbestimmt. Besonders wichtig ist, wie die Sonne auf das Grundstück fällt – ist es überwiegend Morgensonne, Mittagssonne oder Abendsonne? Eine Alternative können zwei Freisitze bieten, die in unterschiedlichen Himmelsrichtungen angelegt sind. Da der Freisitz eine Fortsetzung des Innenraumes bedeutet, sollte die Kommunikation zwischen Haus und Freisitz gewährleistet sein. Wind und Sichtschutz sind Faktoren, die man beachten sollte. Für die junge Familie kommt natürlich nur ein kinderfreundlicher Freisitz in Frage. Beachten Sie bereits zu Beginn, wie Sie zukünftig einen möglichen Anbau gestalten können. Dies gilt auch für angewinkelte Erweiterungen, eventuell mit einer Teilüberdachung.

Dies ist eine Möglichkeit, eine Terrasse direkt auf dem Boden zu bauen. Die leichte Neigung des Grundstücks wird durch eine kleine, treppenartige Plattform ausgeglichen. Der Baum steht in einer quadratischen Aussparung im Holzboden. Der Sandkasten ist etwas für junge Familien. Er kann auch mit Mutterboden gefüllt und als Beet für Gemüse oder Blumen genutzt werden.

Material

Holzkonstruktionen wie diese werden mit der Zeit großen Beanspruchungen in Form von Regen, Sonne, Temperaturveränderungen, Kälte, Schimmel und mechanischer Belastung ausgesetzt. Benutzen Sie deshalb Material guter Qualität, welches den harten Bedingungen im Freien standhält. Nehmen Sie am besten druckimprägnierte Kiefer Klasse A. Es ist wichtig, daß die Abmessungen stark genug sind und die Verbindungen kräftig ausgeführt werden. Alle Befestigungen und Beschläge aus Metall, wie Schrauben, Nägel, Bolzen und Winkel, müssen gegen Rost geschützt sein, d. h. eine feuerverzinkte Oberfläche haben.

Eine Oberflächenbehandlung aus Alkydharzlack mit Leinölzusatz oder transparentem Holzschutzöl schützt die Oberfläche des Holzes und wirkt der Bildung von kleinen Rissen entgegen. Behandeln Sie besonders das Hirnholz sehr sorgfältig, und achten Sie darauf, daß es gründlich mit Farbe oder Öl gesättigt wird.

EINE HOLZABDECKUNG DIREKT ÜBER DEM BODEN

Wenn Sie mit einer sog. Rüttel-platte arbeiten, wird der Unter-grund durch die Vibrationen der Maschine verdichtet. Den Benzinmotor startet man etwa wie einen gewöhnlicher Rasenmäher; eine solche Maschine kann man mieten.

Soll ein Terrassenboden direkt auf der Erde gebaut werden, müssen Sie den Grund sorgfältig vorbereiten. Der Untergrund soll fest und eben sein und über eine gute Drainage verfügen. Der gesamte Mutterboden muß entfernt werden, bis Sie auf festen Grund stoßen. Da-nach wird eine etwa 20 cm starke Lage Schotter 16/32 aufgebracht. Um Senkungen zu vermeiden, ist die Schotterlage mit Hilfe einer Rüttelplatte zu verdichten. So erhält man eine stabile Tragschicht, die, wenn sie über eine gute Drainage verfügt, vor Absenkungen durch

Ausspülungen geschützt ist. Hier werden zwei Möglich-keiten beschrieben, einen Terrassenboden mit Boden-kontakt zu bauen.

Lose aufgelegte Gitterroste

Sie können die Roste auf eine Unterlage oder direkt auf den Boden legen. Sie bereiten den Grund wie oben be-schrieben vor, füllen anschließend Sand auf und ebnen die Fläche ein. Die Sandlage, die 5–10 cm stark sein sollte, wird gründlich durchnäßt und verdichtet. Danach wird die Oberfläche mit Hilfe einer Richtlatte oder eines langen Brettes, das auf zwei langen Leisten geführt wird, abge-zogen. Die Unterlagen aus geraden Kanthölzern richten Sie mit einer langen Wasserwaage aus. Ist der Sand glattge-zogen, werden diese Führungen entfernt. Auf dieser glatten Sandoberfläche können jetzt die Holzrost-Elemente aus-gelegt werden.

Will man einen guten Gitterrostboden erhalten, der lange hält und eben bleibt, sollte man zuerst lose Kanthöl-zer etwa aus 23 × 95 mm starkem imprägniertem, glattge-hobeltem Holz auslegen. Ihr Abstand beträgt von Mitte zu Mitte gemessen 30–40 cm. Darauf werden dann die Ele-mente gelegt, wobei sich die Laufrichtung der Roste ab-wechselt.

Holzroste aus imprägniertem Holz können bei uns fertig in den Maßen 60 × 60 cm oder 80 × 80 cm gekauft werden. Möchte man sie aus kräftigerem Material oder in größeren Abmessungen haben, fertigt man sie selbst an.

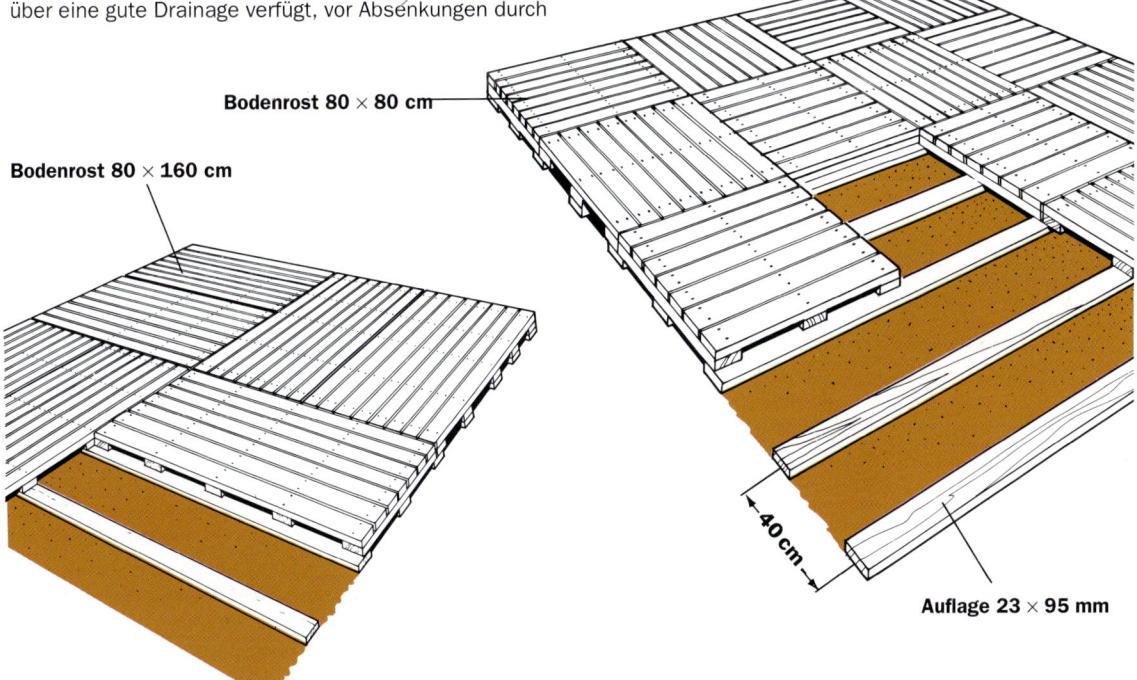

Bodenrost 80 × 80 cm

Bodenrost 80 × 160 cm

40 cm

Auflage 23 × 95 mm

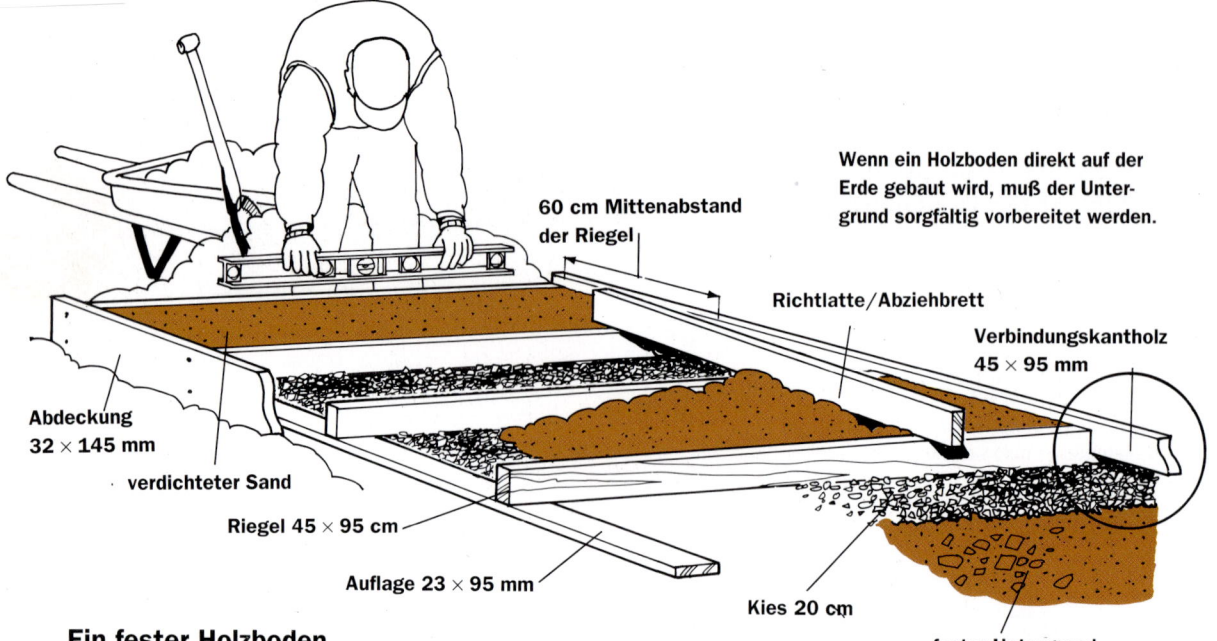

60 cm Mittenabstand der Riegel

Wenn ein Holzboden direkt auf der Erde gebaut wird, muß der Untergrund sorgfältig vorbereitet werden.

Richtlatte/Abziehbrett

Verbindungskantholz 45 × 95 mm

Abdeckung 32 × 145 mm

verdichteter Sand

Riegel 45 × 95 cm

Auflage 23 × 95 mm

Kies 20 cm

fester Untergrund

Ein fester Holzboden

Auf dem oberen Bild wird ein festvernagelter Boden auf ortsfesten 45 × 95 mm starken Kanthölzern gezeigt. Befestigen Sie die Kanthölzer in einem Abstand von 60 cm von Mitte zu Mitte gemessen auf der aufgebrachten Schotterschicht. Richten Sie die Kanthölzer mit einer langen Wasserwaage sorgfältig aus, so daß die Terrasse vom Haus aus eine Neigung von 1–2 cm/m erhält. Ein hochkant gestelltes Brett 28–32 × 145 mm bildet an den Außenkanten den Abschluß. Danach füllen Sie zwischen den Kanthölzern Sand auf. Verdichten Sie den Sand gründlich und ebnen ihn mit einem langen, auf den Kanthölzern aufliegenden Brett ein.

Hier wurden die Außenkanten mit 28–32 × 145 mm starken Deckbrettern verkleidet. An den Schmalseiten der Terrasse werden sie an den unten liegenden

Kanthölzern und an den Längsseiten in deren Hirnholz vernagelt. Damit ist die Terrasse rundherum verkleidet. Der Holzboden wird aus Brettern der Abmessungen 28 × 95–120 mm gefertigt. Achten Sie darauf, daß der Abstand zwischen den äußeren Abdeckbrettern genauso breit ist wie zwischen den Bodenbrettern. Benutzen Sie 5 mm starke Abstandhalter, damit Sie gleichmäßige Fugen erhalten.

Verbindungskantholz 45 × 95 mm

Bodenbrett 28 × 120 mm

Splitt

Riegel 45 × 95 mm

Sand

Wand

Der Anschluß des Holzbodens an die Hauswand. Das Regenwasser von der Hauswand kann im Boden versickern. Der 10–20 cm breite Drainagestreifen wird mit Kies oder Kieselsteinen aufgefüllt.

Benutzen Sie Distanzstücke, wenn Sie die Bodenbretter festnageln, damit alle Fugen gleich breit werden. Ein Brett deckt das Hirnholz der Bodenbretter ab.

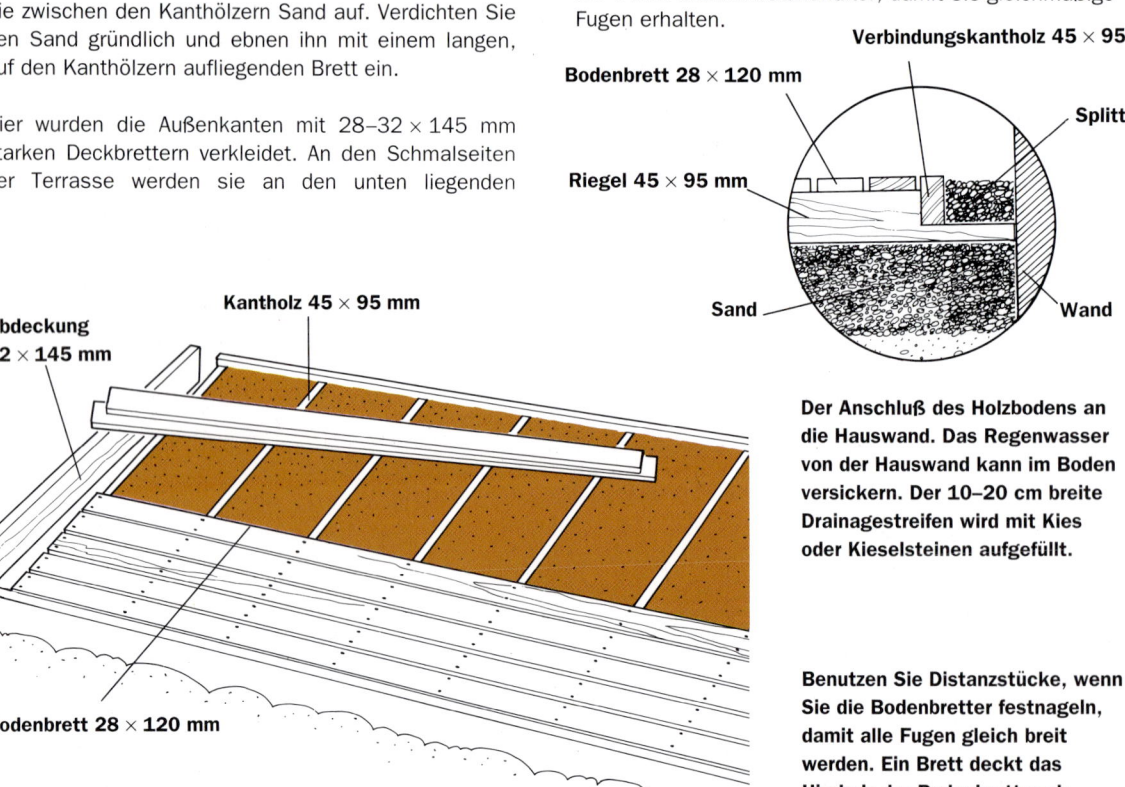

Abdeckung 32 × 145 mm

Kantholz 45 × 95 mm

Bodenbrett 28 × 120 mm

EINE HOLZTERRASSE
AUF PFÄHLEN

Eine Holzterrasse setzt man auf Pfähle, wenn beispielsweise das Fundament des Hauses sehr hoch ist oder das Grundstück ein Gefälle aufweist.

Die Pfosten der Terrasse ruhen auf gegossenen Einzelfundamenten. In diesem Fall haben wir in Beton eingegossene Bodenanker verwandt. Alternativ können Sie auch kräftige Flacheisen wählen. Besteht der Boden aus Kies oder Steinen, graben Sie 50–60 cm tiefe Löcher, um festen Untergrund zu erreichen. Danach werden die Fundamente aus Beton gegossen und die Beschläge darin fixiert.

Ist die Mutterbodenschicht sehr dick oder der Boden tonig oder weich, müssen Sie womöglich noch tiefere Fundamentlöcher anlegen, bis Sie festen Untergrund erreichen. Graben Sie zunächst ein tiefes Loch. Gießen Sie dann eine kleine Bodenplatte aus Beton und drücken Sie in ihrer Mitte ein Baustahleisen fest. Ist die Platte ausgehärtet, setzen Sie eine runde Gußform aus Pappe mit einem Durchmesser von 15 cm mittig auf die Bodenplatte. Außen herum wird die Erde wieder aufgefüllt. Danach wird die Pappröhre mit Beton gefüllt, und die Bodenanker werden fixiert.

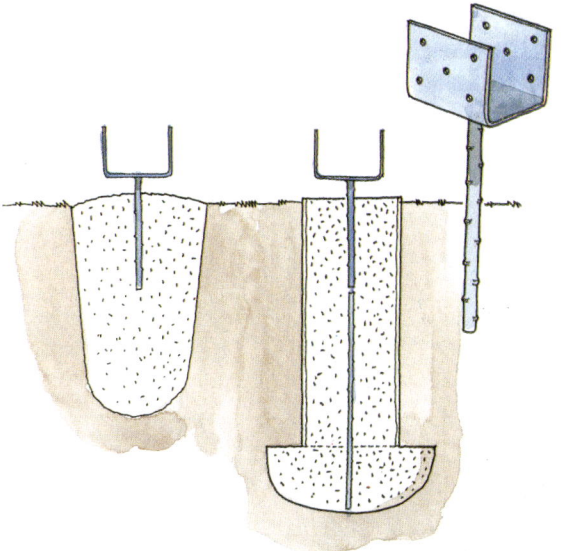

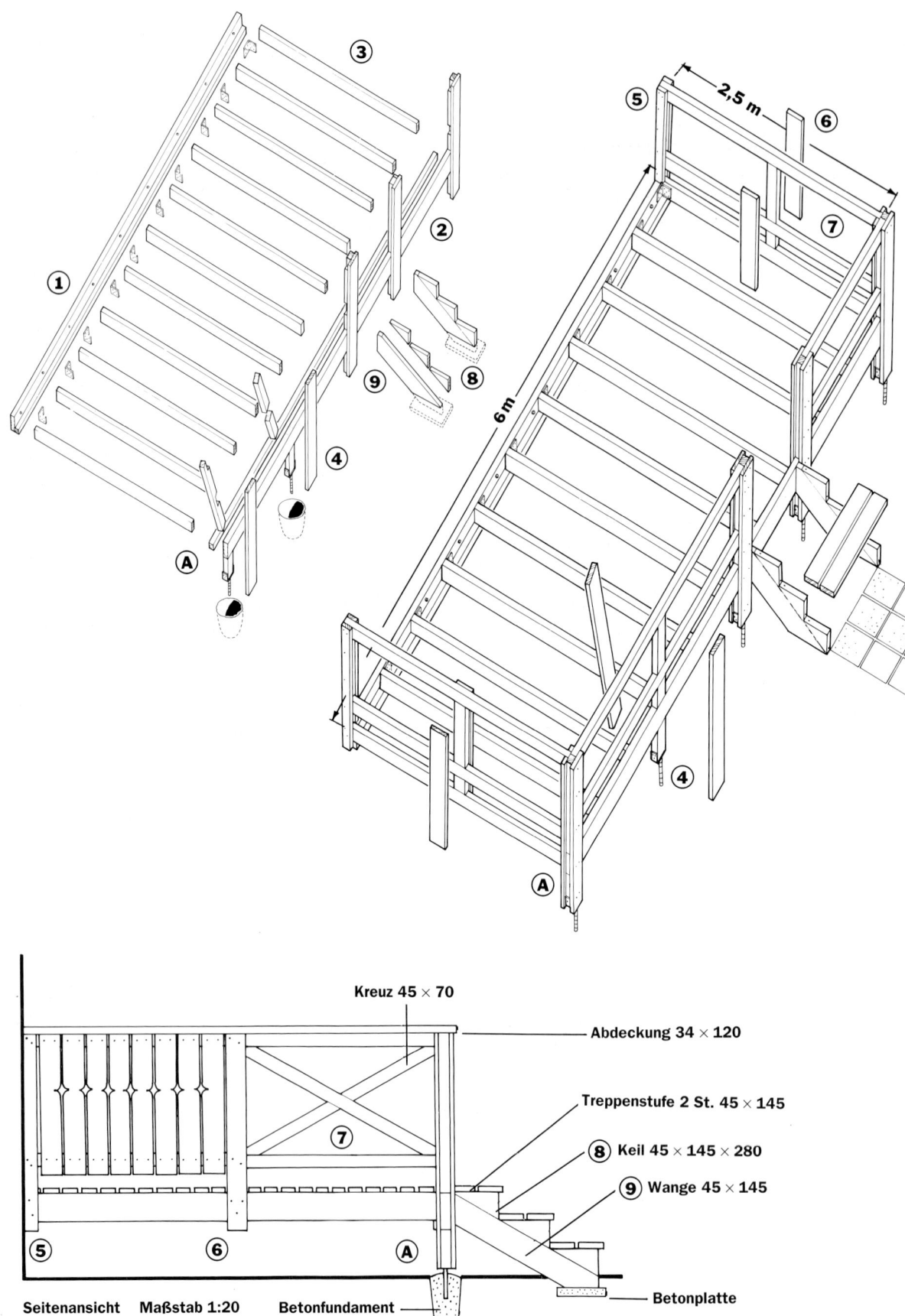

Kreuz 45 × 70

Abdeckung 34 × 120

Treppenstufe 2 St. 45 × 145

(8) Keil 45 × 145 × 280

(9) Wange 45 × 145

Betonplatte

Seitenansicht   Maßstab 1:20   Betonfundament

2,5 m

6 m

Die Bauteile der Holzterrasse

1. Tragbalken, 6 m lang, werden mit Sechskantschrauben am Hausfundament verschraubt. Diese Auflage besteht aus zwei Einzelteilen, 45 × 45 mm und 45 × 195 mm, die miteinander verschraubt oder vernagelt werden.

2. Die vordere Auflage besteht ebenfalls aus zwei Einzelteilen, 45 × 45 mm und 45 × 195 mm. Richten Sie die Auflagen sorgfältig mit einer langen Wasserwaage aus, so daß sie waagerecht und beide auf exakt derselben Höhe liegen. Da in unserem Beispiel die Träger 6 m lang sind, sollten, falls notwendig, Stöße über der Mitte eines Betonpfeilers liegen.

3. Die Abmessungen der Bodenträger betragen 45 × 145 mm. Sie werden mit schräg eingeschlagenen Nägeln befestigt oder am vorderen und hinteren Ende mit Winkelbeschlägen mit 60 cm Abstand von Mitte zu Mitte gemessen zwischen den beiden Auflagen befestigt. Die 11 benötigten Bodenträger sind 2,40 m lang. Die Frontseite der beiden Auflagen verdeckt vollständig das Hirnholz der Bodenträger. Der Boden wird aus Brettern der Abmessungen 28 × 95–120 mm hergestellt. Benutzen Sie 5 mm starke Distanzstücke, wenn Sie die Bretter vernageln, so daß Sie gleichbreite Fugen erhalten.

4. Die Pfosten erhalten ein H-förmiges Profil. Sie bestehen aus einem Mittelstück 45 × 70 mm und zwei Außenbrettern 34 × 120 mm. Dies hat den Vorteil, daß Sie Pfosten und horizontale Kanthölzer ohne sichtbare Stöße zusammenfügen können. Beachten Sie dazu auch die Detailabbildung A, die Ihnen die Konstruktionsweise der Eckpfosten verdeutlicht.

5. Die an der Hauswand anliegenden Pfosten besitzen kleinere Abmessungen. Das Mittelstück, auf dem das obere Kantholz des Geländers ruht, ist 45 × 45 mm. Dies wird an der Hauswand verschraubt oder vernagelt. Die äußeren Abdeckungen erhalten Abmessungen von 34 × 70 mm.

6. In der Mitte der Seitengeländer steht ein Pfosten. Die Abmessungen betragen, wie bei den anderen Pfosten, 45 × 70 mm und 34 × 120 mm. Nageln Sie die Außenabdeckung des Pfostens erst dann auf, wenn die Geländerkreuze ihren Platz erhalten haben.

7. Die horizontalen Riegel des Geländers mit Abmessungen von 45 × 70 mm bilden das Gerüst des Geländers. Zwischen ihnen können Geländerkreuze angebracht werden. Messen und reißen Sie die Markierungen an Ort und Stelle an. Das Kreuz wird durch eine Überplattung in halber Holzstärke zusammengefügt. Die waagerechten Kanthölzer können auch als Befestigung dienen, wenn senkrechte Geländerverkleidungen in den Abmessungen 22 × 95–120 mm befestigt werden sollen. Die Dekorationselemente schneiden Sie mit einer elektrischen Stichsäge aus.

8.–9. Die Wangen der Treppe bestehen aus 45 × 145 mm starken Hölzern. Darauf wurden dem Treppenmaß entsprechende Keile aufgenagelt, die als Auflagen für die Treppenstufen dienen. Die ideale Treppe hat einen Auftritt von 300 mm und eine Stufenhöhe von 150 mm. Unten ruhen die Wangen auf zwei Betonplatten, wie man sie für Gartenwege verwendet, oben werden sie am vorderen Querträger mit schräg eingeschlagenen Nägeln oder mit Winkelbeschlägen befestigt.

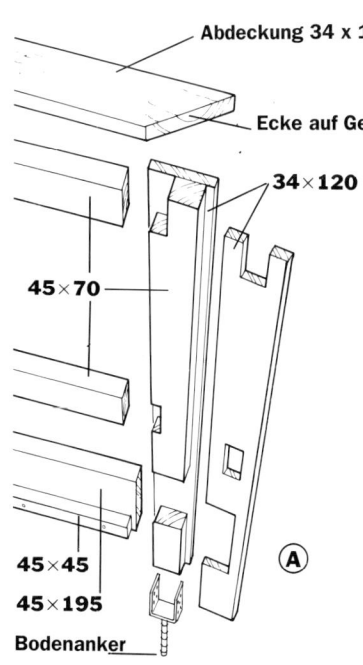

Abdeckung 34 x 120

Ecke auf Gehrung

34×120

45×70

45×45

45×195

Bodenanker

Ⓐ

Detail A. Diese Teilmontagezeichnung zeigt die unterschiedlichen Teile des Eckpfostens. Unten wird das Mittelstück durch einen Bodenanker umfaßt. Dieser ist in ein Betonfundament eingegossen. Alternativ können Sie auch gerade Flacheisenbeschläge verwenden. Der vordere Bodenträger ruht vollständig auf dem kurzen Mittelstück. Die waagerechten Riegel passen in Aussparungen des vorderen Außenteils des Pfostens. Das Geländer wird mit einer Abdeckung versehen, die auch die Pfosten verdeckt.

Detailabbildung des Treppenanschlusses am Holzboden.

Die Spielecke im Freien

Dieser Platz im Freien gehört ganz den Kindern. Ein Holzboden mit Sandkasten, Kletterturm und Bänken bietet Raum für spannende, lustige und wilde Spiele. Den Erwachsenen gefallen die bequemen Sitzplätze.

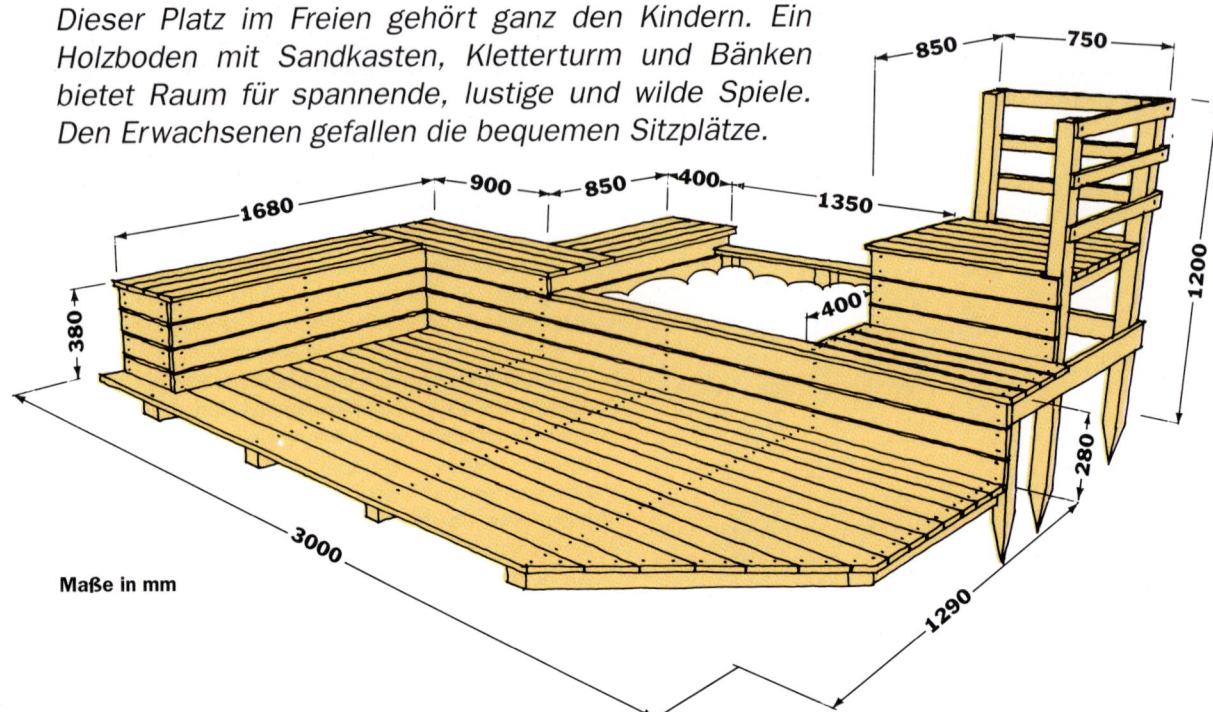

Maße in mm

Der Sandkasten, um den die Spielecke gebaut wurde, ist ziemlich klein und etwa 30 cm tief. Damit die schmalen Kanten sich zum Sitzen und Krabbeln eignen, werden Holzroste aufgenagelt. Sie decken auch das Hirnholz der senkrechten Kanthölzer auf der Innenseite des Sandkastens ab.

Auf einer Seite gibt es einen niedrigen Kletterturm mit einer eigenen Treppe zur Plattform. Da die Spielecke für kleine Kinder konstruiert wurde, sind alle Höhen daran angepaßt. An der Außenseite der obersten Plattform gibt es ein Geländer. Die verschiedenen Plattformen dienen als Sitzplätze.

Auf der anderen Seite des Sandkastens finden Sie eine Bank, mit der vielleicht ein Baum umbaut ist. Die Bänke sind vom Boden aus gemessen 38 cm hoch. Mit einem Kissen versehen eignen sie sich auch als Sitzplatz für Erwachsene. Der Holzboden in Rostform ist 3,5 m² groß. Die Bretter werden auf Kanthölzer genagelt, die auf dem Boden ruhen. Dank der schmalen Fugen zwischen den Brettern kann man den aus dem Kasten verschütteten Sand einfach wegfegen. Die Konstruktion wird an Ort und Stelle zusammengenagelt.

Das Baumaterial

Wählen Sie druckimprägniertes Holz. Für die senkrechten Bauteile des Gerüsts benutzen Sie ungehobelte Kanthölzer von 50 × 50 mm und 50 × 75 mm. Die waagerechten Riegel haben die Abmessungen 25 × 75 mm. Die Bretter für den Bodenrost, 22 × 95 mm, werden für alle Außenflächen verwandt. Diese Bretter sind dreiseitig gehobelt und besitzen abgerundete Kanten. Für das Geländer nimmt man gehobelte Sprossen von 22 × 45 mm. Verwenden Sie verzinkte oder rostfreie Nägel mit flachem Kopf.

So wird es gemacht

Die senkrechten Pfosten werden angespitzt und in den Boden geschlagen. Schlagen Sie die Löcher mit einer Eisenspitze vor. Stehen die Pfosten gerade und fest in den entsprechenden Höhen, werden die waagerechten Riegel angenagelt. Verwenden Sie dabei Zollstock und Wasserwaage. Nageln Sie die Riegel fest und sägen die eventuellen Überstände an den Pfosten ab. Die Konstruktion wird stabil, wenn Sie die Holzroste auf den Bänken und Seiten festnageln. Runden Sie alle scharfen Ecken und Kanten sorgfältig ab, damit die Kinder sich nicht verletzen können.

Den Rostboden vernageln Sie auf liegenden Kanthölzern. Richten Sie diese zunächst in Sand waagerecht aus. Die Oberfläche wird mit Holzöl für Außenanstrich behandelt.

Treppen am Hang

Ein Grundstück für ein Einfamilien- oder Sommerhaus mit starkem Gefälle, schlechtem Boden oder gar mit Felsen ist durchaus nicht einfach zu gestalten. Wir wollen Ihnen hier kurz beschreiben, wie man ein Hanggrundstück mit Holztreppen und Freisitzen auf verschiedenen Ebenen planen kann. Es gibt viele gute Beispiele für durchdachte Planung, selbst für Grundstücke, die zunächst hoffnungslos erscheinen. Man muß Vorteile als solche erkennen und nutzen. Ein Freisitz, der auf verschiedenen Ebenen angeordnet ist, wirkt oft ansprechender als eine regelmäßige ebene Fläche. Es ist allerdings bedeutend schwieriger, Sitzflächen und Treppen an einem starken Gefälle zu bauen.

Der Gesamteindruck ist wichtig. Hier zeigen wir Ihnen, wie der Aufgang mit Bänken und Hochbeeten aus Holz gestaltet werden kann. Wenn der Boden schlecht ist, konzentrieren Sie die Bepflanzung auf diese Hochbeete, die auch in länglicher Form angelegt werden können. Sowohl Blumen als auch Gemüse gedeihen dann in guter Erde.

Da eine solche Holzkonstruktion starker Beanspruchung ausgesetzt ist, dürfen Sie nur erstklassiges Material verwenden und mit den Abmessungen nicht geizen. Nehmen Sie druckimprägnierte Kiefer der Klasse A. Wählen Sie gerade und regelmäßige Bretter und Kanthölzer ohne größere Äste. Alle Metallbeschläge, Bolzen und Nägel müssen durch eine feuerverzinkte Oberfläche gründlich und dauerhaft gegen Rost geschützt sein.

Die Verankerung der Pfosten ist von großer Bedeutung. Wählen Sie Balkenschuhe oder Flacheisenbeschläge, die in Beton vergossen werden. Im Felsen erhält man eine stabile Befestigung durch Betonfundamente, oder durch Bodenanker oder Metalldübel, die in gebohrten Löchern im Felsen befestigt werden. Die Löcher werden mit einem Bohrhammer, der gemietet werden kann, eingebracht. Die Metallbeschläge befestigen Sie mit 2-K-Polyester-Spezialmasse.

Öl oder Farbe für außen gibt Böden und Geländern einen Oberflächenschutz, der das Entstehen kleinerer Risse verhindert.

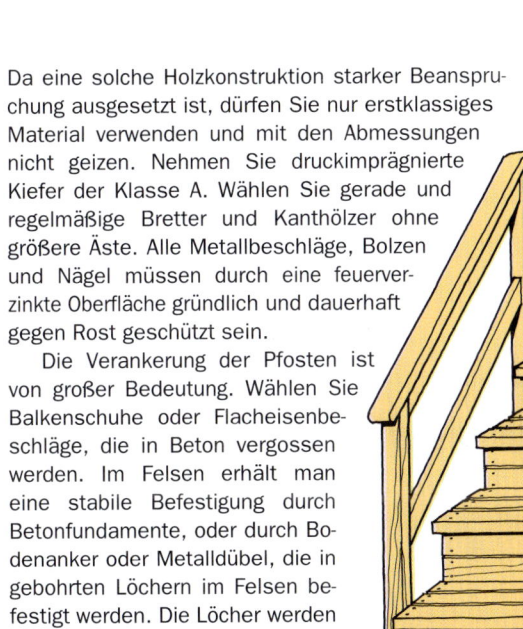

Eine Terrasse an der Längsseite des Hauses

Diese Haus ist 14 m lang und verfügt über eine sichtgeschützte Längsseite in sonniger Lage. Hier paßt eine längliche Terrasse.

Die Terrasse besteht aus zwei Teilen. Der eine hat einen Boden aus kesseldruckimprägnierter Kiefer und steht 30–40 cm über dem Boden. Hier finden Freizeitmöbel oder eine Eßgruppe ihren Platz. Am Rand ist ein Geländer mit dekorativen Kreuzleisten angebracht. Anstelle eines festen Daches kann als Sonnenschutz auch eine ausziehbare Markise unter dem Dachüberstand angebracht werden.

Der andere Teil der Terrasse hat einen Belag aus Betonplatten, die in Sand verlegt wurden. Die kleine Pergola, die z. B. mit schnellwachsendem Hopfen oder Knöterich berankt wurde, gibt im Sommer Schatten. In der dunkleren Jahreszeit, wenn das Laub abgefallen ist, wird das Licht nicht vom Schlafzimmerfenster ferngehalten.

In der Mitte der Terrasse befindet sich ein Miniaturgewächshaus an der Außenwand. Hat man Kleinkinder, kann man hier auch wahlweise einen Sandkasten einrichten.

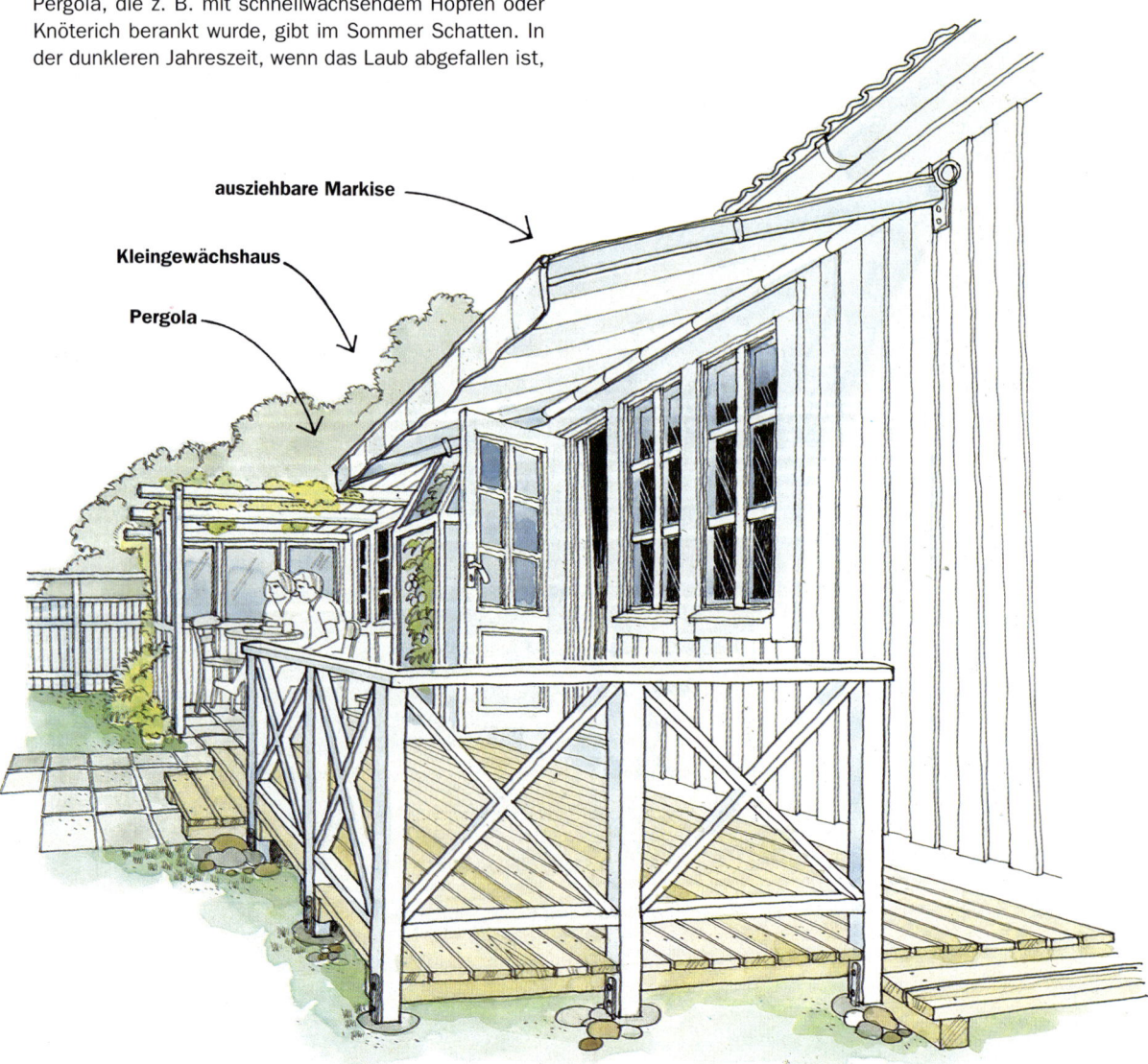

ausziehbare Markise

Kleingewächshaus

Pergola

Schutzdächer

Ein Dach über dem Freisitz schirmt starkes Sonnenlicht ab und schützt Möbel und Kissen vor Regen. Deshalb reicht es, nur die Hälfte der Terrasse zu überdachen.

Ein Schutzdach über dem Eingang ist praktisch und attraktiv. Es schützt sowohl die Tür als auch ein- und ausgehende Menschen vor Regen und Schnee. Gleichzeitig bekommt das Haus einen Akzent, der den Gesamteindruck positiv beeinflußt.

Eine großzügige Terrasse an der Längsseite des Hauses, teilweise überdacht.

Ob Sie nun ein Schutzdach über einer Außentür oder einer Terrasse anbringen, spielt eine untergeordnete Rolle. Wichtig ist, daß es sich in Form und Farbe dem Haus anpaßt. Das Schutzdach über dem Eingang kann entweder als gerades Pultdach oder als Satteldach ausgeführt werden. Damit stehen Ihnen zwei Möglichkeiten für einen guten Anschluß an die Hauswände und zur Anpassung an die Form des Hauses zur Verfügung. Das Pultdach muß an der Vorderkante mit einer Dachkante versehen werden, die das Regenwasser seitlich abführt.

Das Dach über der Terrasse kann durch eine Holzwand, ein Spalier oder eine Verglasung ergänzt werden, so daß gleichzeitig eine windgeschützte Ecke entsteht. Aber denken Sie an den Gesamteindruck. Umbauen sie die Terrasse nicht so weit, daß der Charakter eines Freisitzes verlorengeht. Die Pfosten können unten auch eine Auflage für einen einige Zentimeter über der Erde liegenden Holzboden bilden.

Das Baumaterial

Einige Bauteile wie die Träger für eine Türüberdachung, Pfosten, Riegel, Abdeckungen bestehen aus Holz, das im Laufe der Zeit Feuchtigkeit und Schimmelbefall ausgesetzt ist. Verwenden Sie deshalb kesseldruckimprägniertes Holz der Klasse A. Im übrigen benutzen Sie gehobeltes Kiefern- oder Fichtenholz in Standardqualitäten. Wählen Sie Ihr Holz sorgsam aus, so daß Sie sicher sein können, nur gerade Teile ohne störende oder beeinträchtigende Äste zu erwerben.

Geizen Sie nicht mit den Abmessungen des Holzes, und führen Sie die Verbindungen kräftig aus. Das Schutzdach aus Kunststoff oder Blech sollte gelegentlich größere Schneelasten tragen können.

Alle Metallteile, Schrauben und Bolzen sollten feuerverzinkt oder rostfrei sein. Behandeln Sie die Holzoberfläche mit einem modernen Alkydharzlack. Behandeln Sie Hirnholz und empfindliche Verbindungen besonders sorgfältig. Schwer zugängliche Stellen werden vor der Montage gestrichen.

EIN SCHUTZDACH ÜBER DER TERRASSE

Die Vorderseite des Schutzdaches wird von Pfosten getragen. Sie ruhen auf Betonfundamenten, die von Mitte zu Mitte gemessen einen Abstand von 100–120 cm aufweisen. Die hintere Seite liegt auf einem Kantholz (A) auf. Alternativ kann das Dachgebälk (F) mit Metallbeschlägen, z. B. Balkenschuhen, an der Wand befestigt werden.

Die Fundamente

Die tragenden Pfosten werden auf soliden, gegossenen Betonfundamenten befestigt. Wählen Sie kräftige Flacheisenbeschläge als Bodenanker, z. B. 6 × 40 mm. Be-

steht der Boden aus Kies und Steinen, reicht es in der Regel, 50–60 cm tiefe Löcher zu graben, in die der Beton gegossen wird. Während des Gießens können Sie die Beschläge gleichzeitig ausrichten und fixieren.

Ist die Mutterbodenschicht dick oder der Boden lehmig und weich, benötigen Sie tiefere Fundamente, die bis auf festen Grund reichen. Graben Sie zunächst ein tiefes Loch, und gießen Sie dort eine kleine Bodenplatte aus Beton. Dort hinein drücken Sie ein Stück Baustahl, um das Fundament zu verstärken. Ist der Beton durchgehärtet, setzen Sie eine runde Gußform aus Pappe (150 mm Durchmesser) in das Loch und füllen die Erde rundherum wieder auf. Anschließend gießen Sie die Pappröhre mit Beton aus und richten und fixieren den Beschlag im Beton.

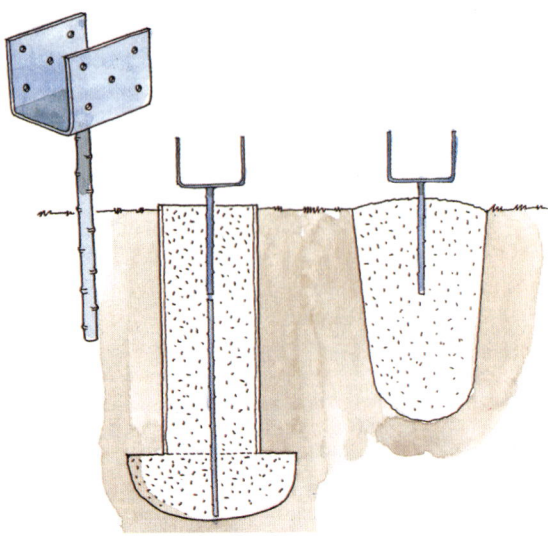

Die Pfosten

Erste Möglichkeit: Setzen Sie die Pfosten aus zwei Kanthölzern von 45 × 95 mm zusammen. So lassen sich leicht die Aussparungen für die horizontalen Träger schaffen, und der Pfosten reißt nicht so leicht wie bei einem Stück Massivholz.

Zweite Möglichkeit: Nageln Sie die Pfosten aus zwei Außenhölzern (34 × 95–120 mm) und einem Mittelstück (45 × 70–95 mm) zusammen. So erhalten die Pfosten einen H-förmigen Querschnitt. Auf diese Weise werden die Anschlüsse der horizontalen Kanthölzer gefälliger und stabiler.

So wird es gemacht:

Befestigen Sie die Pfosten unten an den Beschlägen mit Sechskantschrauben in vorgebohrten Löchern. Verbinden Sie die Pfosten mit einem Rähm (B) in Aussparungen.

Zwischen den Pfosten kann ein Geländer angebracht werden. Den Rahmen bilden zwei horizontale Riegel (C), die in passenden Aussparungen befestigt werden. Ein Geländer fertigen Sie aus senkrechten Latten (D), die Sie am Rahmen festnageln. Die Latten werden unten schräg abgesägt, so daß sie eine Tropfkante erhalten. Zur Abdeckung bringen Sie oben ein Brett (E) an. Es sollte eine abgerundete Oberfläche aufweisen, so daß das Wasser leicht ablaufen kann. Die Dachbalken (F) werden mit dem Rähm durch schräg eingeschlagene Nägel verbunden. Diese Verbindung wird mit Winkelbeschlägen zwischen (D) und (F) gesichert. Die Dachbalken werden an der Rückseite am Holzträger (A) ebenfalls schräg vernagelt.

Die Lattung (G) nageln Sie auf die Dachbalken. Auf dieser verlegen Sie anschließend eine Kunstoff- oder Blechabdeckung nach den Anweisungen des Herstellers.

Am Hirnholz der Lattung wird eine Windfeder (H) angenagelt. Mit Ankernägeln befestigen Sie fertig lackierte Traufbleche (I). Vorn an den angeschrägten Dachüberständen kann auch ein Abdeckbrett befestigt werden. Achten Sie darauf, daß es unter dem Dachüberstand verschwindet und daß die Unterkante der Windfedern mit dem Abdeckbrett übereinstimmt.

Abmessungen

A	Holzträger	45 × 145–170 mm
B	Rähm	45 × 145–170 mm
C	Riegel	45 × 95–120 mm
D	Geländerbretter	22 × 95–120 mm
E	Deckbrett	34 × 120 mm
F	Dachbalken	45 × 145–170–195 mm
G	Dachlatten	45 × 45–70 mm
H	Windfeder	22 × 145 mm

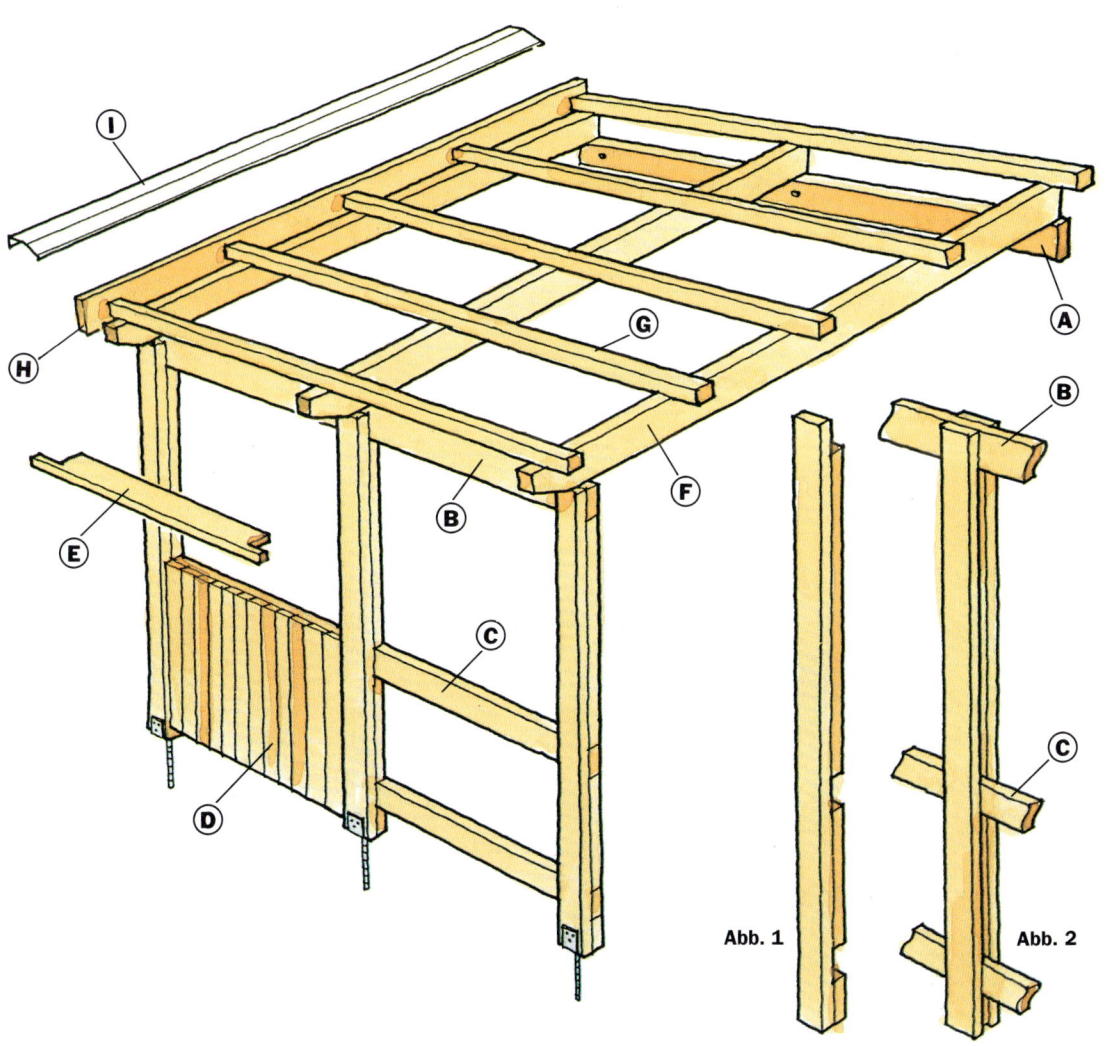

Abb. 1   Abb. 2

EINE EINGANGSÜBERDACHUNG

Das Satteldach

Für ein Schutzdach empfiehlt sich eine Tiefe von 1–1,2 m, damit es ausreichenden Wetterschutz bietet.

Zuerst stellen Sie die tragende Konstruktion A her. Da alle Aussparungen genau passen sollten, reißen Sie exakt an. Danach sägen und stechen Sie mit einem breiten Stecheisen aus. Glätten Sie die Oberflächen mit einer Flachfeile, und fasen Sie alle sichtbaren Kanten. Nageln oder schrauben Sie die Bauteile sorgfältig zusammen, und versenken Sie die Schrauben- oder Nagelköpfe sauber. In die dreieckigen Freiräume der Seitenkonstruktion können wasserfeste Sperrholzplatten in ausgefräste Nuten eingelassen werden, um den Wetterschutz zu erhöhen.

Schrauben Sie Ihre fertige Konsole mit langen Sechskantschrauben an die Wand. Bei Holzbauweise sollten die Schrauben im darunterliegenden Ständerwerk verankert werden. Falls notwendig, bringen Sie zusätzliche Metallwinkel an. Anschließend befestigen Sie das Querholz B.

Der Dachstuhl C wird mit Holzverbindern (D) zusammengefügt. An den Enden der Dachbalken werden die Verzierungen mit der elektrischen Band- oder Stichsäge ausgeschnitten.

Der Giebel wird mit schmalen Paneelen verkleidet (E). Eine waagerechte Innendecke kann mit demselben Material von oben auf die horizontalen Träger aufgenagelt werden. Diese Decke muß bis an die Innenfläche der Dachschalung reichen.

Die Dachschalung F besteht aus Rauhspund, der auf die Dachträger genagelt wird. Bringen Sie auf der Oberseite des Außendaches, an der vorderen und hinteren Kante, eine Dreikantleiste an. Decken Sie das Dach mit Dachpappe ein. Die Kanten werden hochgebogen und auf die Dreikantleiste gelegt. Die Windfeder des Giebels G befestigen Sie am Überstand F und an den Dreikantleisten. Die Oberkante decken Sie mit Winkelblechen (H) ab, die an der Frontseite vernagelt werden.

Abmessungen

A	Konsole	45 × 120 mm
B	Querverbinder	45 × 120 mm
C	Sparrenelement	45 × 95 mm
D	Holzverbinder (Lasche)	22 × 120 mm
E	Profilbrett, gespundet	16 × 95 mm
F	Rauhspund	17–23 × 95 mm
G	Windfeder	22 × 120 mm

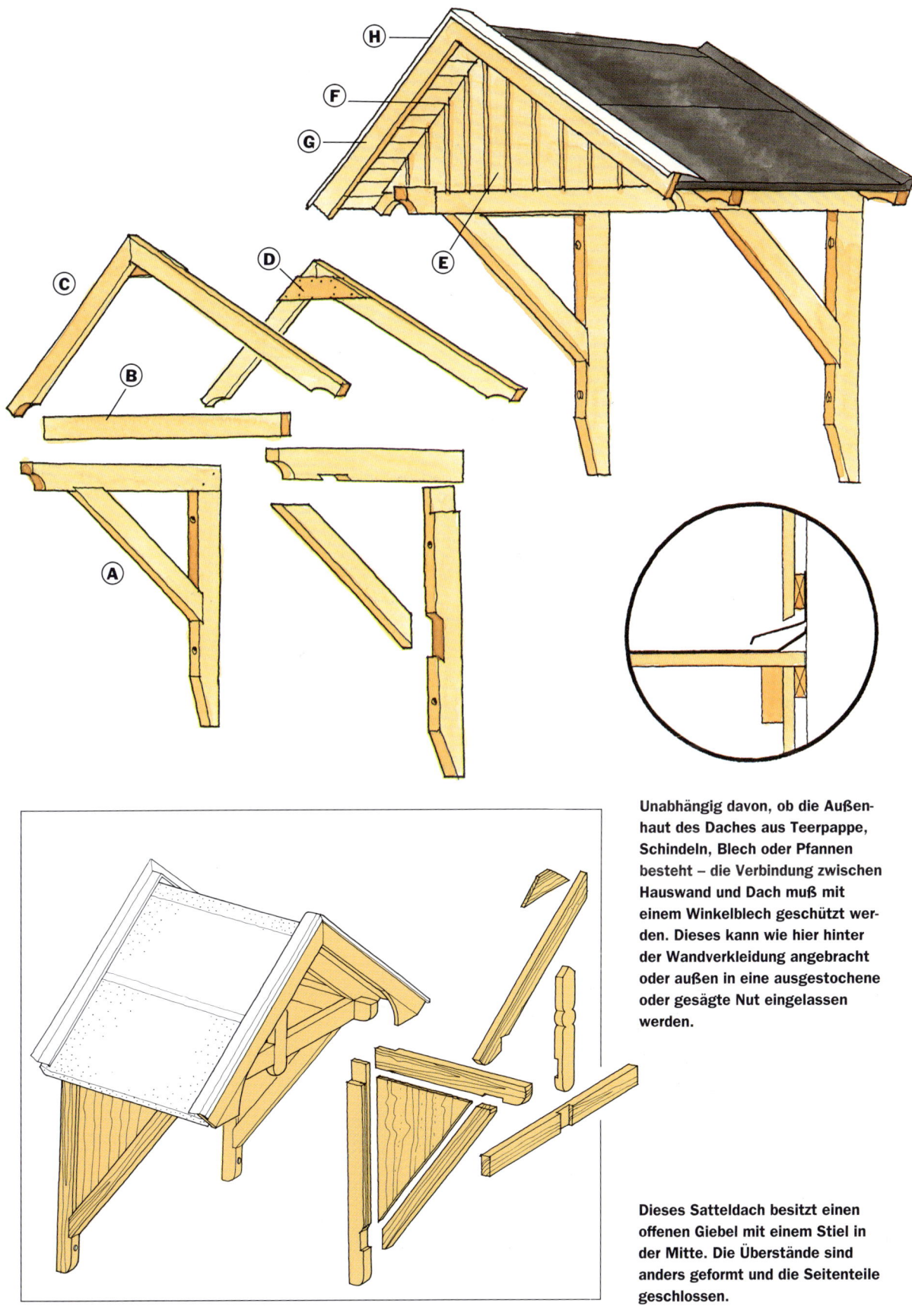

Unabhängig davon, ob die Außenhaut des Daches aus Teerpappe, Schindeln, Blech oder Pfannen besteht – die Verbindung zwischen Hauswand und Dach muß mit einem Winkelblech geschützt werden. Dieses kann wie hier hinter der Wandverkleidung angebracht oder außen in eine ausgestochene oder gesägte Nut eingelassen werden.

Dieses Satteldach besitzt einen offenen Giebel mit einem Stiel in der Mitte. Die Überstände sind anders geformt und die Seitenteile geschlossen.

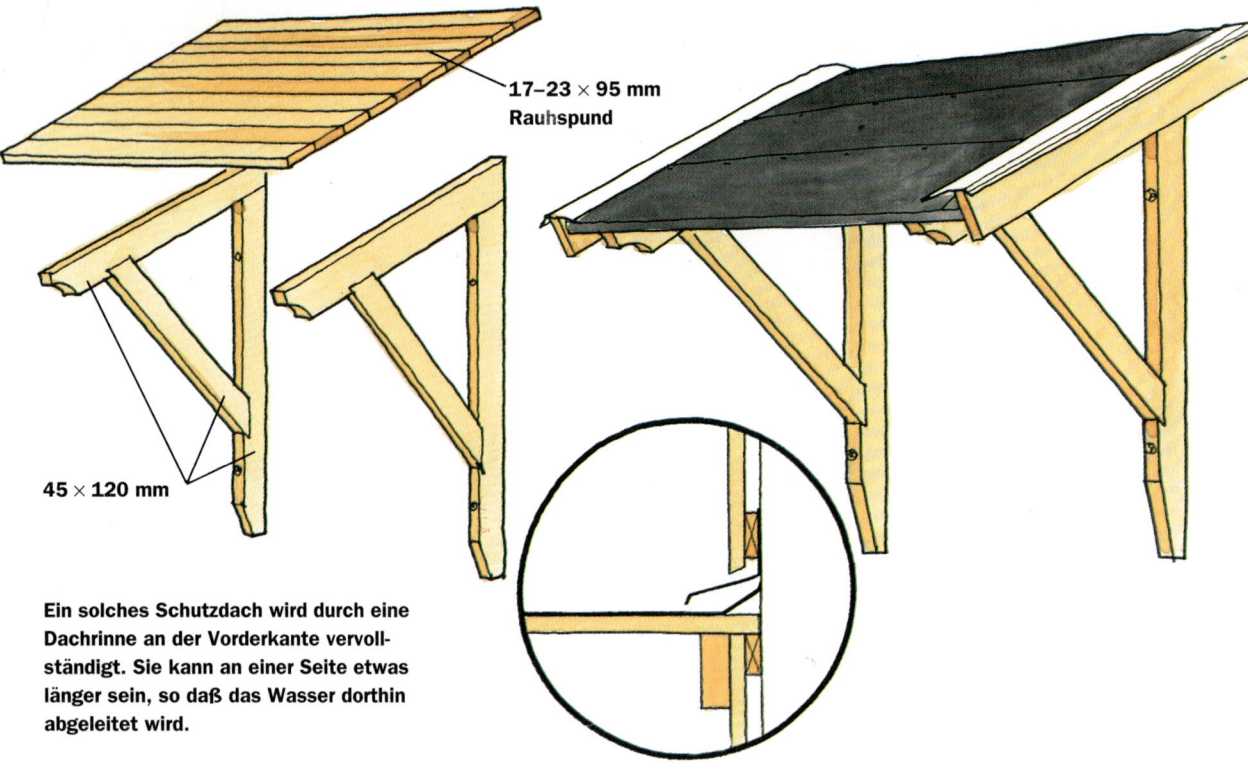

17–23 × 95 mm
Rauhspund

45 × 120 mm

Ein solches Schutzdach wird durch eine Dachrinne an der Vorderkante vervollständigt. Sie kann an einer Seite etwas länger sein, so daß das Wasser dorthin abgeleitet wird.

Pultdach

Das ist ein einfaches Schutzdach, das schräg vom Haus ausgeht. Es wird in gleicher Weise wie das Satteldach hergestellt, aber direkt auf die Stützkonsolen aufgenagelt.

TREPPEN UND STEGE

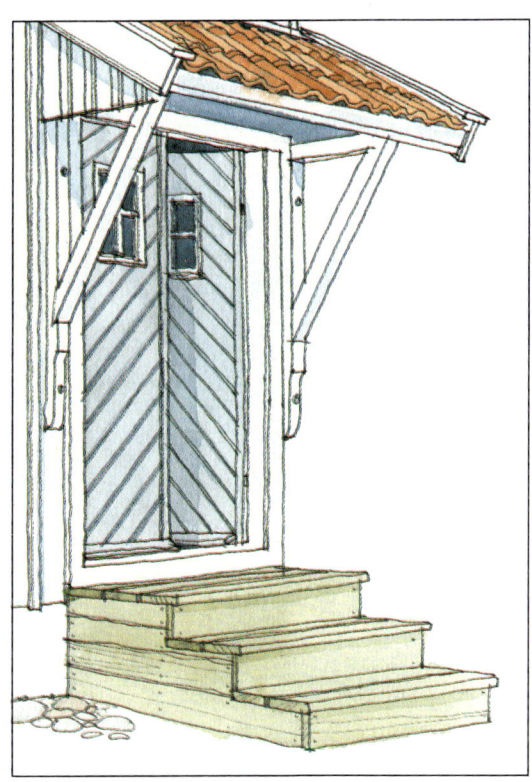

Eingangstreppen

Die Außentreppe ist ein wichtiger Teil des Hauses. Sie soll nicht nur praktisch und funktionell sein, sondern auch ansprechend und einladend wirken. Insgesamt soll sie sich dem Gesamtbild des Hauses harmonisch anpassen.

Material von hoher Qualität

Die Treppe ist eine empfindliche Holzkonstruktion, die aus Material von hoher Qualität hergestellt werden muß. Nehmen Sie am besten druckimprägniertes Holz der Klasse A, gerade gemasert mit dichten Jahresringen und frei von großen Ästen. Beschläge, Nägel, Schrauben und Bolzen müssen gut gegen Rost geschützt sein, d. h., sie sollten beispielsweise eine feuerverzinkte Oberfläche haben.

Die Treppe sollte so konstruiert sein, daß Wasser und Feuchtigkeit sich nicht in Zwischen- und Hohlräumen sammelt. Regenwasser muß gut ablaufen können. Behandeln Sie die Oberfläche mit Öl/Lasuröl oder deckendem Alkydharzlack.

Die Bauteile der Treppe

Die Seitenteile der Treppe nennt man Wangen, die Tiefe einer Treppenstufe Auftritt. Der Abstand zwischen den einzelnen Stufen heißt Tritthöhe. Eine Treppe mit normaler Neigung hat ca. 300 mm breite Auftritte und ca. 150 mm Tritthöhe.

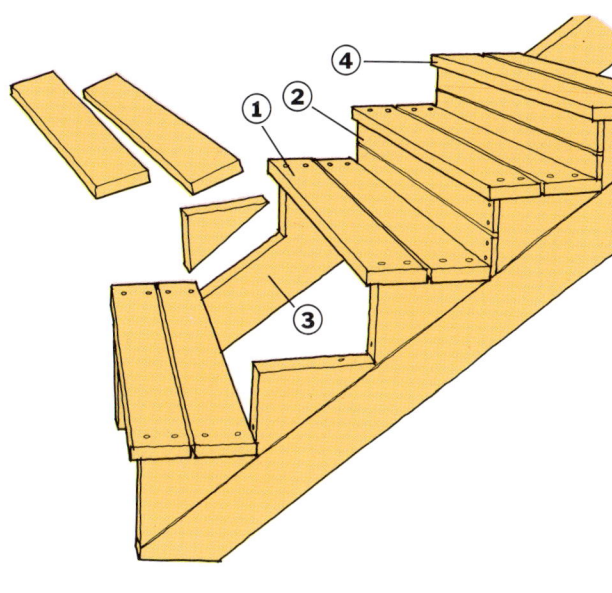

Bauteile der Treppe

1. Trittstufe   3. Wange
2. Setzstufe   4. Überstand

Wenn man die Gesamthöhe und -tiefe einer Treppe kennt, teilt man zunächst die Tiefe durch 300, um die Anzahl der Auftritte zu errechnen. Danach teilt man die Höhe durch die Anzahl der Auftritte, um so die Tritthöhe zu errechnen. Die Wangen werden aus 45 mm dickem Holz hergestellt. Die Auftritte können aus einem verleimten Brett bestehen oder auch aus zwei separaten Stücken von 28, 34 oder 45 mm Stärke. Die Breite und Funktion der Treppe bestimmt die Holzabmessung.

EINE TREPPE MIT EINGELASSENEN STUFEN

Diese einfache offene Treppe paßt gut dort, wo der Höhenunterschied klein ist, z. B. zwischen Boden und einer Holzterrasse (Beschreibung Seite 24).

Eine einfache Lösung für eine Ecktreppe, die Sie innen oder im Freien benutzen können.

Bei dieser Treppe in ihrer einfachsten Form ruhen die Stufen auf Auflagen, die auf den Innenseiten der Wangen festgeschraubt wurden.

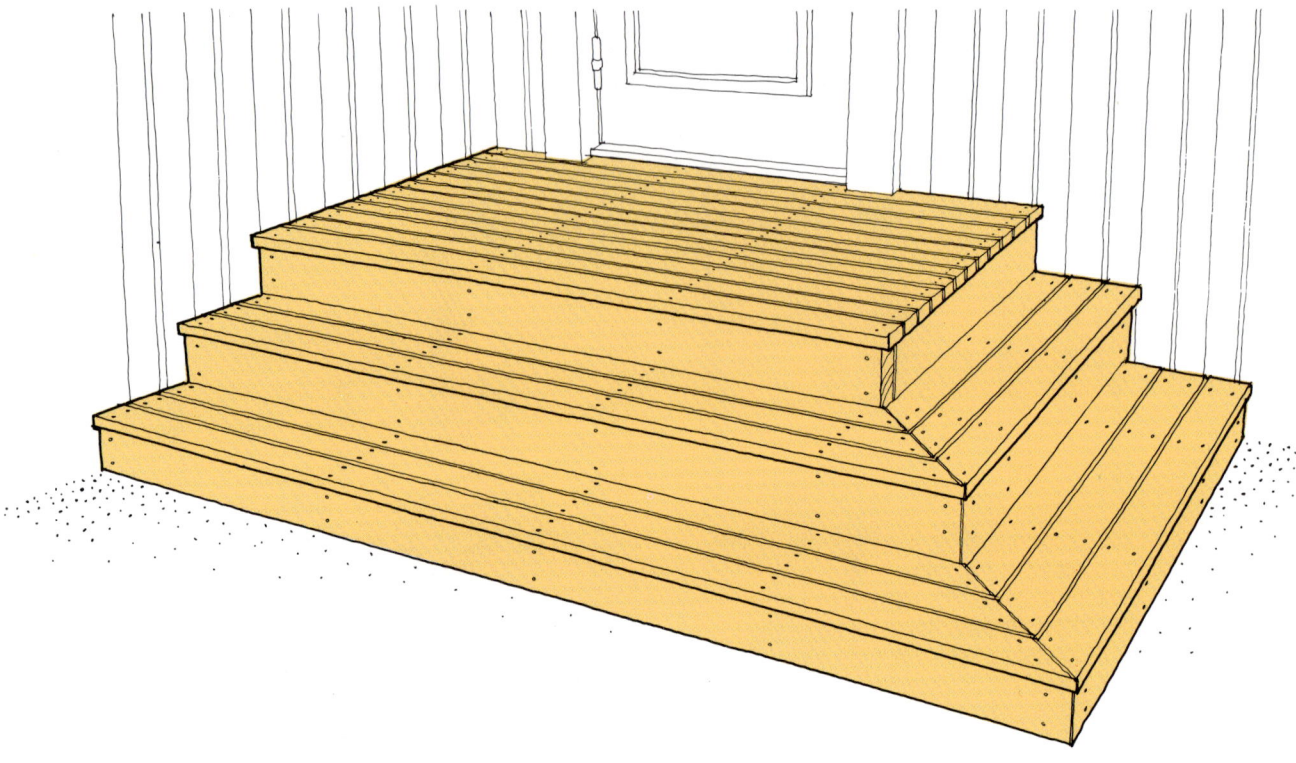

EINE NIEDRIGE AUSSENTREPPE

Diese Treppe ist 45 cm hoch und paßt zu den meisten Häusern ohne Unterkellerung. Sie ist großzügig bemessen. Die obere Plattform ist so groß, daß die Tür sich bequem öffnen läßt, auch wenn man ein paar Einkaufstaschen darauf abstellt. Die Treppe ist in eine Ecke gebaut, d. h., zwei Treppenseiten liegen an der Außenwand des Hauses. Sie kann auch vor eine gerade Wand gesetzt werden, Treppenstufen auf nur einer Seite oder auch auf drei Seiten haben. Das letztere Beispiel ergibt eine große, repräsentative und einladende Treppe – eine Treppe, auf der man morgens schon gern mit einer Tasse Kaffee und der Zeitung sitzt.

Geländer werden direkt an der Außenwand des Hauses befestigt.

So wird die Treppe gebaut

Die Treppe liegt direkt auf dem Boden auf. Deshalb sollte der Untergrund drainiert und mit einem leichten Gefälle vom Hause weg ausgerichtet sein. Sie können einige Betonplatten als Unterlage an entsprechenden Stellen verwenden. Die Rückseite A und die Seite (45 × 195 mm) werden am Fundament des Hauses und der Außenwand mit Sechskantschrauben in vorgebohrten Löchern und Kunststoffdübeln befestigt. Die Kanthölzer (B) 45 × 70 mm werden hinten auf A genagelt und ruhen vorn auf zwei Betonblöcken (C) mit einer Höhe von 190 mm. Das vordere Kantholz wird auf den Betonklötzen mit Sechskantschrauben oder mit Metallwinkeln befestigt. Bohren Sie mit einer Schlagbohrmaschine Löcher in den Beton, und drücken Sie Kunststoffdübel hinein. Legen Sie einen Streifen Teerpappe zwischen Holz und Betonklotz.

Die Kanthölzer B dienen als Auflage für die Bodenträger D (50 × 120 mm, ungehobelt). Abhängig von der Stärke des späteren Holzrostes werden die Bodenträger enger oder weiter voneinander aufgesetzt. Vor die Frontseite und die Schmalseite nageln Sie Deckbretter (45 × 195 mm).

Die unterste Stufe E ist niedriger als die anderen und wird aus Hölzern von 45 × 95 mm hergestellt, die vorderste Abdeckung F aus 22 × 95 mm Brettern. Das hintere Kantholz E befestigen Sie mit Sechskantschrauben an den Betonblöcken.

Jeder Auftritt besteht aus drei 95 mm breiten Dielen. Der Abstand zwischen ihnen beträgt 5 mm. Benutzen Sie Distanzstücke. Die vordere Diele steht ungefähr 10 mm über und bildet einen Absatz.

Die Teile G, 45 × 145 mm, werden durch schräg ein- geschlagene Nägel befestigt. Sie sollten die Frontseite der oberen Stufe um 50 mm überlappen. Auch hier wer- den Nägel schräg eingeschlagen. Die mittlere Stufe wird vorn mit einem Brett von 22 × 145 mm abgedeckt.

Benutzen Sie Wasserwaage und Tischlerwinkel, um den Rahmen der Treppe auszurichten und zu kontrollieren.

Verwenden Sie feuerverzinkte Nägel 125 × 4,0, 100 × 3,4 und 75 × 2,8 für den Rahmen und rostfreie Ankernägel 75 × 3,1 oder feuerverzinkte 75 × 2,8 für die Bretter der Auftritte. An den Enden der Deckbretter bohren Sie vor, damit die Nägel das Holz nicht spalten.

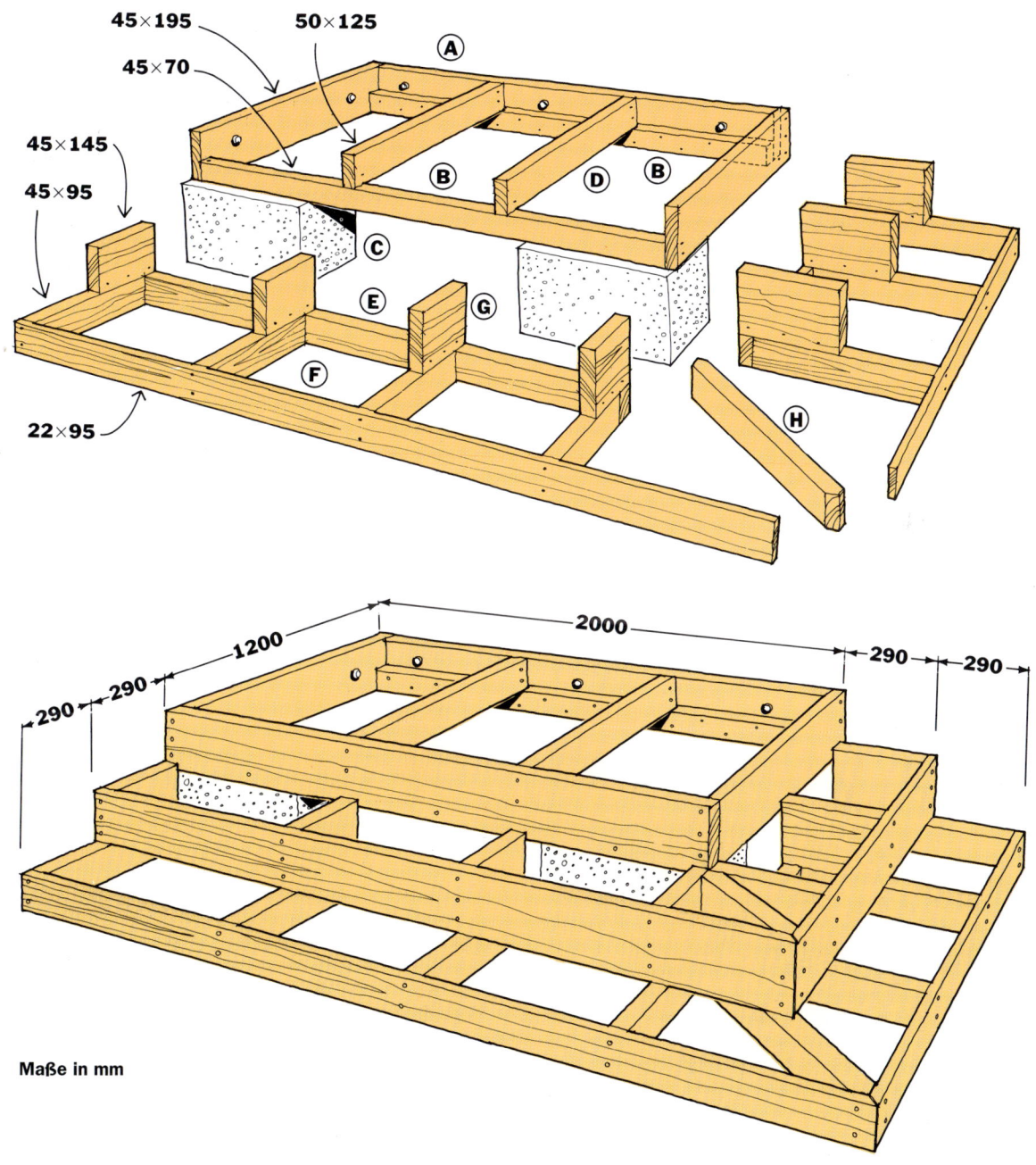

Maße in mm

EINE HOHE TREPPE
MIT GELÄNDER

Hier wird das Bauprinzip für eine hohe Treppe gezeigt, wie man Sie z. B. bei Häusern mit Kellern findet. Die obere Plattform ist mit 120 × 200 cm so groß, daß eine Haustür nach außen geöffnet werden kann. Natürlich dürfen Sie sie auch größer gestalten, so daß sie einen kleinen Freisitz erhalten, der einer Bank oder ein paar Stühlen Platz bietet. Ein stabiles Geländer umfaßt sowohl die Treppe als auch die obere Plattform. Sie befindet sich 750 mm über dem Boden.

Es ist ebenfalls möglich, eine solche Außentreppe durch ein passendes Schutzdach vorteilhaft zu ergänzen. Die Treppe kann auch an der Schmalseite angesetzt werden.

So wird die Treppe gemacht

Für die Pfosten A werden zwei Hölzer (45 × 95 mm) miteinander vernagelt. Ein massiver Pfosten reißt leicht, und außerdem müssen die horizontalen Riegel in Aussparungen eingelassen werden.

Am unteren Ende werden die Pfosten an kräftigen Flacheisenbeschlägen (6 × 40 mm) befestigt. Diese gießen Sie in Betonfundamente B ein. Wenn der Grund fest ist, reichen 50–70 cm tiefe Fundamentlöcher. Gießen Sie zunächst eine Bodenplatte auf dem Grund des Loches. Drücken Sie dann ein Stück Baustahl senkrecht darin fest. Ist der Beton ausgehärtet, setzen Sie als nächstes eine Gußform aus Pappe mit 15 cm Durchmesser auf die Mitte der Bodenplatte. Die Pfosten C (45 × 90 mm) werden an der Außenwand befestigt. Die waagerechten Kanthölzer E (45 × 70–95 mm) und D (45 × 195 mm) werden in passenden Aussparungen in den Pfosten A und C befestigt. In den Ecken überplatten Sie die Hölzer in halber Stärke. Die Kanthölzer E sind gleichzeitig Befestigung für die senkrechten Latten des Geländers. Die kräftigen Hölzer D verbinden die Pfosten und bilden die Außenkante des Bodens. Dieser liegt mit den Oberkanten von D auf einem Niveau und wird aus Brettern von 22–28 × 95 mm hergestellt.

Der Träger F und die Bodenbalken G messen 45 × 145 mm. Hinten ruhen die Bodenbalken auf einem direkt mit der Hauswand verschraubten Träger. An der Vorderkante werden die Bodenbalken mit Balkenschuhen und Ankernägeln an D befestigt.

Die Verwendung breiter oder schmaler Geländersprossen verändert den Charakter einer solchen Treppe. Ihre Gestaltung wird dem Haus angepaßt.

Das Geländer setzt sich an der Treppe entlang fort, bis zu zwei Pfosten, die an Eisenbeschlägen in Betonfundamenten befestigt sind. Hier werden die Rahmen des Geländers halb in die Pfosten eingelassen. Oben werden sie durch schräg eingeschlagene Nägel befestigt.

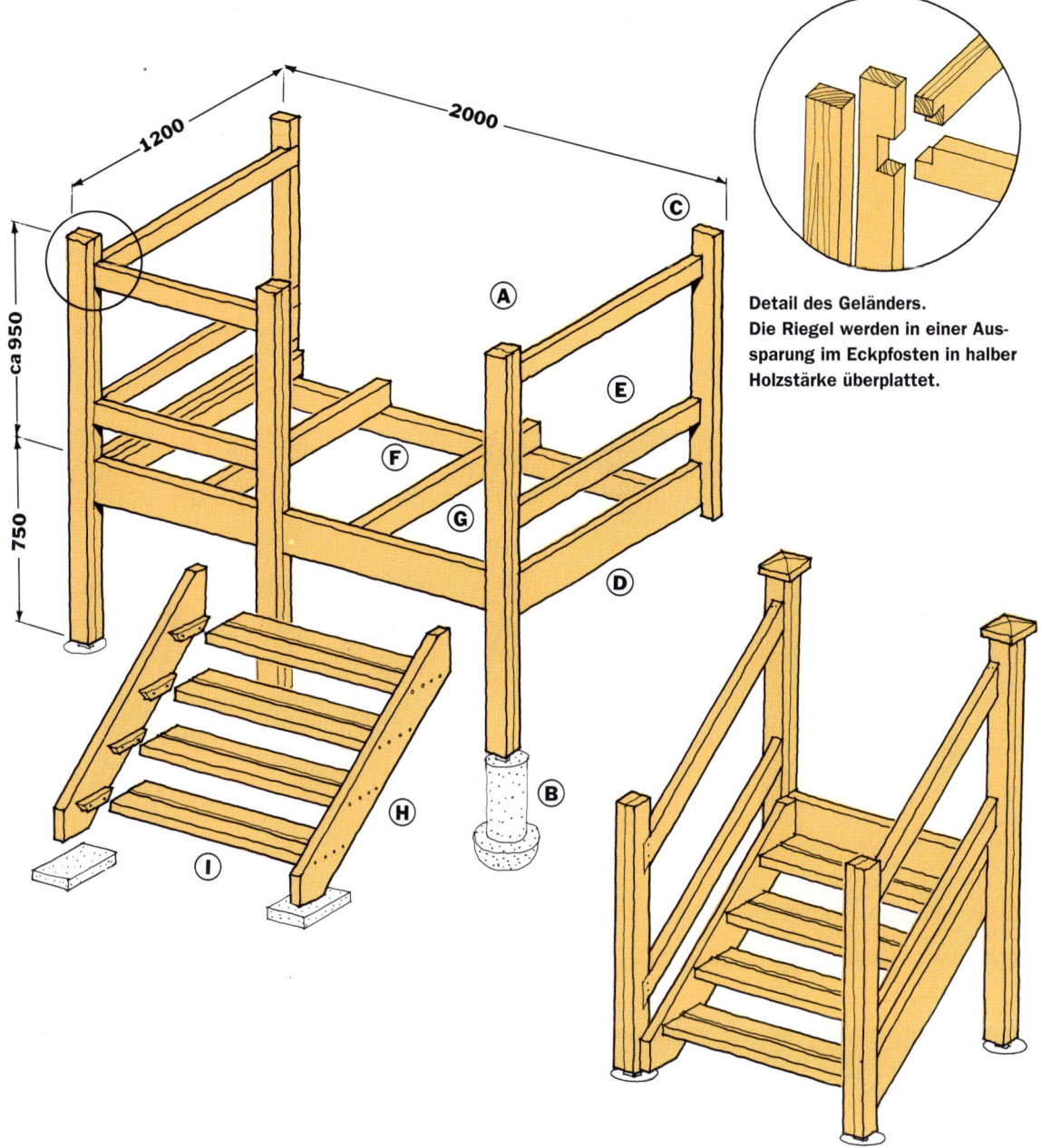

1200

2000

ca 950

750

Ⓒ

Ⓐ

Ⓔ

Ⓕ

Ⓖ

Ⓓ

Ⓗ

Ⓑ

Ⓘ

Detail des Geländers.
Die Riegel werden in einer Aus-
sparung im Eckpfosten in halber
Holzstärke überplattet.

Die Wangen der Treppe (H) haben die Abmessungen
45 × 195–220 mm. Jeder Auftritt (I) besteht aus zwei
Teilen (45 × 145 mm). Mit einer Fuge von 10 mm erhalten Sie 300 mm breite Auftritte. Die Stufen ruhen hier
auf Konsolen (28 × 45 mm) und werden unter Verwendung von Leim auf der Innenseite der Wangen aufge-
schraubt. Die Stufen werden entweder von oben schräg
angenagelt oder verschraubt oder von außen durch die
Wangen festgeschraubt. Im letzteren Fall verwenden Sie
dünne Holzschrauben, die im Holz versenkt werden. Die
Löcher verschließen Sie später so, daß die Oberfläche
eben und sauber ist. Unten kann die Treppe auf zwei
Betonplatten aufliegen.

Die senkrechten Leisten des Geländers sind ziemlich schmal, 28–35 × 45–70 mm. Sie werden mit einem
Zwischenraum von 15 mm befestigt. Die Unterkante
wird schräg abgesägt, so daß das Wasser leichter abtropfen kann. Sie überragen einige Zentimeter das Holz
D und die Wangen H. Sie können aber auch leicht darüber enden, probieren Sie aus, was am besten zu Ihrem
Haus paßt.

Als Abschluß wird ein Brett 80 × 95 mm waagerecht
auf das Geländer genagelt. Wählen Sie stärkeres Holz,
z. B. 34 × 45 mm, kann die Oberseite gehobelt werden,
um den Abfluß des Wassers zu erleichtern. Auf den Pfosten befestigen Sie Abschlußplatten, 45 × 145 × 145 mm.
Auch diese erhalten eine Form, die das Wasser leichter
ablaufen läßt.

Ein Bootssteg

Ein Steg ist eine Holzkonstruktion, die besonderen Beanspruchungen ausgesetzt ist.

Im Norden hält sich das Eis lange und wird sehr dick. Die Bohrmuschel an den Küsten kann unter Wasser liegende Holzteile schädigen. Eis in Kombination mit Hoch- oder Niedrigwasser zerstört unter Umständen den besten Bootssteg. Hier zeigen wir Ihnen fünf verschiedene Möglichkeiten, Bootsstege zu konstruieren.

Ein Bootssteg sollte in erster Linie praktisch und funktionell sein. Damit der Steg Sturm, Hochwasser und Eis übersteht, müssen Sie sorgfältig arbeiten und Holz und Beschläge großzügig bemessen. Bedenken Sie auch, daß der Steg ein besonders lauschiger Ort ist. Hier ist der richtige Platz für eine Schmusebank.

Damit ein Steg lange hält, ist es sehr wichtig, daß Sie die geeigneten Abmessungen wählen und ihn entsprechend konstruieren. Wie Sie ihn bauen, hängt von seiner Lage ab. Jede Gegend verfügt über eigene Traditionen und es ist sicherlich vernünftig, sie zu beachten.

Einen Steg zu bauen, verursacht Kosten und viel Arbeit. Deshalb ist es wichtig, daß man zu Beginn eine stabile Konstruktion wählt, die zum Bauplatz paßt. Oftmals ist es auch lohnenswert, mit mehreren Nachbarn einen gemeinsam genutzten Steg zu bauen. Fragen Sie bei der zuständigen Behörde wegen einer eventuellen Baugenehmigung nach.

Material

Für die Brücke und andere Konstruktionsteile, die über Wasser und dem Boden liegen, wählen Sie druckimprägniertes Holz der Klasse A. Alle Konstruktionen unter Wasser oder nahe der Wasseroberfläche werden aus imprägniertem Holz der Klasse A gebaut. Für Stege an der Küste wählen Sie imprägniertes Holz der Klasse M. Diese Klasse ist gegen die schädlichen Bohrmuscheln und die Bohrasseln geschützt.

Die Wahl des Materials für die Befestigungsteile ist außerordentlich wichtig. Feuerverzinkter Stahl besitzt meist eine ausreichende Korrosionsbeständigkeit. Bei besonderer Beanspruchung verwenden Sie Edelstahl.

EIN STEG AUF PFÄHLEN

Einen solchen Steg errichtet man, wenn der Grund aus Kies, Sand oder Schlamm besteht.

Die Pfähle B können aus runden Stämmen oder gesägten Kanthölzern, 100 × 100 oder 125 × 125 mm, bestehen. Die Stärke hängt von der Größe des Steges ab. Sie werden mit einem großen Vorschlaghammer oder einer Pfahlramme eingeschlagen. Es ist vorteilhaft, dabei ein Boot zu benutzen, in dem man hoch und sicher über der Wasseroberfläche stehen kann. Man kann die Pfähle auch durch Eislöcher einschlagen.

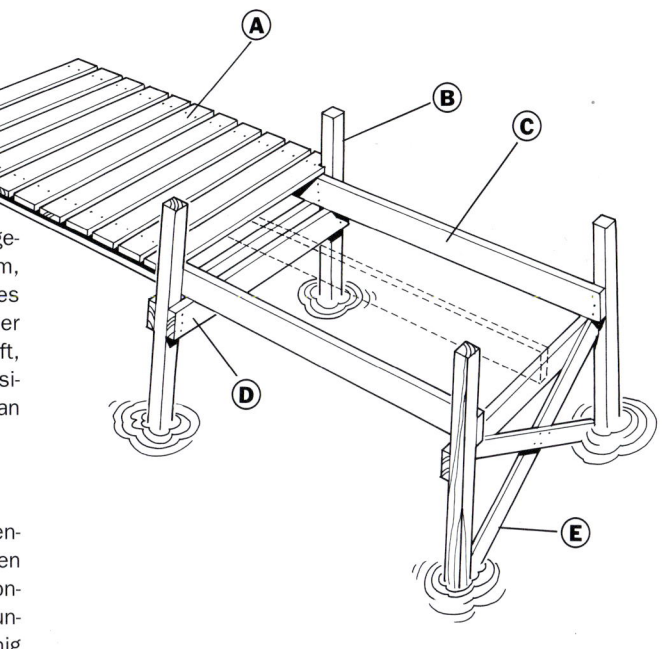

So wird es gemacht

Wo möglich, schlagen Sie die Löcher mit einer Eisenspitze im Boden vor. Je tiefer die Pfähle eingeschlagen werden können, desto stabiler wird der Steg. Besonders fest und unempfindlich gegen seitliche Belastungen wird er, wenn die Pfähle nach oben hin ein wenig nach innen geneigt sind. Haben die Pfähle ihre maximale Tiefe erreicht, werden sie paarweise mit Querhölzern D (38 × 125 mm) verbunden. Messen Sie den Abstand zur Wasseroberfläche oder benutzen Sie eine Wasserwaage, um diese Querverbinder waagerecht auszurichten. Der Abstand zwischen den Pfahlpaaren kann zwischen 120 und 200 cm variieren. Die Längshölzer C (45 × 125–200 mm, ungehobelt) tragen den Stegboden A (34 × 95–120 mm, gehobelt). Wird der Steg breiter als 100 cm, benötigt man drei Längsbalken. Am vorderen Ende des Steges wird zur Stabilisierung ein Kreuz (E) aus 38 × 100 mm ungehobelten Holzes angebracht.

EIN STEG AUF BÖCKEN

Ist der Boden hart und steinig, so daß die Pfähle nicht einzuschlagen sind, kann man auch einen Steg bauen, der auf Böcken ruht. Diese Konstruktion eignet sich am besten für kleinere Stege. Zweck dieser Konstruktion ist es, den Steg im Winter auf Land ziehen zu können.

So wird es gemacht

Beschweren Sie die Böcke mit einigen schweren Steinen. Die Konstruktion wird stabiler, wenn die Beinpaare der Böcke oben ein wenig nach innen geneigt sind und durch zwei Diagonalverbinder gefestigt werden (H). Die Teile F, G und K stellen Sie aus 50 × 100 mm ungehobeltem Holz her. Die übrigen Teile H, I und J werden aus 25–38 × 100 mm ungehobeltem Holz gefertigt. Die Höhe der Böcke wird an die Wassertiefe angepaßt.

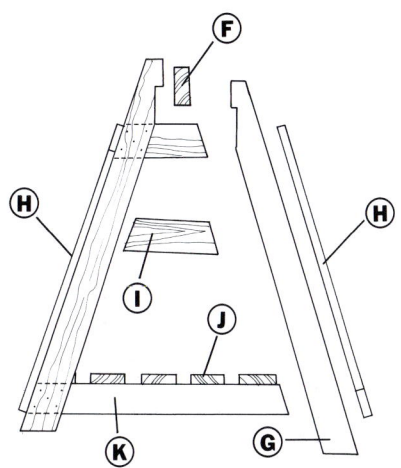

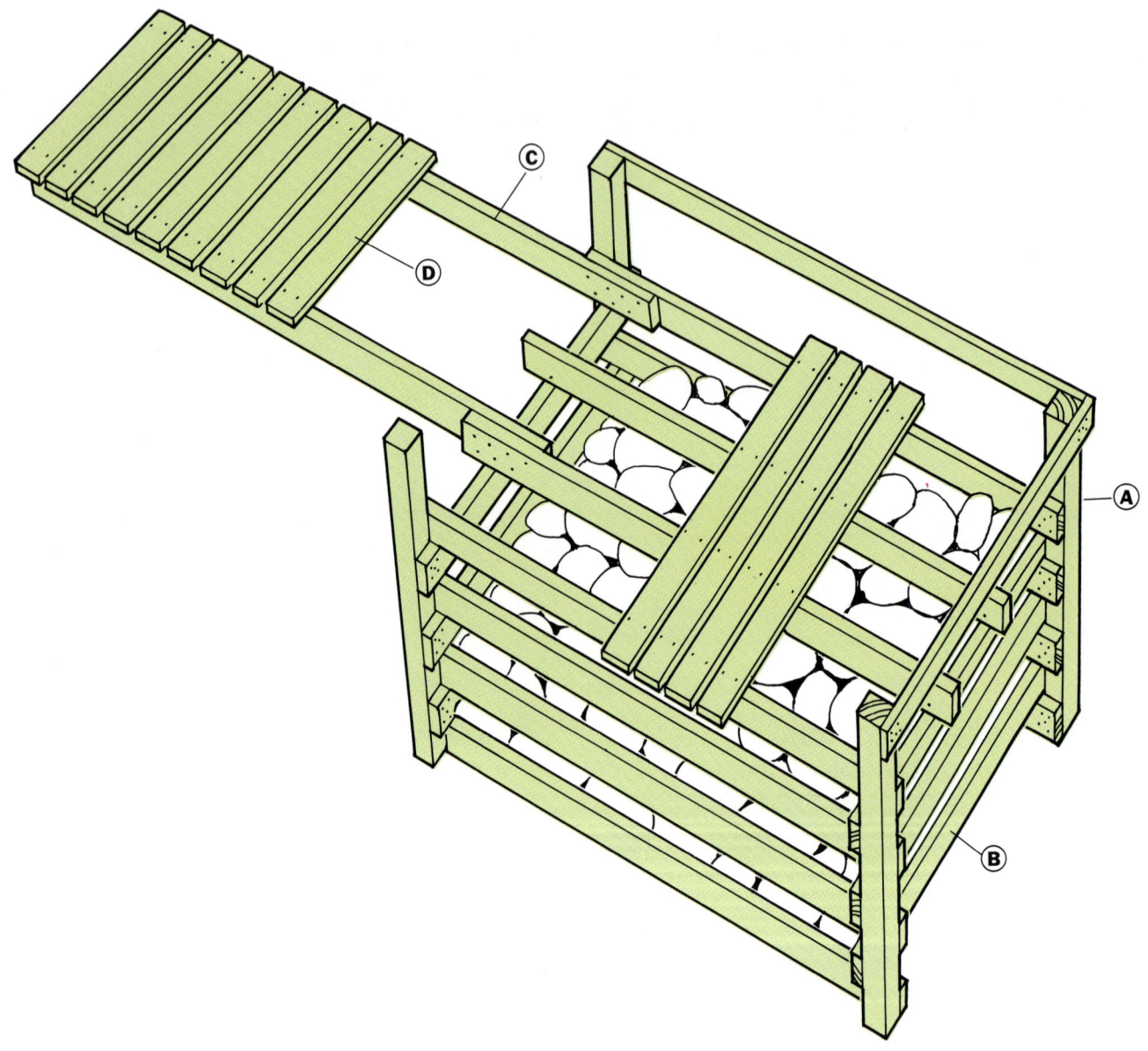

STEG MIT STEINKISTE

Hier zeigen wir Ihnen eine Alternative, wenn die Boden-verhältnisse es nicht zulassen, Pfähle einzuschlagen. Traditionell wird die Steinkiste aus Stämmen gezim-mert, woran Sie sehen, welch kräftige Abmessungen das Holz haben muß, damit der Steg haltbar wird.

So wird es gemacht

Ist die stabile Kiste zusammengenagelt, wird sie mit Steinen gefüllt, so daß sie sicher auf dem Grund steht. Der Steg soll so fest werden, daß er den Kräften des Eises standhält.

Die Eckpfosten A sind aus ungehobeltem Holz 120 × 120 mm oder 150 × 150 mm. Die Außenseiten B können aus 50–63 × 150 mm starkem Holz gemacht werden. Übersteigt die Größe der Kiste 1,80 × 1,80, müssen weitere Pfosten angebracht werden. Die Kant-hölzer C für den Laufsteg werden aus Holz der selben Stärke wie die Außenseite der Kiste gemacht. Die Lauf-fläche D wird aus gehobeltem Holz 34 × 95–120 mm oder aus ungehobeltem Holz 38 × 100–125 mm her-gestellt.

EIN FREITRAGENDER STEG

Hat man ein Ufer mit stark geneigtem Fels oder dicken Steinen, kann ein freitragender Steg von Vorteil sein. Dies gilt besonders für die Küste, wo Eis in Kombination mit Hoch- und Niedrigwasser einen gewöhnlichen Steg innerhalb weniger Jahre zerstören kann. An der Küste kann die Bohrmuschel unimprägnierte Pfähle in sehr kurzer Zeit zerstören.

Die Konstruktion des Steges

Zwei Dinge sind besonders wichtig, wenn Sie einen solchen Steg bauen:

Die tragenden Längsbalken E müssen besonders kräftig sein (50–75 × 175–200–225 mm ungehobelt). Die Stärke hängt von der freitragenden Länge ab, Sie müssen sog. Konstruktionsholz nehmen.

Außerdem sollen die Befestigungspunkte G und H sorgfältig verankert und ausgeführt werden. Wir haben zwei Betonfundamente gegossen, die im Fels mit Rundeisen und Metalldübeln verankert wurden. Einen Bohrhammer für spezielle Bohrarbeiten im Fels können Sie mieten. Das Rundeisen und die Dübel werden im Bohrloch mit einer speziellen aushärtenden Vergußmasse befestigt.

So wird es gemacht

Auf das Betonfundament G wird ein kurzer Balken geschraubt. Dieser dient als Befestigung für die Winkelbeschläge der Balken E.

Hinten am Fundament H befestigen Sie die Träger mit drei bis vier Gewindeeisen. Diese führen durch eine kräftige Diele, welche quer über den Balkenenden liegt. Man darf auf keinen Fall in die Träger Bohrungen oder Aussparungen einbringen, da diese mit der Zeit die Konstruktion schwächen würden.

Wie bei den übrigen Stegen können die Träger mit Teerpappstreifen gegen Feuchtigkeit von oben geschützt werden, bevor die Laufplanken F festgenagelt werden. Diese sollten die Abmessungen 34 × 95–120 mm gehobelt oder 38 × 100–125 mm ungehobelt haben.

Auch wenn der Steg freitragend ist, braucht man einige Holzpfähle im Wasser. Diese entlasten die Konstruktion und erleichtern das Anlegen mit dem Boot. Wenn sich das Eis bildet, entfernt man sie. J ist eine Tragekonsole, auf der die Träger ruhen. Die Pfähle werden mit Locheisenband an den Trägern vernagelt oder verschraubt.

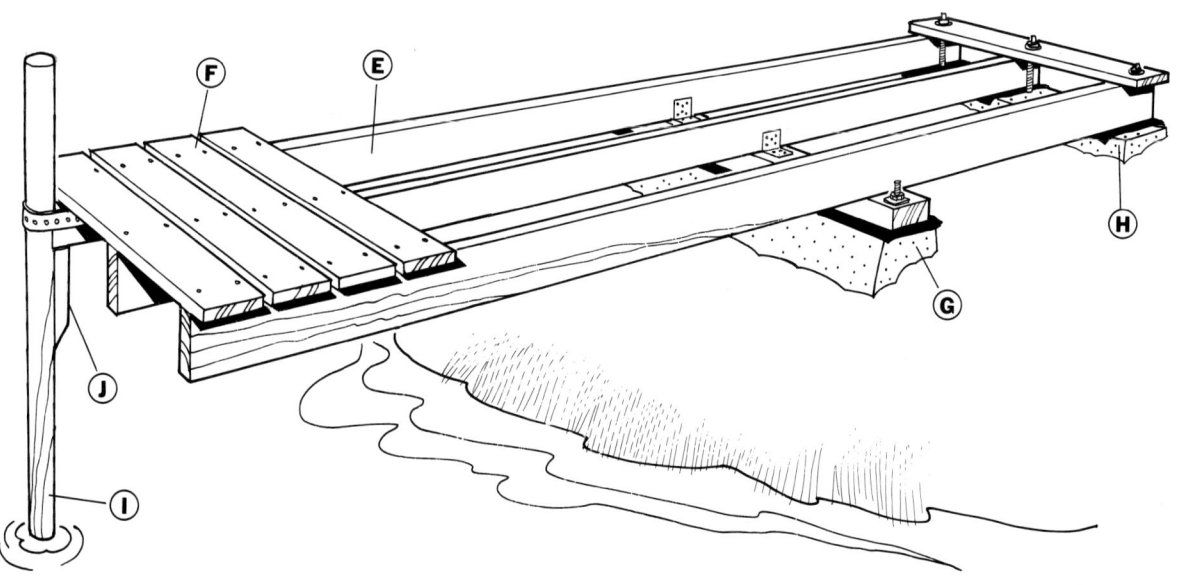

EIN PONTONSTEG

Die Außenmaße des Rahmens für einen Pontonsteg betragen 180 × 255 cm. Dadurch ist er im Winter relativ leicht an Land zu ziehen. Ein größerer Steg läßt sich herstellen, indem man zwei Einheiten miteinander verbindet.

So wird es gemacht

Der Rahmen A (45 × 145 mm gehobeltes Holz) wird so konstruiert, daß vier Auftriebskörper B unter den Laufplanken Platz finden. Für die Beplankung benötigt man Bretter von 28 × 95 mm. Die Auftriebskörper sind aus Styropor mit einem Volumengewicht von 30 kg/m³ mit den Abmessungen 60 × 120 cm. Diese Körper können im Baustoffhandel in Stärken von 25 und 50 cm bestellt werden. Die Pfähle bestehen aus sog. Baugerüstrohr (50 mm Durchmesser) und werden in den Grund geschlagen. Sie halten den Pontonsteg in den Eckbeschlägen C. Durch diese Konstruktion bleibt der Steg bei Hoch- und Niedrigwasser oder Seegang beweglich. Der Pontonsteg wird in passendem Abstand zum Ufer plaziert und mittels einer schmalen Brücke (60–80 cm) verbunden. Diese Brücke liegt hier auf einigen Ufersteinen und wird mit dem Ponton durch Scharnierbeschläge verbunden. Für den Ponton muß man die Eckbeschläge zur Befestigung an den Pfählen und die beweglichen Scharniere für die Brücke D speziell herstellen. Dieses Scharnier besteht aus zwei Flacheisen mit kräftigen, angeschweißten Eisenringen. Ein Rundeisen verbindet die Ringe wie ein Scharnier. Das Rundeisen wird durch eine aufgesteckte Scheibe und einen Splint gesichert. Diese Teile sollten kräftige Abmessungen haben.

EINE BADELEITER

Eine Leiter am Steg ist vorteilhaft, wenn man baden oder das Boot betreten oder verlassen will. An der Küste muß man oftmals einen Steg hoch über der Wasseroberfläche anbringen, so daß er sowohl Sturm als auch Hochwasser übersteht. Die Wangen der Leiter sind aus 45 × 95–120 mm gehobeltem Holz. Sie sollten bis auf den Grund reichen. Die Sprossen aus 34–45 × 70 mm gehobeltem Holz werden ein Stück in die Wangen eingelassen und mit langen, dünnen, feuerverzinkten Sechskantholzschrauben befestigt.

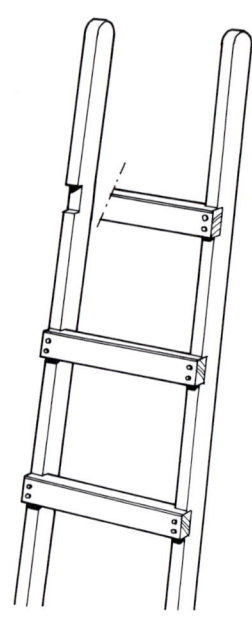

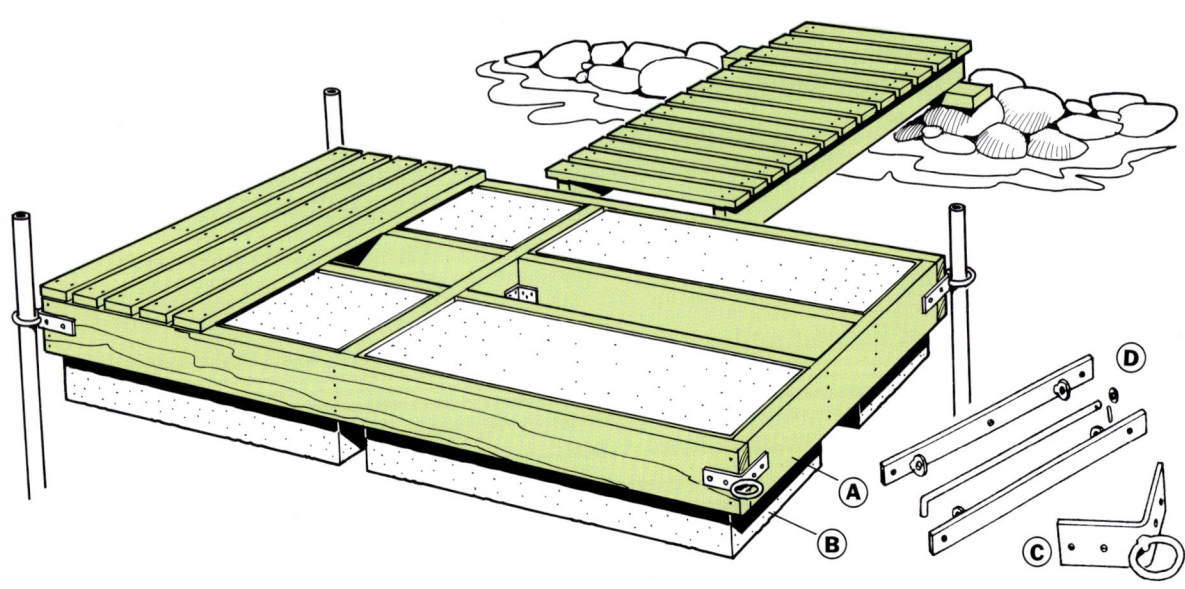

NEBENGEBÄUDE

Ein kleiner Schuppen

Ein kleiner Schuppen bildet durch seine vielen Funktionen eine willkommene Ergänzung zum Wohn- oder Freizeithaus. Er darf unter Umständen nicht direkt an ein Wohnhaus gebaut oder als Dauerwohnraum genutzt werden, kann jedoch als gelegentliches Gästezimmer genutzt werden (siehe S. 121). Der Standort ist am vorteilhaftesten, wenn er sich dem vorhandenen Haus anpaßt und zusätzlichen Raum in sonniger Lage schafft. Schuppen und Haus können mit einer Holzwand verbunden werden. Sie schützt vor Einsicht und Wind. Damit kein Dachstuhl gezimmert werden muß, ist dieser Schuppen mit einem Pultdach ausgeführt.

Hier zeigen wir Ihnen einen 10 m² großen Gartenschuppen, der in Schweden ohne Baugenehmigung errichtet werden kann. Er hat zwei Türen, eine Zwischenwand und zwei Räume. Ein solches Häuschen kann sowohl am Ferienhaus als auch am Wohnhaus als Lager, Brennholzschuppen, Gästezimmer, Hobbyraum , Dusche, Sauna, Toilette dienen.

Baugenehmigung

Vor einigen Jahren wurden in Schweden die Bauvorschriften vereinfacht. Sie berührten besonders solche Bauvorhaben, die meist in Eigenarbeit erstellt werden, z. B. Freisitze, Schutzdächer, Schuppen und Vorratsräume. Nach den Bestimmungen dürfen ein oder zwei Schuppen/Vorratsräume mit einer Gesamtgröße von maximal 10 m² gebaut werden. Die Firsthöhe darf 3 m nicht überschreiten, und zur Grundstücksgrenze muß ein Mindestabstand von 4,5 m eingehalten werden. Die Nachbarn müssen selbstverständlich informiert werden und sich mit dem Neubau einverstanden erklären. In Deutschland gelten andere gesetzliche Bestimmungen, die je nach Bundesland verschieden sein können (siehe S. 121).

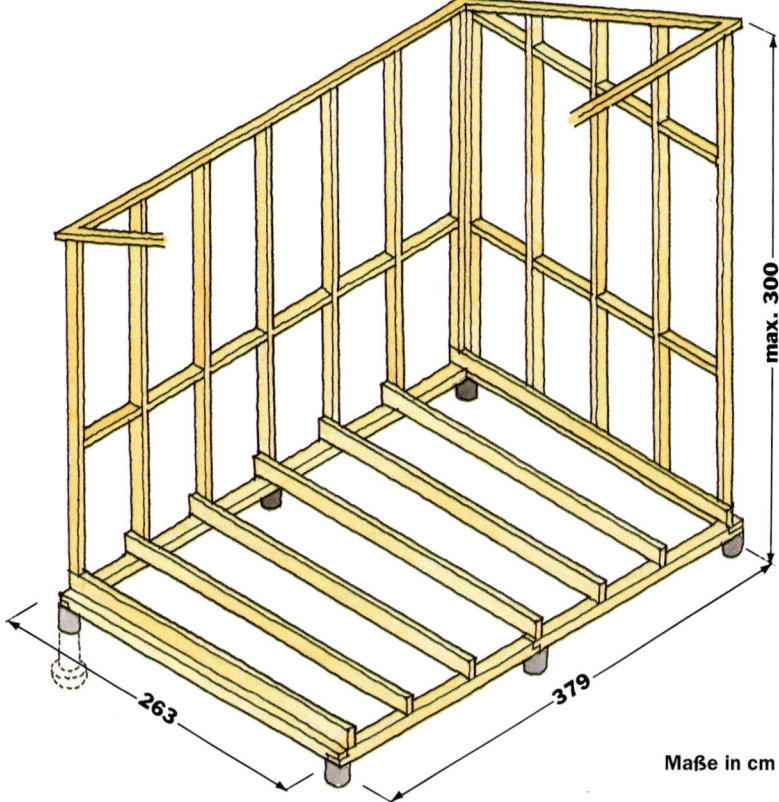

Wir haben uns entschieden, den Schuppen ungefähr wie ein größeres Haus zu bauen – mit Schwelle, der Möglichkeit einen isolierten doppelten Boden einzubauen, und Fachwerk aus 45 × 95 mm Kanthölzern. Falls notwendig, kann solches Fachwerk von der Innenseite isoliert werden.

max. 300

263

379

Maße in cm

Fundamente und die Schwelle

Die Schwelle aus 100 × 100 mm gehobelten oder ungehobelten Kanthölzern ruht auf sechs gegossenen Betonfundamenten. Die Fundamente müssen auf festem Untergrund stehen, so daß sie sich nicht absenken können. In der Mitte eines jeden Fundaments wird ein 10 mm starkes Armiereisen eingegossen. Dieses muß ein Stück das Fundament überragen. Wenn Sie die Schwelle legen, bohren Sie Löcher für die herausragenden Armiereisen. Diese werden danach abgeschnitten und umgebogen, so daß die Schwelle auf den Betonfundamenten gesichert ist. Die Ecken werden in halber Stärke überplattet. Eventuelle Längenverbindungen werden auf die gleiche Weise aufgeführt, und zwar immer über einem Fundament. Damit keine Feuchtigkeit von den Betonfundamenten in die Schwelle aufsteigt, wird zwischen Fundament und Schwelle Teerpappe eingelegt. Ist der Grund besonders feucht, muß für die Schwelle druckimprägniertes Holz benutzt werden. Wenn der Zwischenraum zwischen den Fundamenten nicht verkleidet wird, haben Sie unter dem Haus eine gute Durchlüftung.

Bodenisolierung

Bevor die Bodenträger festgenagelt werden, müssen Sie bestimmen, ob der Boden ganz oder teilweise isoliert werden soll. Ein doppelter Boden wird auf folgende Weise gebaut: Druckimprägnierte Bretter 22 × 95 mm werden unter den Bodenträgern aufgenagelt, so daß sie wie umgedrehte T-Träger aussehen. Auf diese Weise erhalten sie an den Längsseiten der Bodenträger Auf-

lagen. Zwischen den Trägern und auf den Auflagen bringen Sie genau passende asphaltgetränkte Faserplatten in doppelter Lage an. Achten Sie darauf, daß die Stöße versetzt liegen. Auf diesen Boden legen Sie Mineralwolle, um den Zwischenraum zwischen den Trägern auszufüllen. Decken Sie danach die gesamte Fläche mit Kunststoffolie ab, und fertigen Sie einen Boden aus Spanplatten oder Rauhspund.

Das Fachwerk

Jetzt werden die Standpunkte für die Ständer 45 × 95 mm angerissen. In den Ecken setzt man sie Kante an Kante. Das ergibt stabile Ecken, wobei man gleichzeitig eine gute Befestigungsmöglichkeit für die Wandverkleidungen erhält.

Benutzen Sie eine lange Wasserwaage, um die senkrechte Ausrichtung der Ständer zu überprüfen. Beginnen Sie auszuloten, und kontrollieren Sie die Eckständer, die dann mit provisorischen Schrägstreben außen befestigt werden.

Die Ständer erhalten einen Abstand von 600 mm von Mitte zu Mitte gemessen. Die beiden Türöffnungen mit einer Breite von 800 mm machen jedoch veränderte Abstände auf der einen Längsseite erforderlich. Am ebenfalls 800 mm breiten Giebelfenster werden sog. Auswechslungen aus Kanthölzern hergestellt. Verkleidungsplatten wie asphaltgetränkte Faserplatten, Preßgips- oder Spanplatten haben eine Breite von 1200 mm und passen deshalb genau auf das Abstandsmaß des Ständerwerks. Senkrechte Stöße der Wandverkleidungen liegen immer auf einem senkrechten Ständer.

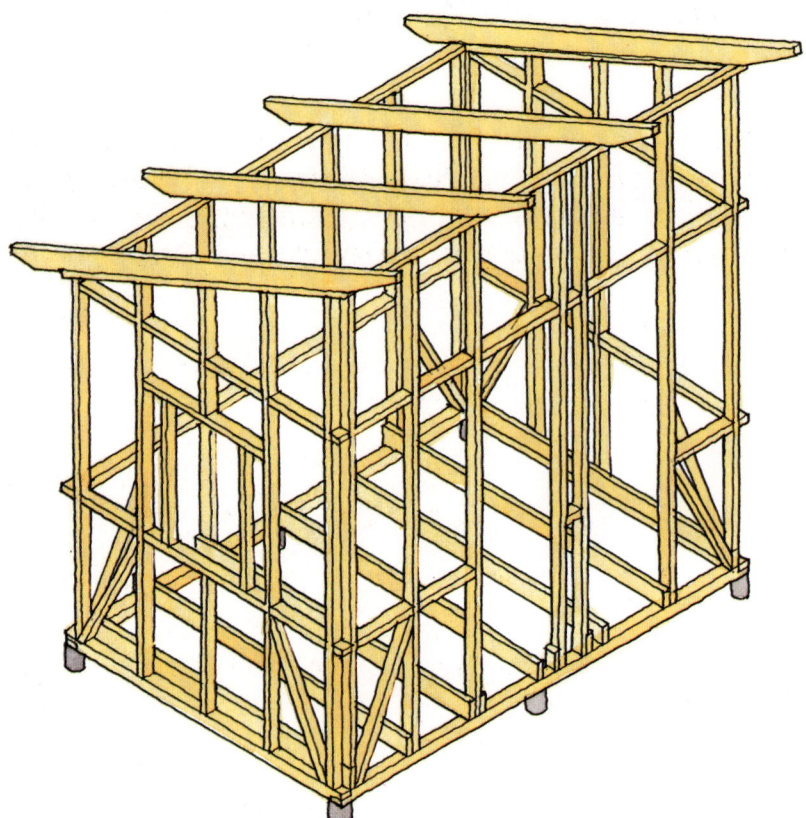

Eine einfache Fachwerkkonstruktion. Sowohl die Ständer als auch die Riegel haben die Abmessungen 45 × 95 mm. Das Rähm ganz oben, Riegel, Ständer und Schwelle dienen als Befestigungsmöglichkeit für die Wandpaneele. Von innen können die Wände mit 95 mm starker Mineralwolle isoliert werden.

Verkleidungsplatten werden sowohl innen als auch außen benutzt. Außen unter der Paneelfassade werden asphaltgetränkte Faserplatten als Windschutz verwendet. Eine Außenwand kann ebenfalls aus 15 mm starkem Sperrholz angefertigt werden. Mit senkrechten Leisten und entsprechendem Anstrich sehen die Wände anschließend aus wie eine Paneelwand mit Deckleisten über den Stößen. Auch die Wandisolierung, die in den Fächern angebracht wird, hat eine Breite von 600 mm.

Oben verbinden Sie die Ständer mit einem Rähm. Es besteht aus einem 45 × 95 mm starken Kantholz. Auf dem Rähm über den aufrechten Ständern werden die Dachbalken durch schräg eingeschlagene Nägel befestigt.

Bevor die Dachbalken ihren Platz erhalten, werden die Arbeiten am Fachwerk abgeschlossen. Die Fußbodenträger von 45 × 145 mm vernageln Sie an den entsprechenden Stellen. Die Holzklötze an den Türöffnungen dienen als Halt für die Türschwellen.

Zwischen den senkrechten Ständern werden waagerechte Riegel durch schräg eingeschlagene Nägel befestigt. Das ergibt eine Unterlage zum Aufnageln senkrechter Paneelbretter und Abdeckleisten. Sie versteifen ebenso die Innenwände und ergeben eine Befestigung für deren Verkleidung. Um eine gute Möglichkeit für die Befestigung von Verkleidungen über den Türen und unter den Fenstern zu erhalten, sind meistens weitere horizontale Kanthölzer notwendig. Aus dem gleichen Grund befestigen Sie in den Eckpfosten Holzklötze. Wenn der Schuppen innen mit Wänden aus Plattenmaterial ausgestattet wird, erhält das Fachwerk eine gute Diagonalversteifung. Verzichten Sie auf die Innenwände, müssen Sie in den Ecken Diagonalstreben zur Stabilisierung anbringen.

Das Dach

Für das Dach verwenden Sie Balken von 45 × 145–170 mm. Die Abmessungen der Balken und die Neigung des Daches werden durch die Schneelasten, die in Ihrer Wohngegend zu erwarten sind, bestimmt. Beachten Sie also, in welchem Landesteil Sie bauen. Das Dachgebälk sichern Sie am Fachwerk mit Lochbandeisen und Ankernägeln. Das Lochbandeisen wird um die Dachbalken gebogen und am Rähm und dem Ständerwerk sorgfältig festgenagelt.

Das Dach stellen Sie aus Rauhspundbrettern 22 × 95 mm her. Das Dach decken Sie mit einer doppelten Lage oder Schindelplatten aus Teerpappe. Werden Dachpfannen verwendet wie beim in der Nähe liegenden Wohnhaus, bringen Sie zuerst eine Lage Teerpappe und die Verlattung auf. An den Außenkanten wird die Pappe mit einer Dreikantleiste unterlegt. Auf diese nageln Sie auch die Dachkantenverblendung. Die Verblendung erhält oben eine Abdeckung aus Blech.

Eine Deckenverkleidung auf der Innenseite aus Platten oder Nut- und Federbrettern wird auf der Unterseite der Dachbalken vernagelt. Will man das Dach isolieren, erhält es auf seiner Innenseite eine Lage Mineralwolle.

Ein Toilettenhäuschen

Eine Außentoilette hat schon etwas Besonderes. Als kleiner Junge verbrachte ich die Sommer bei meiner Großmutter. Ihre herrliche Außentoilette war ein Dreisitzer, so daß man seine Freunde mitnehmen konnte. Die Löcher hatten zudem drei verschiedene Größen. Das kleinste war für Kinder und über ein Fußpodest zu erreichen. Vor dem Fenster hing eine weiße Spitzengardine, dahinter erstreckte sich eine blühende Wiese mit Lupinen und Schmetterlingen. An der Wand hing ein eingerahmtes Ölbild mit dem Panzerkreuzer „Schweden". Hinten befand sich ein länglicher Kasten mit zurechtgeschnittenem Zeitungspapier der „Göteborgsposten". Wenn man Glück hatte, erwischte man ein Stück mit einer Comicserie. Hinter der Toilette befand sich ein Gemüsegarten mit üppigem Salat und Rhabarber. Für einen kleinen Stadtjungen war das der erste Einblick in den Kreislauf der Natur.

Diese Außentoilette steht frei hinter dem Plankenzaun in der Ecke zwischen Haupt- und Gästehaus wie auf den Seiten 16–26 beschrieben. Außenverkleidung, Dachpfannen und Farbe wurden den übrigen Häusern auf dem Grundstück angepaßt.

Die Fachwerkkonstruktion entspricht der für den Schuppen. Deshalb kann die Toilette auch mit Mineralwolle isoliert werden.

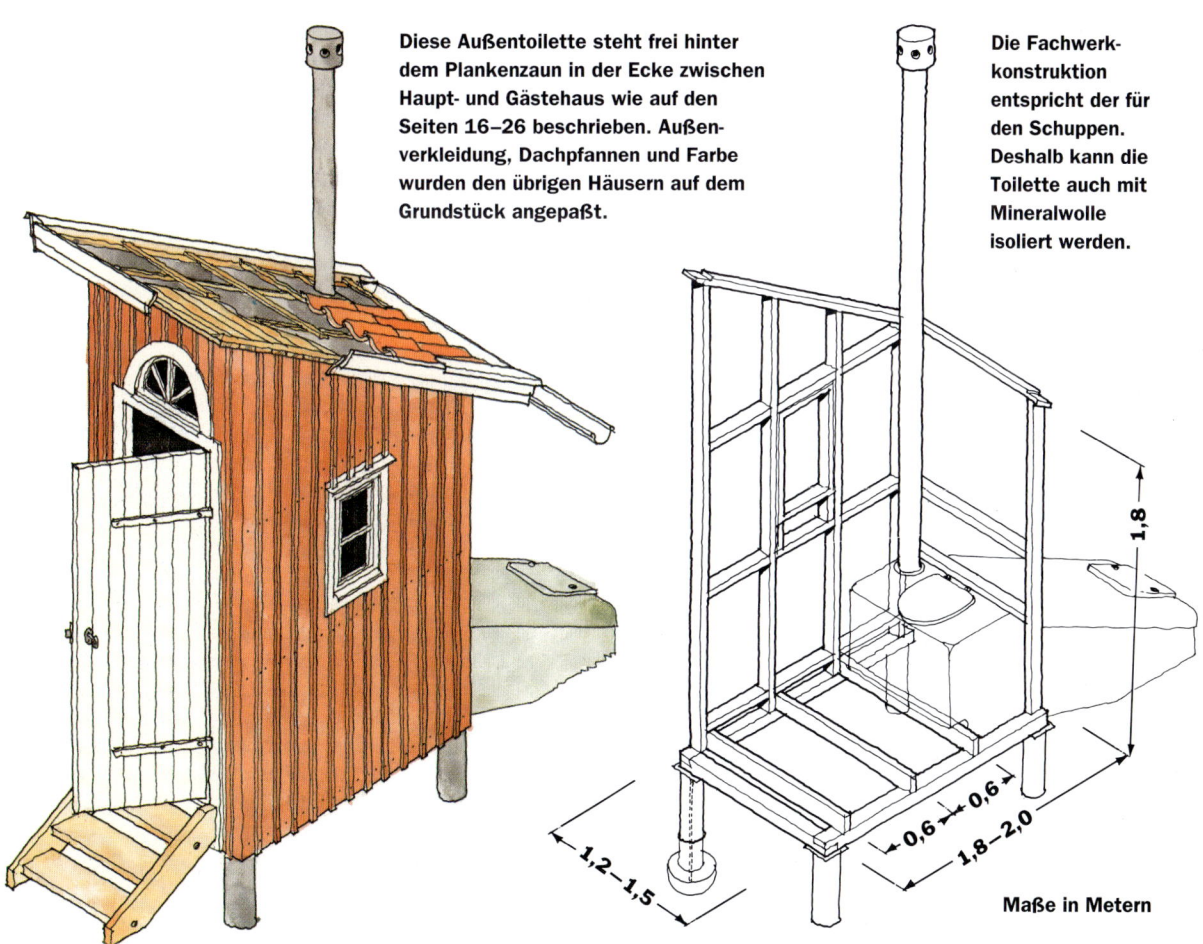

1,8

1,2 – 1,5

0,6 – 0,6

1,8 – 2,0

Maße in Metern

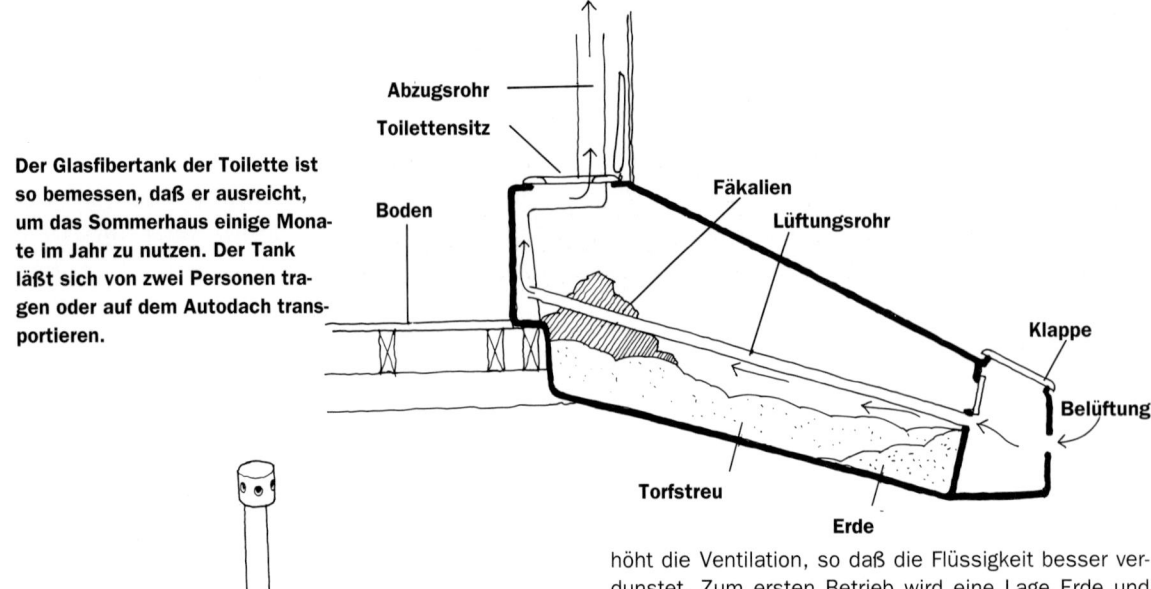

Der Glasfibertank der Toilette ist so bemessen, daß er ausreicht, um das Sommerhaus einige Monate im Jahr zu nutzen. Der Tank läßt sich von zwei Personen tragen oder auf dem Autodach transportieren.

Abzugsrohr

Toilettensitz

Boden

Fäkalien

Lüftungsrohr

Klappe

Belüftung

Torfstreu

Erde

Abzug

Sparren

Rähm

Tank

Riegel

Schwelle

Eckständer

Betonfundament

höht die Ventilation, so daß die Flüssigkeit besser verdunstet. Zum ersten Betrieb wird eine Lage Erde und Torf auf den Boden des Tanks gebracht. In der Erde entwickeln sich die für die Kompostierung notwendigen Bakterien. In den Tank werfen wir außerdem allen kompostierbaren Abfall aus der Küche.

Eine gut funktionierende Außentoilette ist sowohl praktisch als auch hygienisch. Keine Wasserleitung kann durch Frost beschädigt werden. Informieren Sie sich bei der zuständigen Behörde über die Beseitigung von Fäkalien.

So wird die Toilette gebaut

Rufen Sie auch erst die Baubehörde an, um zu erfragen, ob eine Baugenehmigung notwendig ist. Das Haus ist nicht sehr groß, so daß nach schwedischem Recht wahrscheinlich eine mündliche Genehmigung ausreichen würde. Außerdem muß die Gesundheitsbehörde das ihre dazu sagen.

Die Toilette wird genau so wie der Schuppen auf Seite 102 gebaut. Die Höhe der vier Fundamente wird allerdings der Neigung des Tanks nach Angaben des Herstellers, angepaßt. Der hintere Teil des Tanks wird ein wenig eingegraben und mit Styropor isoliert. Alternativ können Sie die Toilette auch an einem Gefälle installieren. Die beiden vorderen Ecken der Schwelle werden in halber Stärke des Holzes überplattet. Hinten muß der Tank ausreichend Raum finden.

Das Abzugsrohr braucht eine gute Abdeckung und gründliche Abdichtung an der Dachdurchführung, so daß keine Undichtigkeiten entstehen.

Die Außentoilette besitzt drei Fenster mit einfachem Glas. Das kleine, halbrunde Fenster über der Tür haben wir in einem Abbruchhaus gefunden. Die Tür ist aus 34 mm starken Nut-Feder-Brettern mit zwei Kanthölzern und einer Schrägstrebe gefertigt.

Der Teil des Tanks im Inneren des Hauses wird mit Spannplatten und schmalen Paneelen verkleidet. Dies ergibt das echte „Plumpsklogefühl". Wir haben zusätzlich ein kleines Waschbecken mit Hahn und fließendem Wasser installiert. Streichen Sie das Haus mit roter Schlämmfarbe und Alkydharzlack.

Diese Toilette funktioniert wie das „klassische" Plumpsklo. Die Fäkalien und Abfälle werden allerdings in einem Glasfibertank gesammelt. Im Tank verändern sich die Bestandteile, wobei sich ihr Volumen stark verringert. Nach einigen Jahren erhalten Sie trockenen Kompost. Der Kompost wird einer Öffnung auf der Rückseite entnommen. Den Tank plaziert man so, daß die warme Vormittagssonne ihn erhitzt. Die Wärme beschleunigt den Kompostierungsprozeß und er-

Carport und Garage

Die Farb- und Formgestaltung Ihres Carports oder Garage muß sich der umgebenden Bebauung anpassen. Wählen Sie den Bauplatz so, daß die natürlichen Voraussetzungen Ihres Grundstückes am besten ausgenutzt werden. Im Anschluß an den Carport oder die Garage können Sie einen schönen Freisitz in sonniger Lage bauen, der sicht- und windgeschützt liegt. Vervollständigen Sie alles mit einer eingrenzenden Holzwand, einer Pergola oder einem Spalier für Kletterpflanzen.

Beachten Sie die natürlichen Gegebenheiten des Grundstücks, wenn Sie den Standort für Garage oder Carport bestimmen.
Unten zeigen wir zwei Lösungen, wie Carport/Garage Sichtschutz geben können.
A. Carport/Garage
B. Abstellraum
C. Terrasse
D. Einfahrt

Baugenehmigung

Ob Sie für einen Carport oder eine Garage eine Baugenehmigung benötigen, erfahren Sie bei der zuständigen Bauaufsichtsbehörde. Dort hilft man Ihnen, wenn Fragen bei Ihrer Planung auftauchen.

Es ist sehr praktisch, Elektrizität für eine Außenbeleuchtung, Innenbeleuchtung und einen Anschluß mit Zeitschaltung für eine Motor- und Innenraumheizung installieren zu lassen. Denken Sie auch an einen Wasseranschluß an Ihrer Einfahrt.

Beachten Sie dabei die speziellen Regelungen, die Ihre Kommune an die Installation von Elektrizität, Wasser und Kanalisation stellt.

Wenn der Carport oder die Garage näher als 4,5 m an der Grundstücksgrenze stehen soll, ist nach schwedischem Recht die Genehmigung Ihres Nachbarn notwendig. Die Einfahrt zwischen Straße und Carport/Garage muß mindestens sechs Meter lang sein. Denken Sie an die Schneeräumung, wenn Sie Ihre Einfahrt planen.

Die Zeichnungen für Ihren Bauantrag müssen im Maßstab 1 : 100 angefertigt werden. Die Maße werden in Millimetern angegeben, wenn nicht anders gefordert. In Deutschland gelten andere Bestimmungen (siehe S. 121).

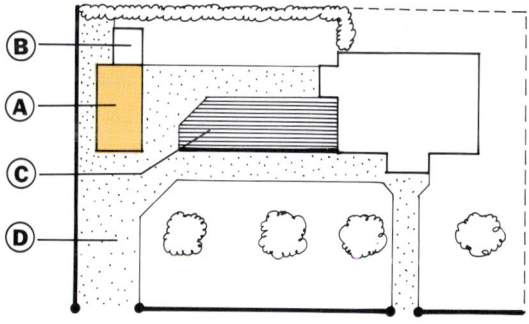

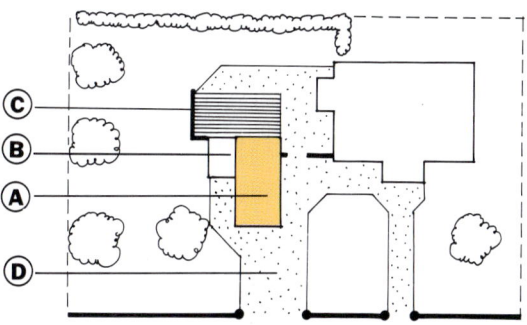

CARPORT

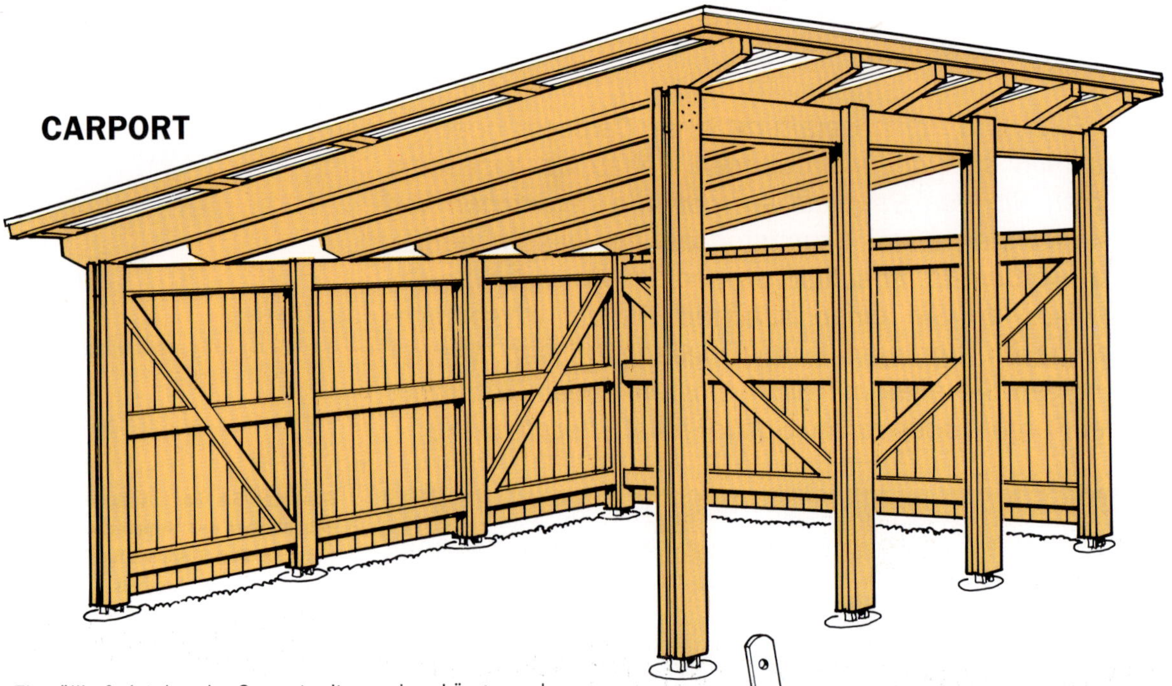

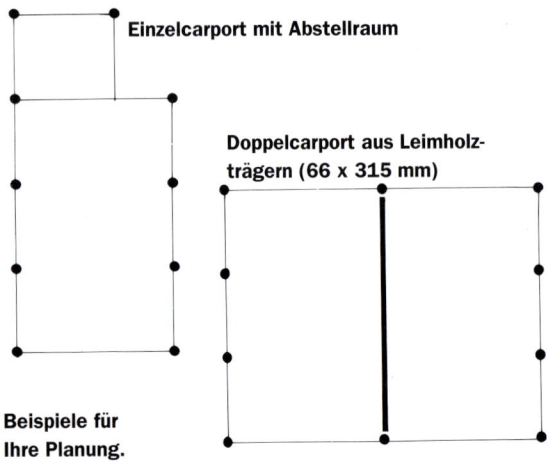

Ein völlig freistehender Carport mit nur einer Längs- und einer Giebelwand kann instabil werden, wenn die Konstruktion zu schwach ist und die Abmessungen des Materials zu gering gewählt wurden. Ist der Carport an das Haus oder einen kleinen Schuppen angebaut, wird er stabiler. Die Konstruktion und Abmessungen bestimmen auch die Lebensdauer.

Unabhängig davon, ob die Bodenbedeckung aus Betonplatten, Naturstein oder Kies besteht, muß der Boden gut drainiert und verdichtet werden.

Wir haben hier einen Carport gebaut, der ein Dach entweder aus Wellblech oder aus Rauhspund mit einer Abdeckung aus Teerpappe erhält. Das Dach erhält eine Neigung von zehn Grad. Die Konstruktion ist für Schneelasten der schwedischen Schneezone 2 ausgelegt, bei der der Grundwert der Schneelast 2 kN/m² beträgt. Für Gegenden mit größeren Schneelasten sind Dachbalken der Abmessungen 75 × 220 mm erforderlich.

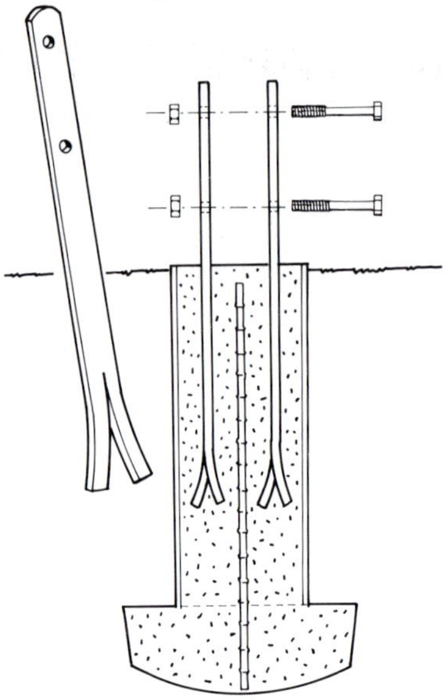

Einzelcarport mit Abstellraum

Doppelcarport aus Leimholzträgern (66 x 315 mm)

Beispiele für Ihre Planung.

Die Fundamente

Die Fundamente bestehen aus kräftigen Betonpfählen mit einem Abstand von 1,60–1,80 m. Graben Sie die Löcher bis zur halben frostfreien Tiefe oder bis Sie festen Grund erreichen. Der gesamte Mutterboden muß entfernt werden, was auch für den Boden des Carports und die Einfahrt gilt. Wenn die Fundamentlöcher gegraben sind, gießen Sie in jedem Loch eine kleine Bodenplatte. In die Mitte wird ein kräftiger Baustahl eingedrückt. Ist der Beton ausgehärtet, stellen Sie eine runde Gußform aus Pappe mit einem Durchmesser von 200 mm in das Loch und füllen die Erde rundherum wieder auf. Füllen Sie danach die Pappröhre mit Beton, und gießen Sie Flacheisenbeschläge als Bodenanker aus feuerverzinktem Stahl mit ein. Bevor der Beton härtet, fixieren Sie die Beschläge mit einem Holzstück.

Das Gerüst

Für alle tragenden Teile der Konstruktion nehmen Sie gehobeltes Konstruktionsholz. Ein Ständer wird aus drei Stücken zusammengenagelt. Das Mittelstück A besitzt die Abmessungen 45 × 95 mm, die Außenteile B 34 × 120 mm. Die Einzelteile der Ständer werden mit feuerverzinkten Nägeln (100 × 3,4 mm) vernagelt. Die Nägel werden gleichmäßig verteilt, und jede Seite erhält mindestens zehn Stück. Oben lassen Sie Aussparungen für das Rähm C (45 × 170 mm). Es wird in den Aussparungen mit Nägeln befestigt. Die Ständer werden anschließend mit 8 mm durchgehenden Bolzen zwischen den Flacheisen der Fundamente verschraubt.

Die Dachbalken D (50 × 225 mm) werden mit einem Abstand von 950 mm von Mitte zu Mitte gemessen mit schräg eingeschlagenen Nägeln befestigt. Als zusätzliche Sicherung ziehen Sie Locheisenband um jeden Dachbalken. Dies wird am Rähm mit sechs Ankernägeln auf der Innenseite befestigt.

Als Unterlage für Dachpappe wird Rauhspund (17 × 95 mm) verlegt. Der Rauhspund wird auf die Dachbalken genagelt und mit Dachpappe eingedeckt.

Als Unterlage für Wellblech verwenden Sie eine Lattung F in den Abmessungen 45 × 95 mm. Diese Teile werden mit Sechskantschrauben (6 × 100 mm) mit den Dachbalken verschraubt. Auf der Unterseite eines Blechdaches kann sich Kondenswasser bilden, was jedoch bei einem offenen Carport keine große Rolle spielt. Um dem entgegenzuwirken, können Sie ein Blechdach mit Kondensationsisolierung auf der Unterseite wählen, oder eine Innendecke aus Holzfaserplatten anbringen. Wenn die Dachneigung gering ist, müssen Sie Bleche in ganzen Längen verwenden. Die Dachbalken und die Querlattung stehen 250–300 mm an jeder Seite über. Die Kanten des Blechdaches werden an drei Seiten mit einer schmalen Windfeder (22 × 95 × 120 mm) verdeckt. Dazu benutzen Sie druckimprägniertes Holz der Klasse A. Der Übergang zwischen der Abdeckung und dem Blechdach wird durch ein Winkelblech abgedeckt.

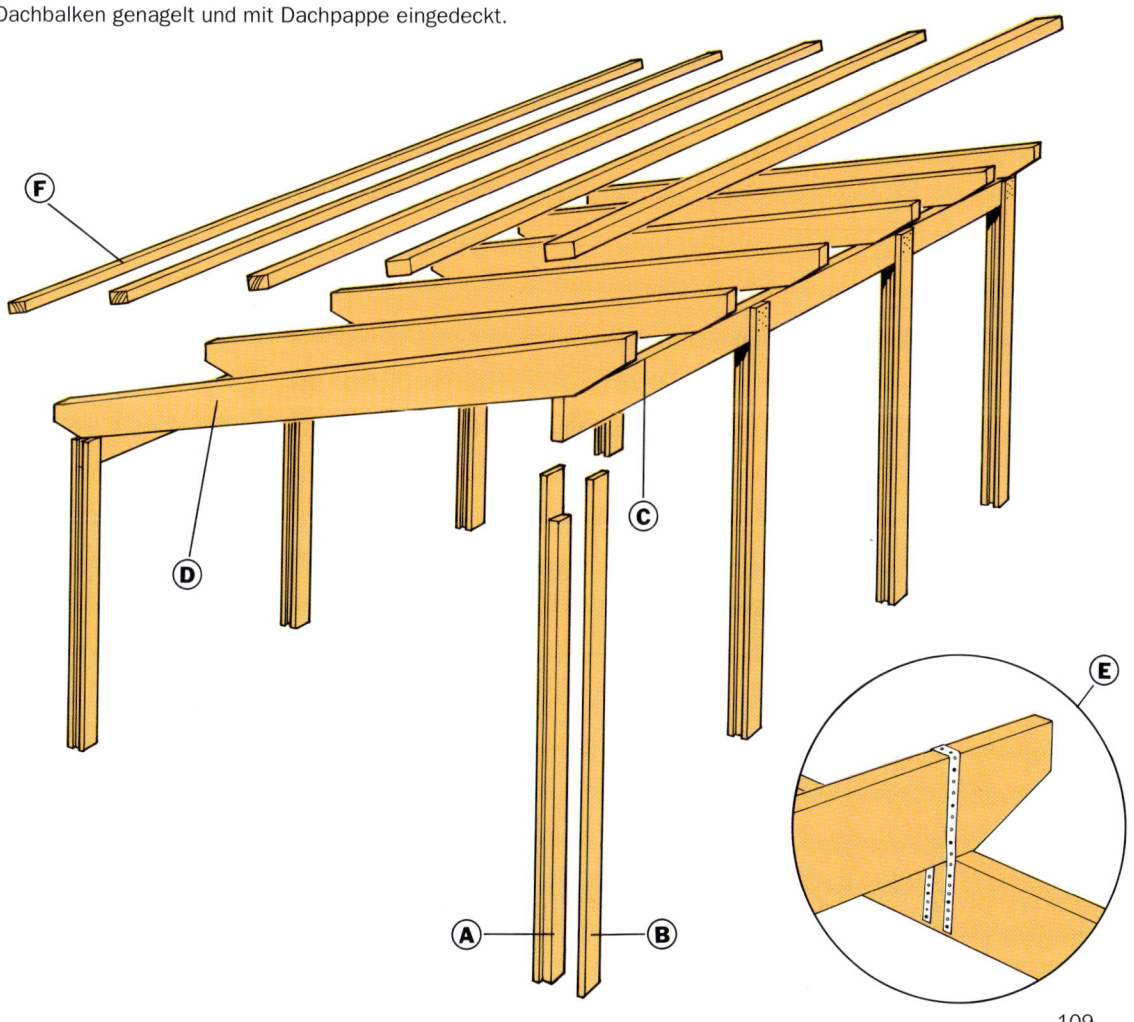

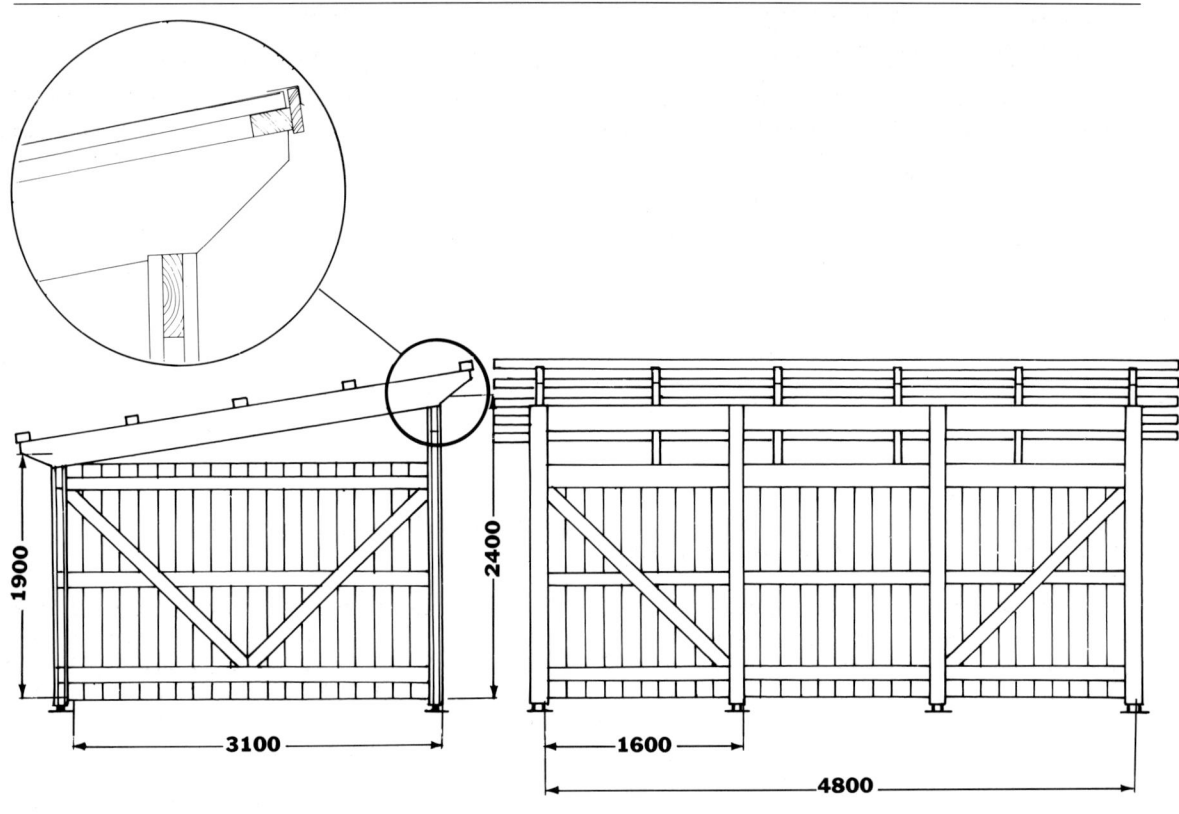

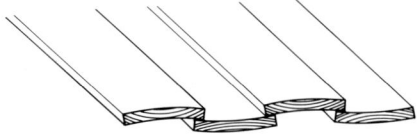

Die Diagonalstreben werden nach der Zeichnung eingepaßt. Sie sind wichtig für die Stabilität der gesamten
Konstruktion und dürfen deshalb nicht weggelassen
werden.

Die Wandverkleidung

Zwischen die Ständer werden waagerechte Riegel (45 ×
95–120 mm) eingesetzt. Wenn Sie die Bretter als
Stülpschalung anordnen, kann es empfehlenswert sein,
vier Querhölzer zu verwenden. Es ist am einfachsten,
die Paneelbretter vor der Montage zu grundieren. Wenn
Sie die Paneele annageln, sollten sie bedenken, daß

sich die Bretter beim Trocknen mulden. Dies ist auf die
Verschiedenheit des Schwundmaßes von Splint- und
Kernholz zurückzuführen. Deshalb muß man die Kern-
holzseite bei jedem zweiten Brett nach außen wenden

und sie bei jedem dazwischenliegenden Brett nach
innen legen. Für jedes waagerechte Kantholz wird für
das Grundbrett ein Nagel, für das Deckbrett zwei Nägel
benutzt. Das Deckbrett soll das Grundbrett um 20 mm
überlappen. Stöße und Unterkanten werden schräg angeschnitten, damit das Regenwasser leichter abläuft
und das empfindliche Hirnholz geschützt wird.

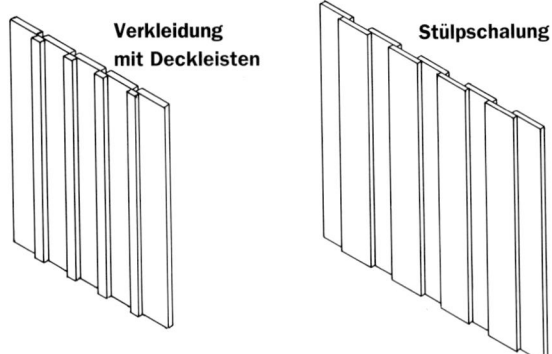

Verkleidung mit Deckleisten

Stülpschalung

ZWEI MÖGLICHKEITEN, EINE GARAGE ZU BAUEN

Um Ihnen Lösungen für Konstruktionen zu zeigen, die häufig anzuwenden sind, stellen wir Ihnen hier einige Varianten vor:
Ein Fundament aus einer geschlossenen Betonplatte und Betonpfeilern,
Gebälk in Fachwerkkonstruktion und Ständerwerk,
Dach mit Gebälk und Dachstuhl.

Die Beschreibung erläutert Ihnen, wie eine Garage in Fachwerkkonstruktion auf einer Betonplatte errichtet wird und ein Satteldach mit einer Neigung von 27° bekommt. Die andere Garage weist eine Ständerkonstruktion und Betonpfeilerfundamente auf, dazu ein Pultdach mit einer Neigung von 10°. Die unterschiedlichen Konstruktionslösungen für Fundament, Gerüst, Wände und Dächer können natürlich auf verschiedene Weise miteinander kombiniert werden. Die Dachneigung kann verändert werden, muß aber der Eindeckung angepaßt sein.

Die Garage kann durch einen Lagerraum ergänzt werden, der das Gebäude verlängert. Sie können auch eine Doppelgarage bauen, und auch diese kann durch einen Lagerraum in ihrer halben oder ganzen Breite ergänzt werden. Carport und Einzelgarage nebeneinander sind ebenfalls eine praktische Kombination.

Die Dachkonstruktion der Doppelgarage besteht aus Sparren, die in der Mitte an einer kräftigen Firstpfette aus Kernholz oder einem Leimholzträger befestigt werden. Es ist nicht schwierig, ein Dach mit großer Spannweite zu bauen, ohne Mittelständer zu verwenden.

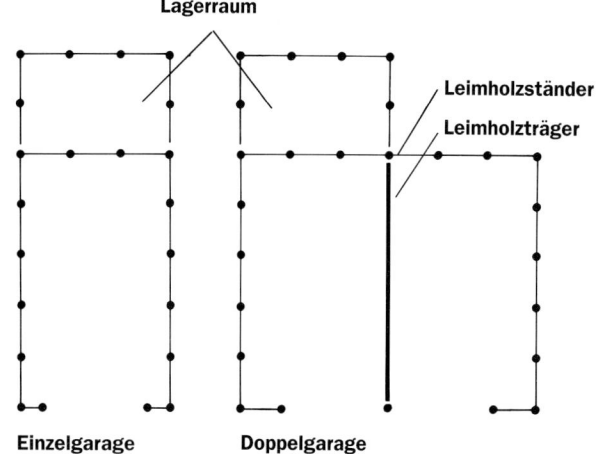

Lagerraum

Leimholzständer

Leimholzträger

Einzelgarage   **Doppelgarage**

Beispiele für Lösungsmöglichkeiten

Wenn die Spannweite der Garage sechs Meter beträgt, benötigen Sie für die Schneezone 3 eine Leimholzpfette von 115 × 315 mm (Festigkeitsklasse 40). Die Enden der Leimholzpfette ruhen auf Leimholzständern (Minimum: 115 × 150 mm) und werden mit Ankereisen (80 × 300 × 2,0 mm) und Ankernägeln (35 × 4,0 mm) von beiden Seiten befestigt. Die Sparren legen Sie an ihrem Firstenden über die Pfette und nageln sie mit vier geriffelten Nägeln (100 × 3,4 mm) zusammen. Sie werden zusätzlich an First- und Fußpfette mit Locheisenband und Ankernägeln (35 × 4,0 mm) befestigt.

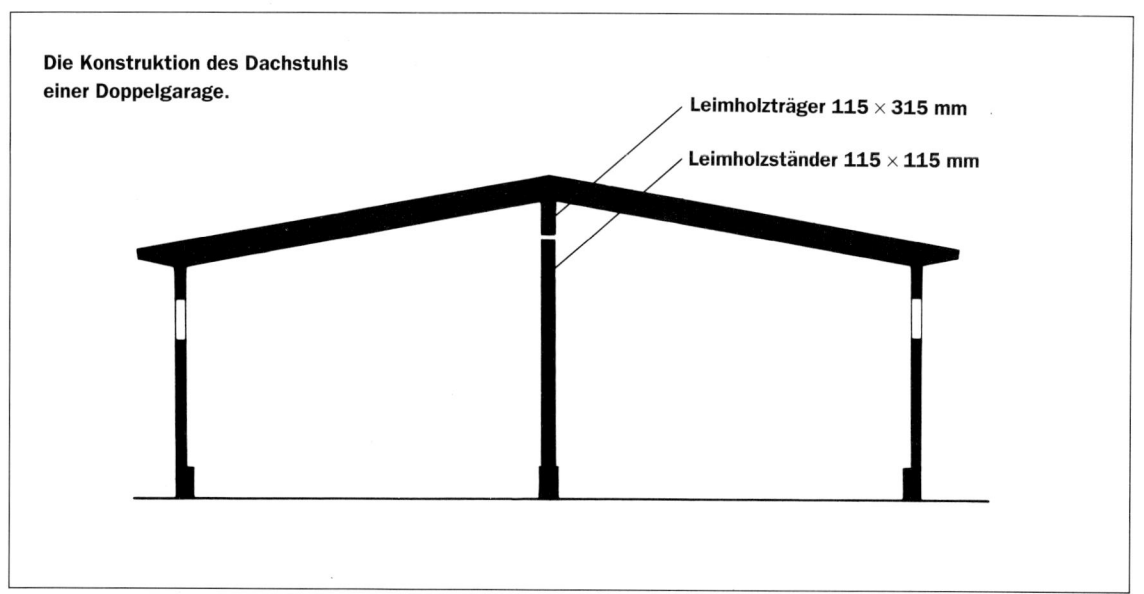

Die Konstruktion des Dachstuhls einer Doppelgarage.

Leimholzträger 115 × 315 mm

Leimholzständer 115 × 115 mm

Zwei Möglichkeiten für das Fundament

Wenn der Platz für die Garage bestimmt und auf dem Grundstück abgesteckt ist, können Sie das Fundament legen. Für die Garage in Fachwerkkonstruktion gießen Sie eine randverstärkte Betongrundplatte. Für die Ständerkonstruktion wählen wir Pfahlfundamente aus Beton. Sind die Bodenverhältnisse ungünstig, vielleicht lehmig oder weich, kann auch die Ständerkonstruktion für eine ungeheizte Garage auf einer Grundplatte errichtet werden. Holen Sie den Rat eines Architekten oder eines Poliers ein, der die örtlichen Verhältnisse kennt. Welches Fundament Sie auch wählen, die Garage muß mit einem 0,5 m breiten, festen Belag umgeben werden. Dieser kann z. B. aus großen Kieselsteinen oder Betonplatten bestehen.

Die randverstärkte Bodenplatte

Die Grundfläche der Platte (3940 × 6340 mm) ist an die Fachwerkskonstruktion angepaßt. Der gesamte Mutterboden wird ausgeschachtet. Unter der Platte bringen Sie eine mindestens 150 mm dicke Schicht aus gewaschenem, grobem Kies oder Splitt auf, um für eine gründliche Drainage zu sorgen und um das Aufsteigen der Feuchtigkeit zu verhindern. Diese Schicht wird gründlich verdichtet. Außen um die Platte wird ein Drainagerohr mit einem Gefälle angelegt, so daß das Wasser in einen Sickerschacht laufen kann. Bereiten Sie eventuell einen Abwasserkanal vor.

Bauen Sie eine geheizte Garage, wird die Betonplatte auf ihrer Unterseite und an den Außenkanten isoliert.

Die Verstärkungskante wird mit Bügeln und längsverlaufendem Baustahl bewehrt. Die Platte armieren Sie gegen Risse mit Baustahlgitter. Am einfachsten ist es, Fertigbeton zu bestellen.

Außen muß der Sockel mindestens 300 mm hoch sein, damit die Holzpaneele nicht durch Feuchtigkeit beschädigt werden kann. Mauern Sie eine Lage Hohlblocksteine auf der Außenkante der Mauer auf. Die Außenseite des Fundamentes erhält einen Zementputz.

Die Bodenoberfläche besteht aus einer Lage Estrich mit Gefälle zu einem Bodenabfluß, in dem z. B. Schmelzwasser verschwindet. An der Garagentür wird ein kräftiges Winkeleisen als Schwelle eingegossen.

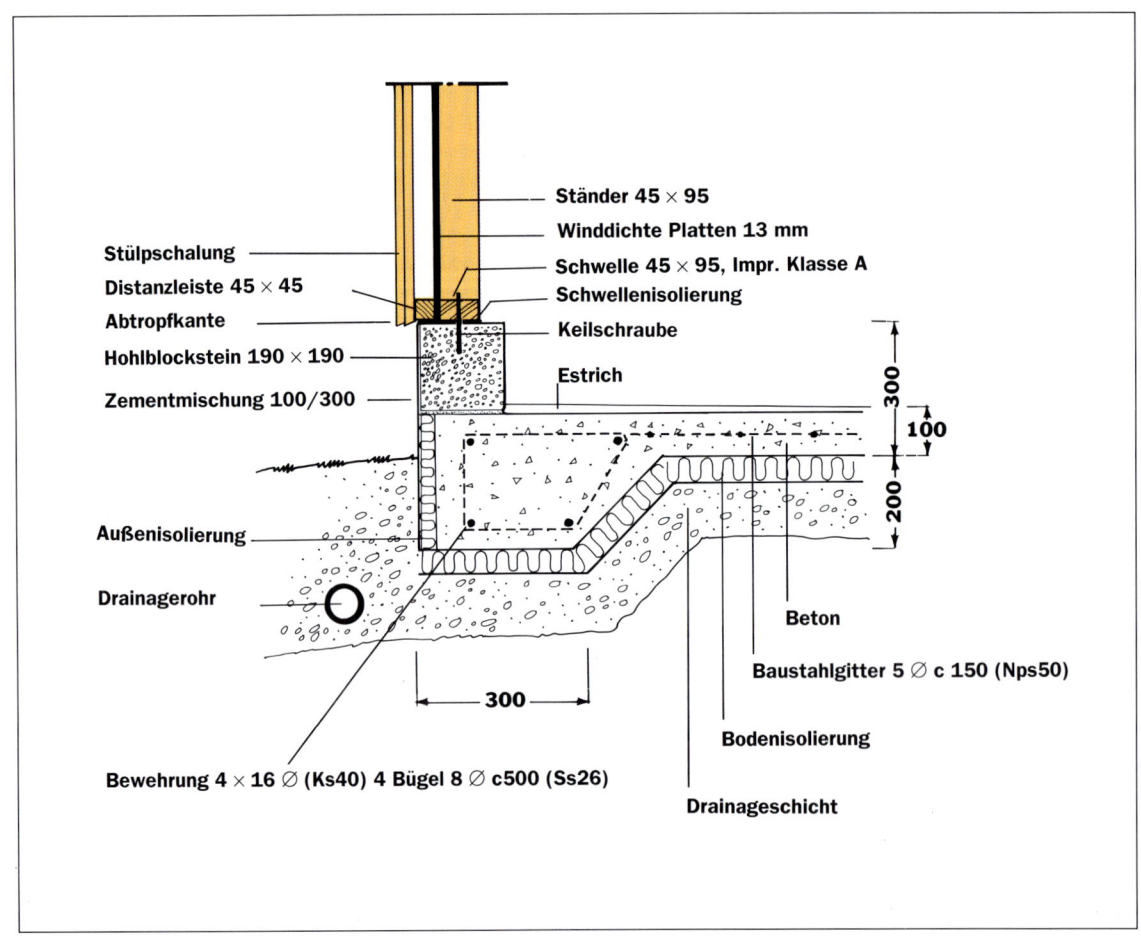

112

Pfahlfundamente

Die Befestigungen für das Ständerwerk bestehen aus Pfahlfundamenten, die in Gußformen aus Pappe gefertigt wurden. Sie erhalten einen Abstand von 1200 mm. Graben Sie Löcher bis zur halben frostfreien Tiefe, oder bis Sie festen Untergrund erreichen. Der gesamte Mutterboden muß beseitigt werden, was ebenso für den Garagenboden und die Einfahrt gilt. Wenn die Löcher gegraben sind, wird in jedes eine kleine Bodenplatte gegossen. In die Mitte drücken Sie einen starken Baustahl ein. Ist der Beton ausgehärtet, stellen Sie eine Gußform auf die Platte und füllen die Erde um sie herum wieder auf. Richten Sie die Formen so aus, daß die Oberkanten alle auf dem gleichen Niveau liegen. Markieren Sie die richtige Höhe auf den Eisen. Danach füllen Sie die Pappröhren bis zur Markierung mit Beton auf. Gießen Sie kräftige Flacheisenbeschläge oder Balkenschuhe aus feuerverzinktem Stahl ein. Bevor der Beton aushärtet, fixieren Sie die Beschläge mit einem Holzklotz.

Die Betonfundamente müssen mindestens 300 mm den Boden überragen. Um ein dichtes Fundament zu erhalten, werden auf den Außenseiten der Fundamente druckimprägnierte Bretter als Verkleidung angedübelt. Bohren Sie mit der Schlagbohrmaschine Löcher, drücken Sie Kunststoffdübel ein und verschrauben sie mit Holz- oder Sechskantschrauben. Die Ständer werden mit durchgehenden Bolzen mit Muttern an den Eisenbeschlägen befestigt. Legen Sie ein Stück Isoliermaterial zwischen Ständer und Fundament.

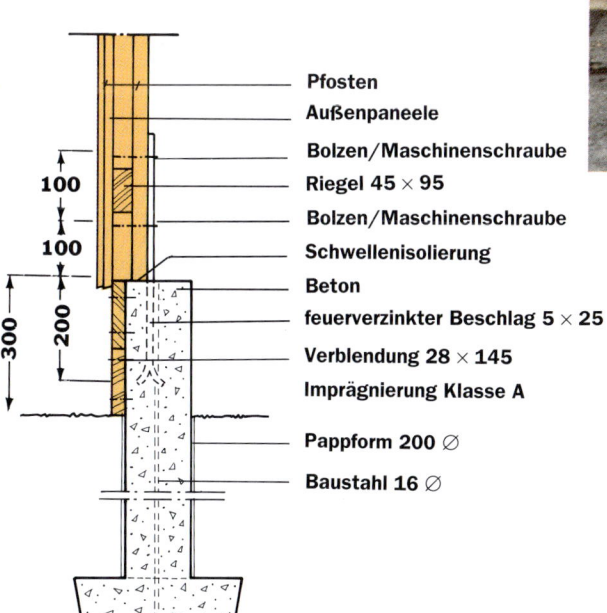

100	Pfosten
	Außenpaneele
	Bolzen/Maschinenschraube
	Riegel 45 × 95
100	Bolzen/Maschinenschraube
	Schwellenisolierung
300 / 200	Beton
	feuerverzinkter Beschlag 5 × 25
	Verblendung 28 × 145
	Imprägnierung Klasse A
	Pappform 200 ⌀
	Baustahl 16 ⌀

Eine gute Planung! Der Eingang zwischen Haus und Garage wurde so angelegt, daß der Garten gegen Einsicht geschützt ist.

Zwei verschiedene Dachkonstruktionen

Wählen Sie die Dachform so, daß sie allen auftretenden Kräften widerstehen kann. Dies gilt für Eigengewicht, Spannweite, Schneelast, Sturm und Feuchtigkeit. In Gebirgsgegenden, wo die Schneelasten größer sind, wird ein stärkerer Dachstuhl benötigt. Um das Dach gegen Sturm zu sichern, müssen die Sparren und Pfetten mit feuerverzinktem Locheisenband befestigt werden. Sie biegen die Lochbänder um jedes Dachstuhl- und Sparrenende und befestigen sie auf der Innenseite des Rähms mit mindestens sechs Ankernägeln (siehe Detailansicht A). Der Abstand zwischen den Sparren beträgt 1200 mm. Sie werden über Ständern oder senkrechten Kanthölzern befestigt. Über Fenster- und Türöffnungen wird das Rähms mit einem waagerechten Riegel von unten zusätzlich verstärkt.

Die Sparrengebinde werden auf dem Boden montiert, bevor sie aufgerichtet werden. Schneiden Sie zuerst die Bauteile für ein einziges Gebinde zu. Benutzen Sie diese als Schablone für die übrigen. Nageln Sie danach ein Gebinde zusammen, und legen Sie es waagerecht und stabil auf den Boden, um es anschließend als Unterlage zu verwenden, wenn die anderen zusammengenagelt werden.

Als Material für die Dachstühle verwenden Sie gehobeltes Konstruktionsholz. Für die Verbindungsstellen und eventuelle Stöße im unteren Rahmen benutzen Sie Verbinder (80 × 240 × 1,5 mm), die symmetrisch auf beiden Seiten angebracht werden. Dazu benutzen Sie Ankernägel (35 × 4,0 mm). Die Anzahl der Nägel und die Abmessungen der Beschläge sind für die schwedische Schneezone 3 (Regelschneelast 3kN/m^3) berechnet und deshalb für ganz Schweden zu verwenden. In der schwedischen Schneezone 1 (Regelschneelast 1kN/m^3) können die in Klammern gesetzten Holzabmessungen gewählt werden. Das Dach wurde für Ziegel oder Vergleichbares ausgelegt. Sie können auch fertige Dachstühle aus industrieller Herstellung bestellen.

Die Baubehörde kann Ihnen sagen, zu welcher Schneezone Ihre Kommune gehört.

Für eine Eindeckung mit Dachpappe wird zuerst eine Schalung aus Rauhspund (17 × 95 mm) direkt auf die Sparren aufgenagelt. Als Halterung für Wellblech nehmen Sie Dachlatten (45 × 70 mm), die direkt auf den Sparren mit schräg eingeschlagenen Nägeln befestigt werden. Hierzu verwenden Sie jeweils zwei feuerverzinkte Nägel (100 × 3,4 mm).

Die Sparren bestehen aus gehobeltem Holz K24/K30 der Abmessungen 45 × 220 mm. Sie sind für die schwedische Schneezone 2,5 mit K24 und für die Schneezone 3 mit K30 berechnet und deshalb mit Ausnahme der Hochgebirgszone für ganz Schweden geeignet.

114

Dachstuhl mit Sparrengebinden

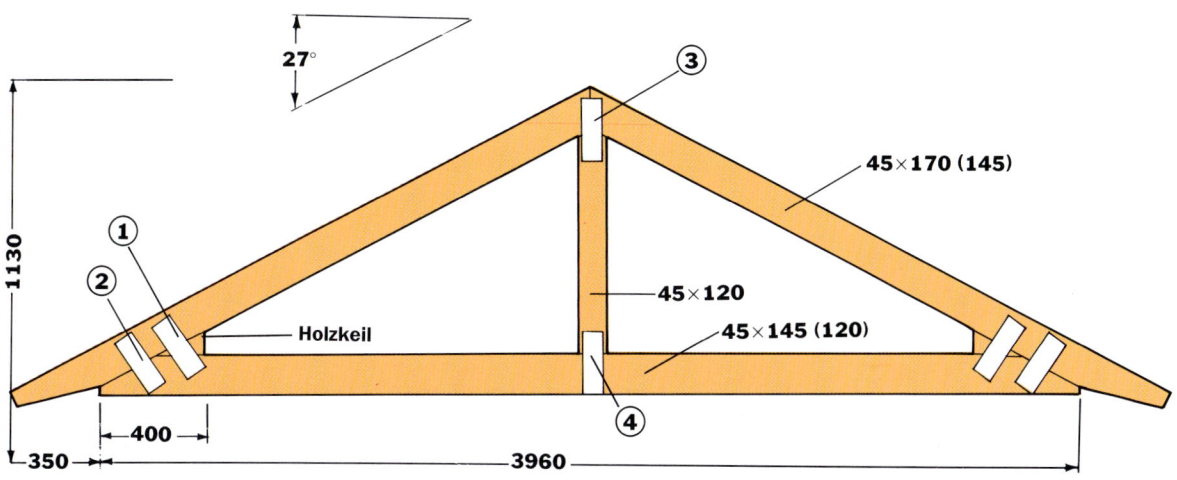

45×170 (145)

45×120

45×145 (120)

27°

1130

350

400

3960

Holzkeil

1. 2 × 6 (+2) Nägel von jeder Seite
2. 2 × 5 Nägel von jeder Seite
3. 2 × 4 Nägel von jeder Seite
4. 2 × 2 Nägel von jeder Seite

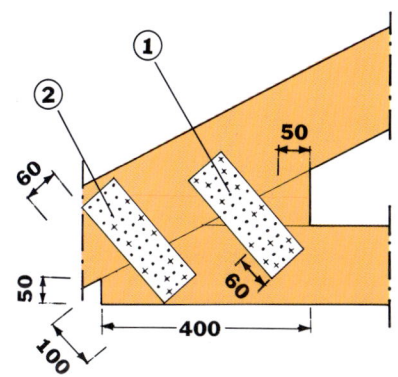

50

60

60

50

100

400

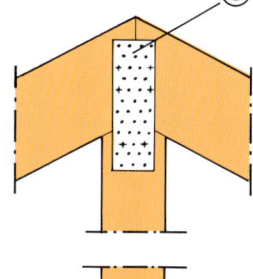

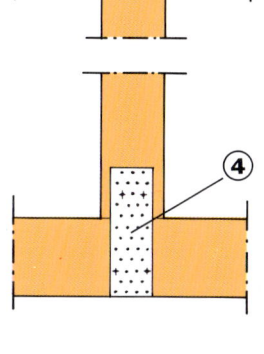

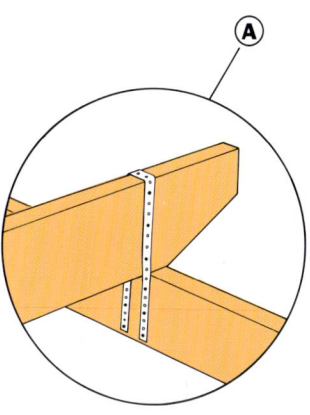

Dachstuhl mit Sparren

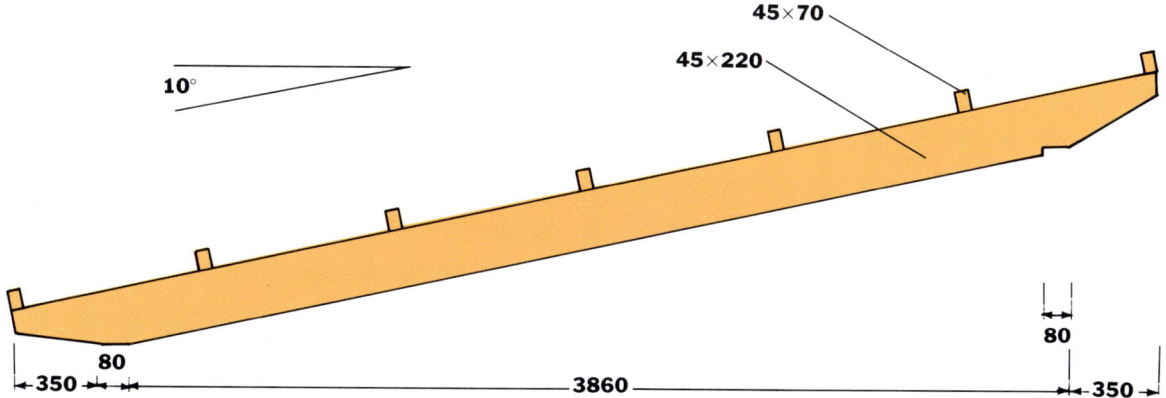

45×70

45×220

10°

80

350

3860

350

80

Die Fachwerkkonstruktion

Das gesamte Holz für das Fachwerk ist gehobelt und hat die Dimensionen 45 × 95 mm. Hierzu paßt eine 95 mm starke Isolierung. Die Außenmaße der Schwelle betragen 3844 × 6244 mm. Die Schwelle aus druckimprägniertem Holz wird auf eine Isolierschicht gelegt. Schwelle und Rähm werden in den Ecken mit halber Holzstärke überplattet. Die senkrechten Eckständer setzten Sie Kante an Kante. So erhalten Sie innen eine gute Unterlage zum Aufnageln von Wandplatten. In die Außenecken setzen Sie zwei Klötze (95 × 95 mm), die eine gute Befestigungsmöglichkeit für die Außenpaneele bieten. Wenn die Wände innen mit Platten verkleidet werden, können Sie auf Diagonalstreben verzichten. Die Wandseiten neben der Türöffnung verkleiden Sie innen mit Platten, anstatt Diagonalstreben einzusetzen. Wir haben ein Schwingtor von 210 × 250 cm eingeplant. Außen werden 13 mm starke winddichte Platten auf das Fachwerk genagelt. Für die Belüftung der Außenpaneele nageln Sie horizontale Distanzleisten 45 × 45 mm außen auf die Querriegel.

Die Decke kann innen mit Brettern von 22 × 70 mm und Gips- oder Spanplatten verkleidet werden. Die Innenverkleidung befestigen Sie an der Unterseite der Sparrengebinde. Eine Alternative sind Fasenbretter mit Nut und Feder (oder ähnliches).

Unter der Decken- und Wandverkleidung bringen Sie eine Kunststoffolie als Dampfsperre an. Isolieren Sie die Decke, bevor die äußere Dachhaut angebracht wird. Der Dachboden muß durch einen Schlitz unter dem Dachüberstand und Lufteinlässe in den Giebeln gründlich belüftet werden. Die isolierte Garage soll mit mindestens zwei Zwangsbelüftungen in der Wand ausgestattet werden. Fenster und Türen erhalten oben und unten Traufbleche. Die Außenwandpaneele werden unten schräg angeschnitten, um durch die entstandene Tropfkante den Wasserablauf zu gewährleisten. Dachrinnen und Fallrohre führen das Regenwasser vom Dach ab. Eine Schmalseite erhält eine Außentür 90 × 200 cm. Den Giebel statten Sie mit einer Luke aus, so daß der Dachboden zugänglich bleibt.

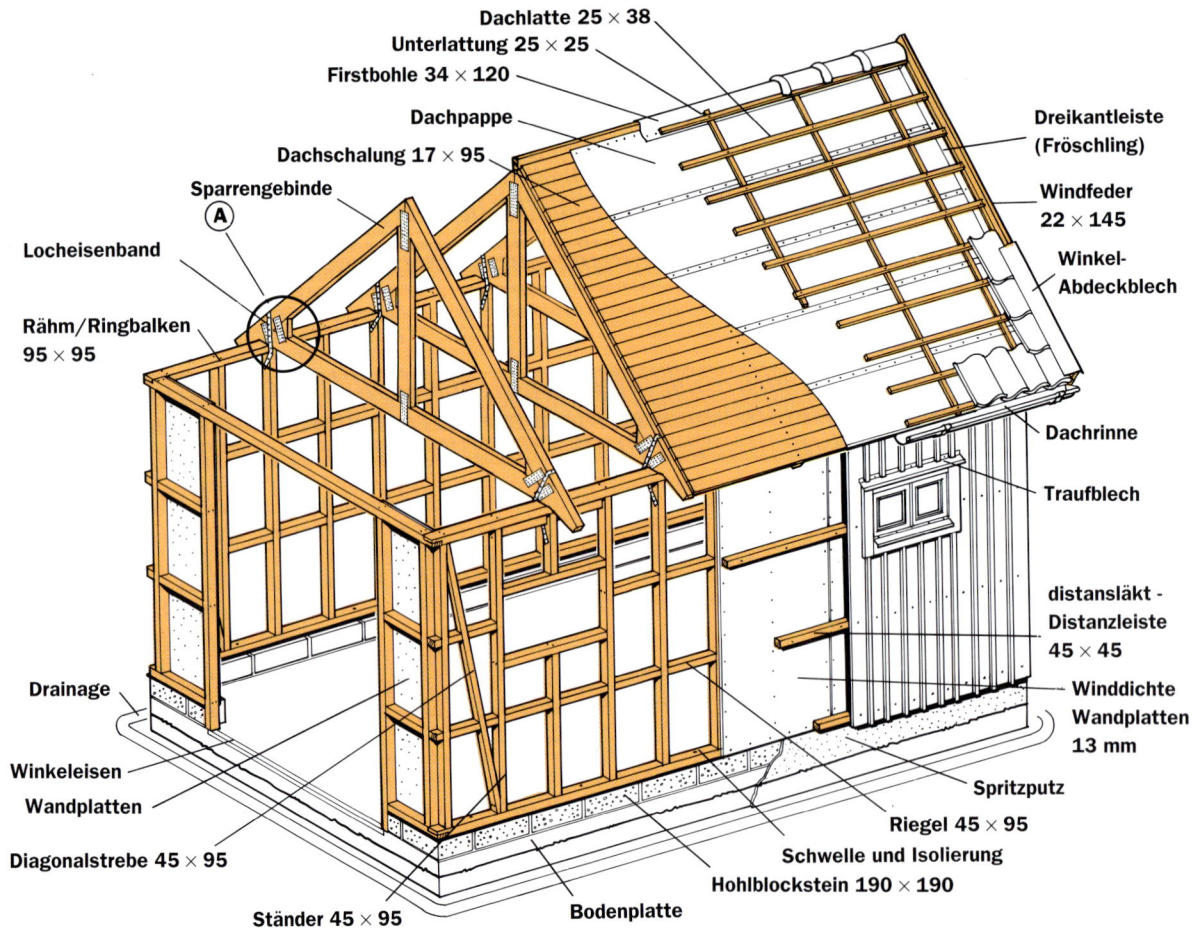

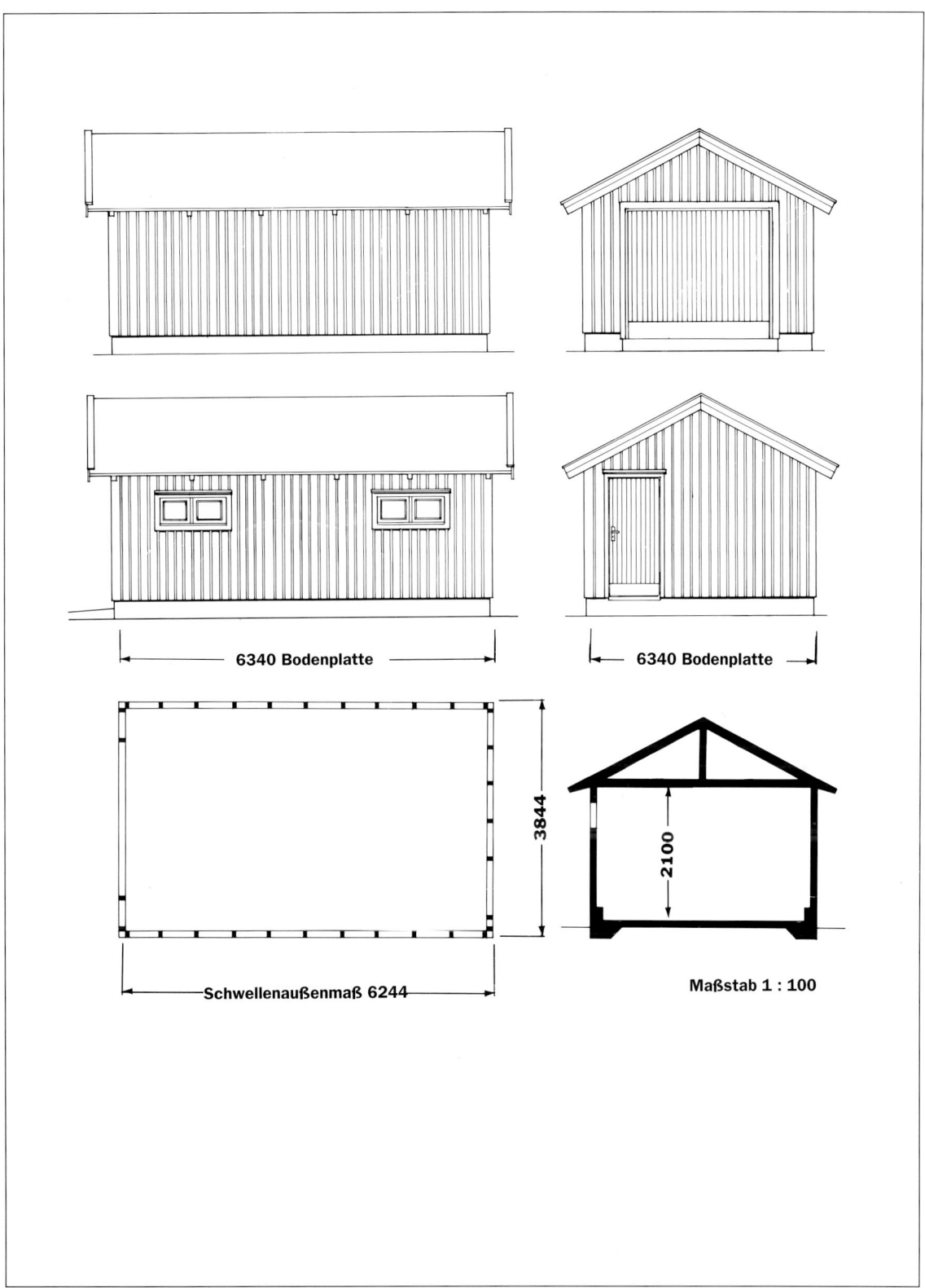

6340 Bodenplatte

6340 Bodenplatte

3844

2100

Schwellenaußenmaß 6244

Maßstab 1 : 100

117

Die Konstruktion als Ständerwerk

Jeder Ständer ruht auf einem Betonfundament. Der Abstand zwischen den Ständern, Fundamenten und Sparren beträgt 1200 mm. Die Position der Türpfosten ist abhängig von der Breite der Tür. Wir haben ein Schwingtor von 210 × 250 cm eingeplant. Alle waagerechten Riegel und Diagonalstreben besitzen die Abmessungen 45 × 95 mm und werden durch schräg eingeschlagene Nägel an den Ständern befestigt. Die Ecken erhalten Diagonalstreben. Die 34 mm starken Außenseiten der Ständer reichen, genauso wie die Wandpaneele, bis zur Unterseite des Daches. Das untere Ende der Wandpaneele wird schräg angeschnitten.

Das Pultdach mit einer Neigung von 10° ist für ein Blechdach ausgelegt. Um Kondensationsfeuchtigkeit auf der Unterseite entgegenzuwirken, können Sie auch ein Blechdach mit Kondensationsisolierung anbringen. Die Schalung oder die Dachlatten überragen die Giebelseite um 350 mm. An den Außenkanten des Daches befestigen Sie rundherum eine Verblendung aus Windfedern und Traufbrettern. Der Zwischenraum zwischen Verblendung und Blechdach wird mit einem Winkelblech abgedeckt.

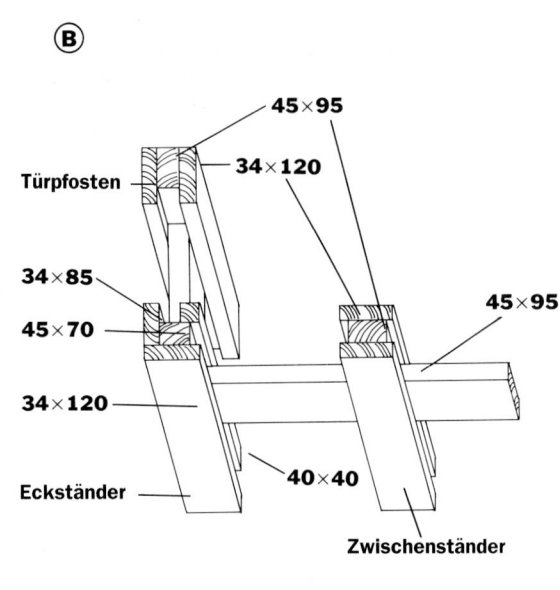

B

45×95

34×120

Türpfosten

34×85

45×70

34×120

45×95

40×40

Eckständer

Zwischenständer

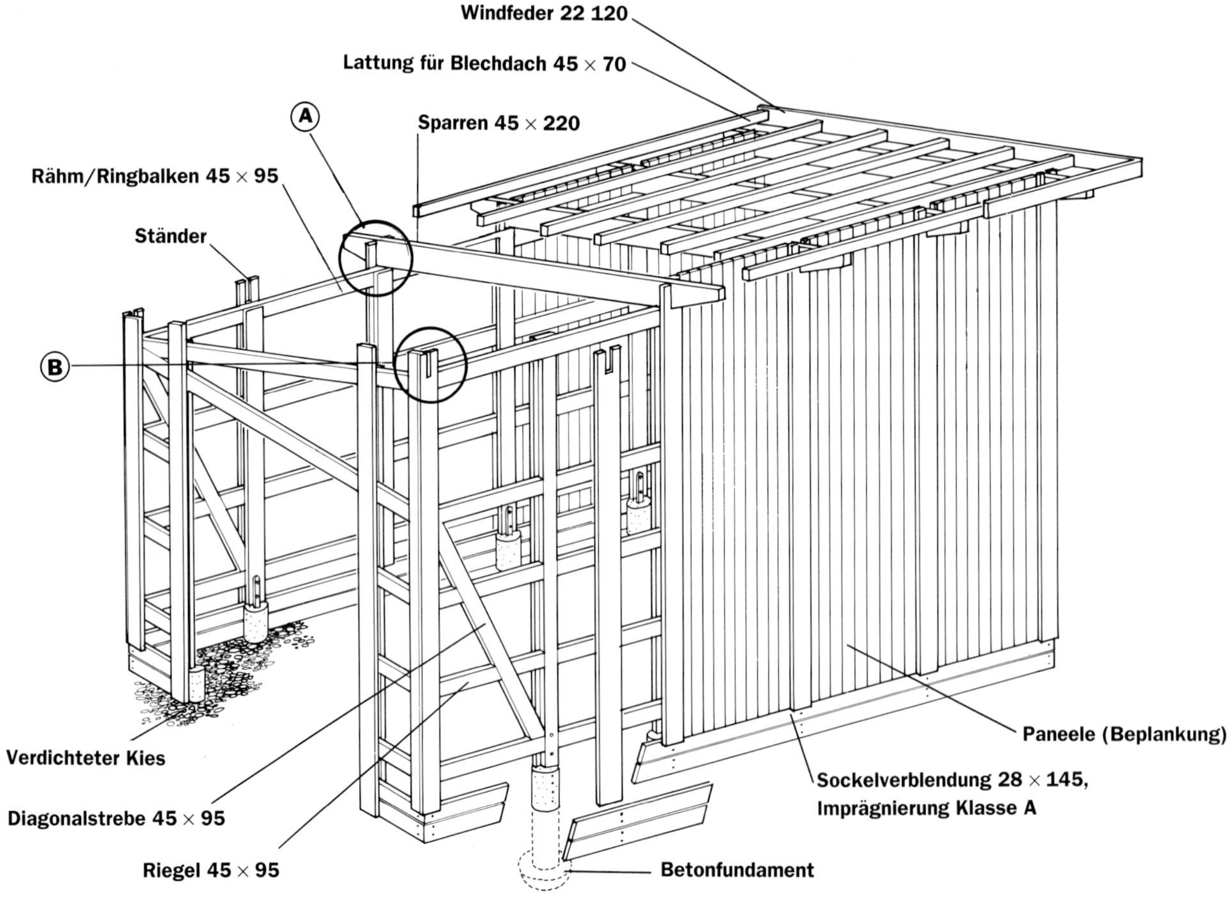

Windfeder 22 120

Lattung für Blechdach 45 × 70

A

Sparren 45 × 220

Rähm/Ringbalken 45 × 95

Ständer

B

Paneele (Beplankung)

Verdichteter Kies

Sockelverblendung 28 × 145, Imprägnierung Klasse A

Diagonalstrebe 45 × 95

Riegel 45 × 95

Betonfundament

Eine Alternative zum Blechdach ist eine Schalung aus Rauhspund mit zwei Lagen Dachpappe oder ein traditionelles Dach mit Ton- oder Betonpfannen. Im letzten Fall richtet sich die Dachneigung nach den Herstellerangaben. Die Dachsparren müssen außerdem stärker sein, damit sie das größere Gewicht der Pfannen tragen können. An der Längsseite erhält die Garage Dachrinne und Fallrohr. Die Zwischenständer und die Türpfosten bestehen aus einem Mittelstück 45 × 95 mm und zwei Außenteilen 34 × 120 mm, die mit Schraubnägeln 100 × 3,4 mm von beiden Seiten zusammengenagelt werden (siehe Detailabbildung B).

Die Eckständer bestehen aus einem Mittelstück 45 × 75 mm, zwei Außenteilen 34 × 120 und 34 × 85 mm und einer Leiste auf der Innenseite von 40 × 40 mm. Die beiden letztgenannten Abmessungen können aus größeren Standardabmessungen zurechtgeschnitten werden (siehe Detailabbildung B).

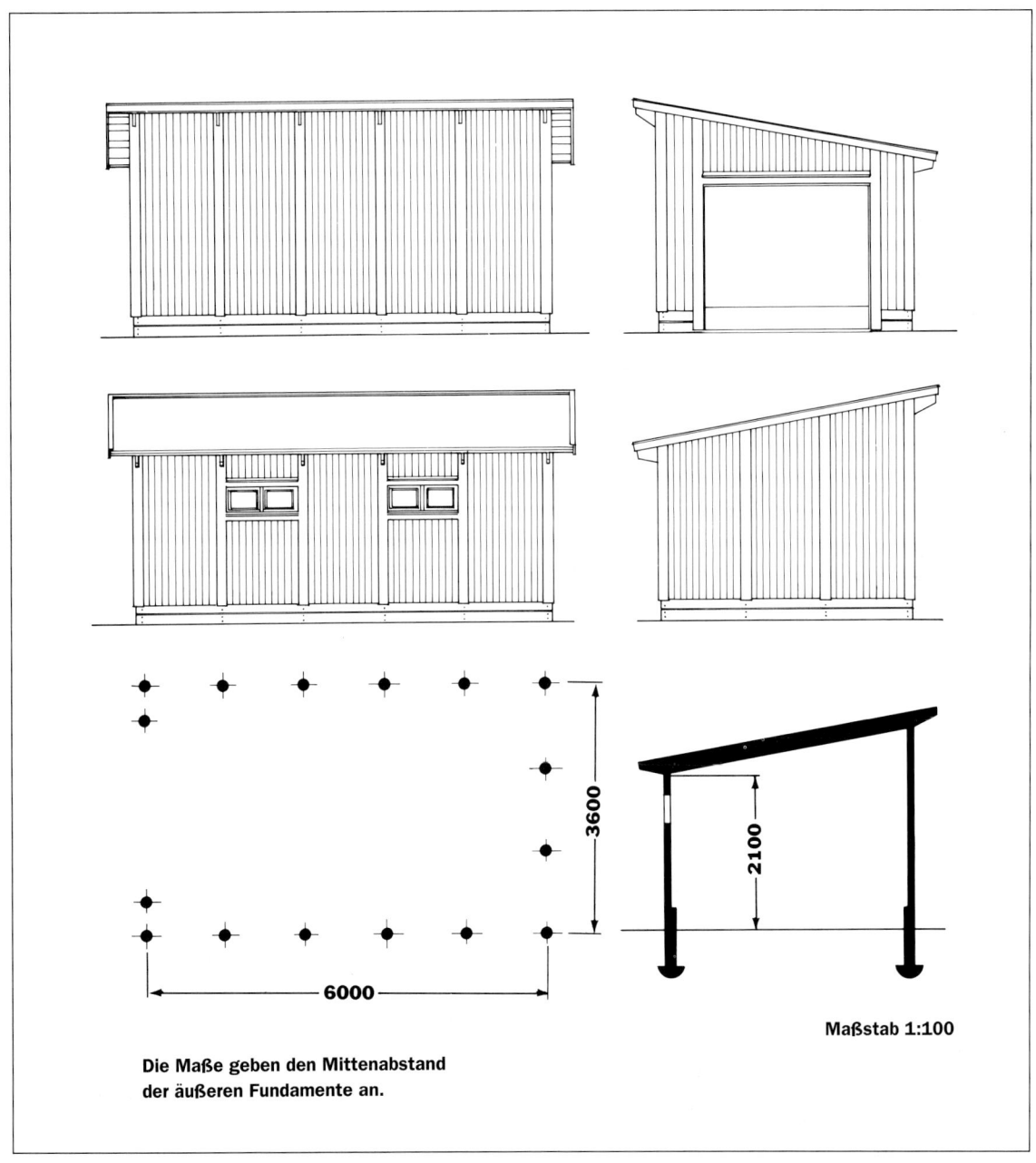

3600

6000

2100

Die Maße geben den Mittenabstand der äußeren Fundamente an.

Maßstab 1:100

Die Außenverkleidung

Die Außenwände können Sie beispielsweise mit Brettern und Deckleisten verkleiden. Die Grundschalung wird einfach mit Nägeln 75 × 2,8 mm aufgenagelt. Für die Deckleisten verwenden Sie Nägel von 100 × 3,4 mm. Es ist am einfachsten, die Wandpaneele vor der Montage zu grundieren. Wenn Sie die Wände mit Stülpschalung verkleiden, sollten Sie bedenken, daß sich die Bretter beim Trocknen mulden. Deshalb wird das Kern-

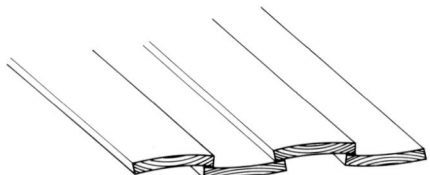

holz bei jedem zweiten Brett nach außen gelegt. Die dazwischenliegenden Bretter liegen mit dem Kernholz nach innen. Für jeden Querriegel nehmen Sie einen Nagel (75 × 2,8 mm) pro Grundbrett und zwei Nägel (100 × 3,4 mm) pro Deckbrett. Das Deckbrett muß das Grundbrett 20 mm überlappen. Bei Stößen zur Verlängerung, die Sie möglichst vermeiden sollten, erhalten die Bretter ebenso wie die Unterkante eine Gehrung. Auf diese Weise kann das Regenwasser besser abtropfen.

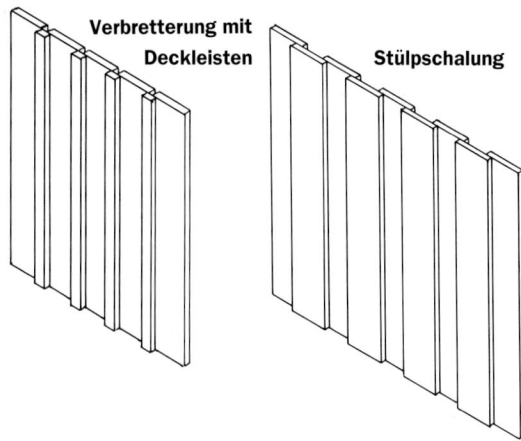

Verbretterung mit Deckleisten   Stülpschalung

Eine Baugenehmigung – notwendig?

Bau und Besitz einer Immobilie werden in Schweden durch eine Anzahl von Gesetzen und Vorschriften wie Bauordnung, Neubauvorschriften und Grundbuch geregelt. Dies sind Bestimmungen, die in langen Zeiträumen entstanden sind und heute im großen und ganzen die Planungen innerhalb der Gesellschaft bestimmen. Dem gewöhnlichen Bürger können sie manchmal überflüssig erscheinen und scheinbar unnötige Mühe verursachen.

Im allgemeinen kann man sagen, daß in Schweden für Neu- und Anbauten eine Baugenehmigung erforderlich ist. Manchmal wird sie sogar bei Umbauten und Renovierungen notwendig. Es gibt Ausnahmebestimmungen, z. B. wenn ein Gebäude, das unter Denkmalschutz steht oder sich in denkmalgeschützter Umgebung befindet, neu gestrichen werden soll. Für einen Kamin und eine Feuerstelle benötigt man ebenfalls eine Baugenehmigung, genauso wie für die Nutzungsänderung eines Hauses. Alle Auskünfte der Baubehörden sind gratis.

Das Einvernehmen mit dem Nachbarn ist wichtig. Bevor man mit dem Bau beginnt, sollte man deshalb zunächst die davon berührten Nachbarn informieren, um ihre Zustimmung zu erhalten.

Baubestimmungen in Deutschland

Wenn Sie die Baubestimmungen nicht genau kennen, die für Ihr Grundstück und Ihre Wohngegend gelten, befragen Sie die zuständige Bauaufsichtsbehörde, um genauere Informationen zu erhalten.

Bei dem einen oder anderen der in diesem Buch dargestellten Bauvorhaben bedarf es in Deutschland der behördlichen Genehmigung. Passagen im Buch, die Baubestimmungen betreffen, beziehen sich auf schwedisches Bau- und Nachbarrecht. Sie sind daher für Deutschland nicht oder nur eingeschränkt zutreffend.

In der Bundesrepublik gilt die Bauordnung des jeweiligen Bundeslands. Das besitzt historische Gründe. Nach Entstehen der Bundesrepublik räumte ein Gutachten des Bundesverfassungsgerichts dem Bund rechtliche Kompetenz auf planerischem Gebiet ein. Für das übrige Baurecht, insbesondere das herkömmliche Baupolizeirecht, sollten ausschließlich die Länder zuständig sein. Das 1987 in Kraft getretene „Baugesetzbuch" (BauGB), das ältere Bestimmungen des Bundes zusammenfaßt, ist demnach keine Sammlung des gesamten öffentlichen Baurechts, sondern enthält lediglich das Planungsrecht.

Um auch für das nicht von der Bundesgestzgebung erfaßte Bauordnungswesen eine möglichst einheitliche Regelung zu erreichen, erarbeitete man eine Musterbauordnung (MBauO 1959). In der folgenden Zeit erließen die Bundesländer auf der Grundlage dieser Musterbauordnung neue Landesbauordnungen.

Ob für Ihr nach diesem Buch geplantes Bauvorhaben (Einfriedung, Garage, Carport, Bootssteg, Toilette usw.) eine Baugenehmigung erforderlich ist, ergibt sich aus dem jeweiligen Landesrecht (Bauordnung). Auch die Frage der Abstände dieser Anlagen zu den Grundstückgrenzen kann unterschiedlich geregelt sein. Darüber hinaus gilt es unter Umständen örtliche Bauvorschriften über die Gestaltung bestimmter baulicher Anlagen sowie Vorschriften der Denkmalschutzgesetze zu beachten.

Informieren Sie sich daher vor dem Bau bei der zuständigen Bauaufsichtsbehörde (Stadt, Gemeinde, Landkreis) über die für Ihr Grundstück geltenden formellen und materiellen Bauvorschriften.

Holz ist ein hervorragendes Baumaterial

Dieses Buch handelt vom Bauen mit Holz im Freien. Wir zeigen Ihnen, wie man ein Tor, eine Plankenwand, einen Freisitz oder ein ganzes Haus aus Holz baut. Wir benutzen Fichten- und Kiefernholz. Natürlich gibt es noch viele andere Holzarten, die sich für Konstruktionen im Außenbereich eignen. Im Bootsbau verwendete Hölzer wie Eiche und Lärche sind nur zwei Beispiele, diese Holzsorten eignen sich ganz vorzüglich z. B. für Pfosten, Tore und Treppen.

Unsere gebräuchlichsten Holzsorten für Bauvorhaben sind die einheimische Fichte und Kiefer. Diese können Sie in Standardabmessungen in Baumärkten und Sägewerken erwerben. Es gibt eine große Auswahl verschiedener Abmessungen und Qualitäten.

Holz wird seit langer Zeit für die verschiedensten Konstruktionen benutzt, doch eigentlich haben wir mit der Industrialisierung, wie man sagt, das „Holzzeitalter" verlassen. Die Zeit, in der eine Gesellschaft auf Selbstversorgung beruhte und daher große handwerkliche Kenntnisse für jeden notwendig waren, liegt hinter uns. Stellen Sie sich vor, was alles aus Holz gemacht wurde – Häuser, Gerätschaften, Wagen, Räder, Schiffe und kleinere Boote, Möbel, Zuber, Fässer und vieles mehr. Außerdem heizte man Wohnungen und betrieb Dampfmaschinen mit diesem vortrefflichen Material. Aus dieser Zeit stammt die Kunstfertigkeit, mit Holz richtig umzugehen.

Ein einfaches und umweltfreundliches Material

Im Vergleich zu seiner Stärke und Elastizität ist Holz ein sehr leichtes Baumaterial. Stahl und Beton wiegen bedeutend mehr. Holz ist leicht mit Handwerkzeug oder Maschinen zu bearbeiten. Die meisten der in diesem Buch gezeigten Konstruktionen können mit einem relativ einfachen Werkzeugsatz hergestellt werden. Hammer und Nägel sind heutzutage selbstverständlich. Die Nagelverbindung ist eine geniale, einfache, haltbare und schnelle Verbindungsmethode. Mit ihr lassen sich die meisten Konstruktionen erstellen. Zusätzlich bieten Schraub- und Bolzenverbindungen sowie Baubeschläge weitere besonders starke Verbindungsmöglichkeiten.

Wenn unsere Wälder richtig bewirtschaftet werden, ist Holz ein niemals zur Neige gehendes Material. Es erneuert sich und wächst im Takt der Forstwirtschaft nach. Es gibt allerdings viele Beispiele von Raubbau, man zerstörte ganze Wälder ohne nachzudenken. Häufig war die Ursache kurzsichtige Gewinnsucht.

Im Gegensatz zu vielen anderen Baumaterialien ist Holz ein Naturmaterial, das nach seiner Verwendung schnell abgebaut wird, ohne die Umwelt zu zerstören oder zu verschmutzen. „Nach der Verwendung" kann in diesem Fall ein weiter Begriff sein. Ich wohne selbst in einem Blockhaus, dessen Erdgeschoß vor 250 Jahren und dessen erster Stock vor 140 Jahren gebaut wurde. In Norwegen habe ich Häuser gesehen, die 1000 Jahre alt waren.

VOM WALD ZUM BAUHOLZ

Ob Sie nun ein komplettes Haus oder nur einen Zaun reparieren, es ist in jedem Fall bedeutsam zu wissen, was Holz ist und wie man es verwendet.

Bewahren Sie den natürlichen Schutz des Holzes

Man sagt, heutzutage sei das Holz schlechter, viele Häuser seien krank, Fenster und andere Holzteile im Außenbereich verrotteten schnell.

Obwohl die Forstwirtschaft intensiviert und technisiert wurde, benutzt man heute eigentlich die gleichen Hölzer wie früher. Es gibt viele verschiedene Ursachen. Vielleicht ist es so, daß wir heute nicht die Zeit und das Wissen haben, um das Holz richtig auszusortieren und auf die rechte Weise damit umzugehen. Früher nahm man sich Zeit, holzte vorsichtig ab und traf eine Auswahl, um die besten Bäume weiter wachsen zu lassen. Man besaß eine verinnerlichte Kenntnis, ein Gefühl für das Holz und seine verschiedenen Verwendungen. Das Beispiel der Fensterherstellung soll dies ein wenig verdeutlichen. Aus Erfahrung benutzte man ausgewähltes, geradegewachsenes Kernholz. Für die am meisten beanspruchten Fensterteile wie Rahmen und unteres Flügelholz wählte man dichtes und harzreiches Kernholz, das besonders beständig gegen Schädlingsbefall ist. Solche Fenster hielten zwei Menschenalter. Heute hat man weder Zeit noch die Möglichkeit, unter vielen Holzabschnitten auszuwählen. Eine unglückliche Kombination von schlechtem Holz und ungeeigneter Außenbehandlung hat zur Folge, daß die heutigen Fenster oftmals in schlechtem Zustand sind. Ein großer Teil der in den letzten dreißig Jahren eingebauten Fenster muß heute bereits wieder ausgewechselt werden.

Der Holzeinschlag und die Lagerung

Nach einer alten Regel findet der Holzeinschlag im Winter statt, so daß die Stämme transportiert und im späten Winter aufgesägt werden können. Wenn der Boden gefroren ist, lassen sich die Stämme leichter aus dem Wald schaffen. Das Einschlagholz wird dann auch nicht so leicht von Insekten befallen. Im Frühjahr, wenn das Holz seine geringste Feuchtigkeit hat, wird das gesägte Holz in Stapeln im Freien getrocknet. Im Juni ist das Holz lufttrocken, was bedeutet, es enthält 17–25 Gewichtsprozent Wasser. Jetzt ist das Holz zur Verarbeitung bereit.

Holz von besserer Qualität, das für Schreinerarbeiten an Fenstern und Innentreppen benutzt wird, muß ein weiteres Halbjahr gelagert werden. Die Zellstruktur bekommt so Zeit für den Prozeß vom lebenden Baum zum aufgesägten Holz. Man weiß aus Erfahrung, daß diese langwierige Behandlung dem Holz gut tut.

Heute gilt diese Methode als unrationell. Sie dauert zu lange, wird damit zu teuer und bringt keinen Profit. Deshalb hat man in größerem Umfang begonnen, Holz in speziellen Holztrocknern „luftzutrocknen". Im Prinzip bedeutet dies, daß ein Baum aus dem Wald nach einigen Wochen schon als gesägtes und gehobeltes Holz in den Hausbau eingehen kann. Solches schnellgetrocknetes Holz hat die Tendenz sich zu verwerfen und leichter zu reißen als lange gelagertes. Man vermutet, daß auch die Temperatur- und Feuchtigkeitsverhältnisse in diesen Holztrocknern einen idealen Nährboden für Schimmelpilze abgeben, die latent immer im Holz ruhen.

DER AUFBAU EINES BAUMSTAMMES

Ein Holzstamm besteht im Querschnitt aus einem härteren Kern mit weicherem, ihn umgebenden Außenholz. Durch ein Mikroskop gesehen besteht ein Baumstamm aus einer größeren Menge kleiner Zellen und Kanäle. In diesen werden Wasser und Nährstoffe zwischen Wurzel und Krone transportiert. Der Stamm wächst in den Außenschichten. Für jedes Jahr wird ein deutlicher Jahresring sichtbar. Jeder Jahresring besteht aus einem breiteren, hellen Teil und einem schmaleren, dunklen. Der hellere Teil zeigt die Wuchsgeschwindigkeit während der warmen Jahreszeit. Der dunkle, schmalere Ring verdeutlicht den Zuwachs während der kalten Zeit.

Eine Kiefer, die in Nordskandinavien wächst, hat dichtere Jahresringe als eine Kiefer aus südlicheren Gebieten. Im Norden braucht ein Baum längere Zeit, bis er seine Einschlagreife erreicht. Dies gibt besseres und widerstandsfähigeres Holz, als eine schnellwüchsige Kiefer aus dem Süden.

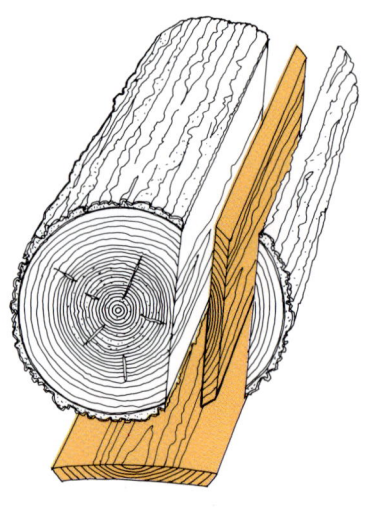

Der Stamm zeigt im Querschnitt das dichtere und harzreichere Kernholz. In der Mitte und darum liegt das porösere Splintholz. Ein geschnittenes Brett besteht in der Mitte aus Kernholz und außen aus Splintholz.

SCHRUMPFEN UND QUELLEN

Man sagt, Holz sei ein lebendes, ständig arbeitendes Material. Mit der Zeit haben sich Grundregeln für die Arbeit mit Holz entwickelt. Der sachkundige Tischler weiß, wie Holz arbeitet. Er verbindet geeignete Hölzer mit Hilfe seines Wissens und seiner Erfahrung.

Holz besitzt die Tendenz, seine Feuchtigkeit an die Luftfeuchtigkeit der Umgebung anzupassen. Je mehr Feuchtigkeit das Holz aufnimmt, desto mehr dehnt es sich in Breite und Stärke aus. Beim Bau von Holzbooten wird diese Eigenschaft sinnvoll genutzt. Das Boot wird auf Land aus trockenem Holz gebaut. Sobald es zu Wasser gelassen wird, quillt das Holz auf, und alle Fugen werden dadurch dicht. Ein massiver Holzfußboden ist ein anderes Beispiel. Heute schrumpfen die Fußbodenbretter durch die trockene Zentralheizungswärme, so daß sich an den Stößen Ritzen bilden. Früher quollen die Bodendielen jedes Mal, wenn man scheuerte, durch das Wasser auf.

Schnellwüchsiges Holz mit breiten Jahresringen ist porös und nimmt mehr Feuchtigkeit auf als dichtes Material. Das bedeutet gleichzeitig, daß es durch Verdunstung auch mehr schrumpft.

So wird Holz richtig getrocknet

Je astreicher und unregelmäßiger Holz ist, um so ungleichmäßiger schrumpft es. Es besteht ein erhöhtes Risiko für Risse und Verwerfungen. Das poröse Splintholz trocknet auch anders als das kompakte Kernholz. Ein Brett hat auf einer Seite natürlicherweise mehr poröses Splintholz als auf der anderen. Dies hängt davon ab, wie es aus dem Stamm geschnitten wurde. Als Folge davon schrumpft die Splintholzseite mehr als die Kernholzseite, so daß die Bretter sich im Querschnitt krümmen. Die Brettseite, welche am meisten Wärme und Belüftung erhält, schrumpft am schnellsten. Ein Beispiel hierfür ist ein auf dem Boden liegendes Brett. Die Erde gibt an die Unterseite Feuchtigkeit ab, und die Sonne trocknet die Oberseite. Ein anderes Beispiel ist gestapeltes Holz. Die oberste Lage verzieht sich unter der Einwirkung von Sonne und Luft, die obersten Bretter trocknen ungleichmäßig, da sie nach oben die Feuchtigkeit abdunsten. Diese Bretter sehen nach einigen Tagen wie „Propeller" aus.

Am besten werden Bretter waagerecht aufgeschichtet. Zwischen jede Brettlage wird eine Holzleiste gelegt. Dank des entstandenen Zwischenraums kann die Feuchtigkeit auf beiden Seiten gleichmäßig verdunsten. Der Holzstapel wird mit Platten oder einer Plane abgedeckt, so daß er gegen Regen und direkte Sonnenbestrahlung geschützt ist. Auf diese Weise wird das teure Holz nicht zu großen und schädlichen Temperatur- und Luftfeuchtigkeitsschwankungen ausgesetzt.

Das Holz trocknet am schnellsten an den Enden, da die Feuchtigkeit durch das Hirnholz zuerst verdunstet. Hier treten deshalb oft Risse auf. Ist man sehr sorgfältig, kann dieses durch einen Anstrich der Enden mit Holzöl oder Farbe, die schnellem Austrocknen entgegenwirkt, verhindern. Trotzdem sind Risse an den Brettenden kein größeres Problem, da Holz für gewöhnlich auf genaue Längen zugeschnitten wird und die Endstücke so meistens abgeschnitten werden.

Legen Sie immer Abstandsleisten zwischen die Holzlagen, so daß die Bretter von allen Seiten belüftet werden.

Wählen Sie das Holz sorgfältig aus

Es ist schon viel gewonnen, wenn man von Anfang an gerade gemasertes Holz ohne größere Äste aussucht. Betrachten Sie die Bretter gewissenhaft. Haben Sie bereits in der Holzhandlung die Tendenz sich zu verziehen, wird sich der Zustand später nur noch verschlechtern.

Das Holz sollte einen aufgeschnittenen Kern haben. Achten Sie auf das Hirnholz. Ist das Zentrum des Kerns noch in der Brettmitte, entstehen während des Trocknungprozesses starke Spannungen mit Rißbildung als Folge. Beachten Sie die Lage der Jahresringe im Hirnholz. Holz mit dichten Jahresringen schrumpft weniger als Holz mit weit auseinanderstehenden.

Fichte und Kiefer

Manchmal ist es wichtig, den Unterschied zwischen Fichten- und Kiefernholz zu erkennen. Kiefer ist bei der Konstruktion von Toren und Verandageländern vorzuziehen und ist härter und schwerer als Fichte. Ihr Holz ist dichter, hat einen dunklen Kern und helleres Splintholz. Man sagt, daß Kiefernholz mit der Zeit unter der Einwirkung ultravioletten Lichtes reift. Es wird dunkler, und der Kern tritt stärker hervor.

Fichtenholz ist poröser und leichter als Kiefer. Es ist heller und besitzt keinen ausgeprägten Kern. Kiefernäste wachsen schräg nach oben und erscheinen deshalb in einem Kiefernbrett oftmals oval. Da Fichtenholz langmaserig, elastisch und leicht ist, eignet es sich sehr gut als Konstruktionsholz für Dachstühle und Fachwerkwände. Fichtenbretter mit kleinen Ästen werden für Außenverkleidungen von Wänden und Holztrennwände benutzt. Weder der Kern noch die Äste sind nach dem Anstrich sichtbar.

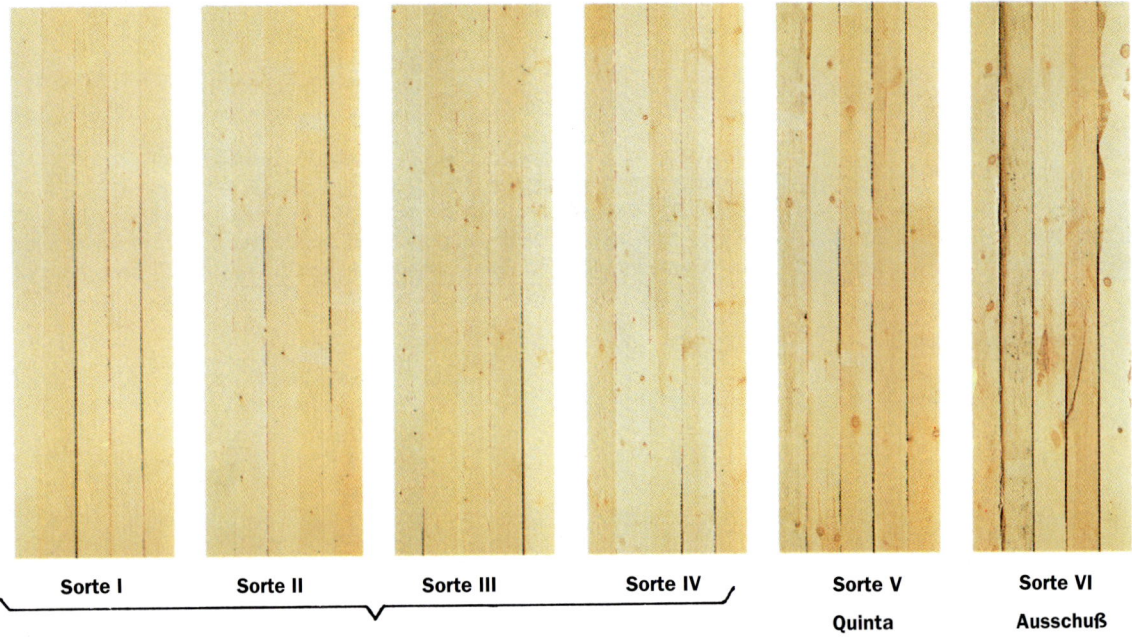

Sorte I | Sorte II | Sorte III | Sorte IV | Sorte V Quinta | Sorte VI Ausschuß

unsortiert

SORTIERUNG DER VERSCHIEDENEN QUALITÄTEN

Beim Kauf größerer Mengen Holz ist es vorteilhaft, die Holzqualitäten bestimmen zu können. Bei kleinen Mengen besteht die Möglichkeit, sich die geeigneten Bretter im Handel selbst auszusuchen. Holz wird in verschiedene Güteklassen eingeteilt. In Schweden ist Klasse „I" die beste und „VI" die schlechteste Qualität. Klasse „I" ist vollkommen astfrei und ohne weitere Mängel. Als teuerste Qualität wird sie meist für die Furnierherstellung genutzt, Klasse „II" darf vereinzelte kleine Fehler haben und wird zu Leisten, Futtern und Rundstäben verarbeitet. Klasse „III" darf äußerlich einige Fehler und kleine Äste haben. Wenn man über optische Details des Holzes spricht, unterscheidet man gewöhnlich Vorder- und Rückseite. Klasse „IV" und „V" dürfen Äste besitzen und in größerem Umfang auch andere Fehler. Sorte „VI" schließlich hat große Äste, Risse und teilweise Kanten mit Schwarte.

Um die Klassifizerung zu vereinfachen, nimmt man gewöhnlicherweise eine gröbere Einteilung in drei Klassen vor. Sorte „I" bis „IV" wird „unsortiert" genannt. Die Klasse „V" nennt man „Quinta", und die schlechteste Sorte heißt „Ausschuß". In Deutschland werden die Güteklassen etwas anders benannt, entsprechen aber in etwa den schwedischen Klassen. Fragen Sie im Zweifel in Ihrer Holzhandlung oder im Baumarkt nach.

Ausführliche Bestimmungen gelten auch für Konstruktionsholz, in Schweden „T-Holz" genannt. Es wird für Dachstühle und andere tragende Konstruktionsteile, bei denen besondere Ansprüche an die Haltbarkeit gestellt werden, benutzt. Bei der Sortierung ist die Tragfähigkeit von Bedeutung. Der Faserverlauf muß der Längsrichtung des Holzes folgen, Äste dürfen das Holz nicht geschwächt haben.

MASSE FÜR UNGEHOBELTES UND GEHOBELTES HOLZ

Holz wird ungehobelt, angehobelt oder gehobelt angeboten. Ungehobeltes Holz ist rundherum ungehobelt. Angehobeltes Holz hat drei gehobelte und eine ungehobelte Seite. Solches Holz hat exaktere Maße als ungehobeltes. Es ist beispielsweise sehr wichtig, daß Bretter, die als Außenpaneele benutzt werden, gleichmäßig stark sind.

Die Auswahl des Holzes wird nach Qualität und Aussehen getroffen. Wenn Sie selbst tischlern, wählen Sie gute Qualität und lieber etwas zu große Abmessungen – so erhalten Sie ein zufriedenstellendes Resultat.

Illustration: Träinformation

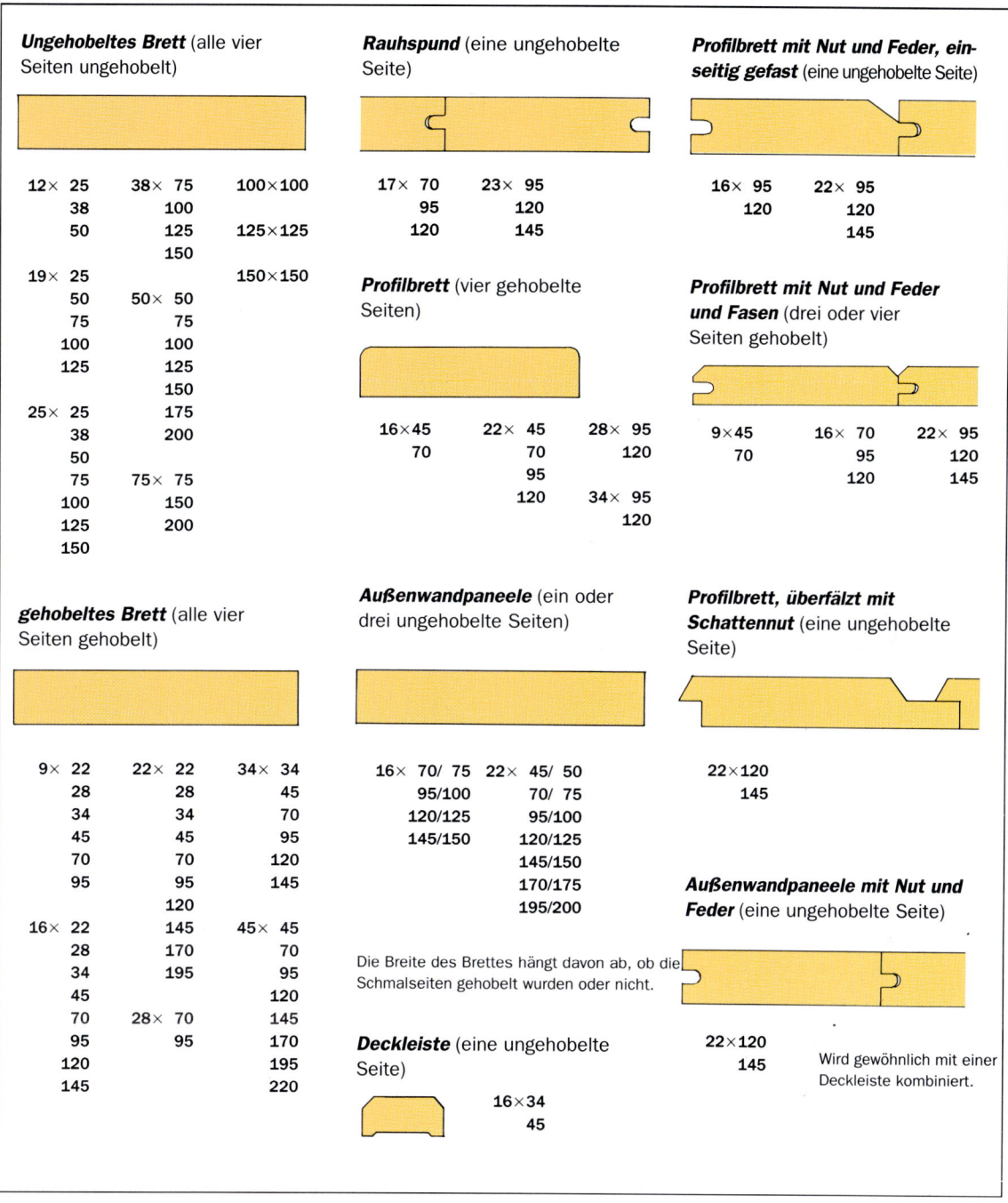

Ungehobeltes Brett (alle vier Seiten ungehobelt)

12× 25	38× 75	100×100
38	100	
50	125	125×125
	150	
19× 25		150×150
50	50× 50	
75	75	
100	100	
125	125	
	150	
25× 25	175	
38	200	
50		
75	75× 75	
100	150	
125	200	
150		

gehobeltes Brett (alle vier Seiten gehobelt)

9× 22	22× 22	34× 34
28	28	45
34	34	70
45	45	95
70	70	120
95	95	145
	120	
16× 22	145	45× 45
28	170	70
34	195	95
45		120
70	28× 70	145
95	95	170
120		195
145		220

Rauhspund (eine ungehobelte Seite)

17× 70	23× 95
95	120
120	145

Profilbrett (vier gehobelte Seiten)

16×45	22× 45	28× 95
70	70	120
	95	
	120	34× 95
		120

Außenwandpaneele (ein oder drei ungehobelte Seiten)

16× 70/ 75	22× 45/ 50
95/100	70/ 75
120/125	95/100
145/150	120/125
	145/150
	170/175
	195/200

Die Breite des Brettes hängt davon ab, ob die Schmalseiten gehobelt wurden oder nicht.

Deckleiste (eine ungehobelte Seite)

16×34
45

Profilbrett mit Nut und Feder, einseitig gefast (eine ungehobelte Seite)

16× 95	22× 95
120	120
	145

Profilbrett mit Nut und Feder und Fasen (drei oder vier Seiten gehobelt)

9×45	16× 70	22× 95
70	95	120
	120	145

Profilbrett, überfälzt mit Schattennut (eine ungehobelte Seite)

22×120
145

Außenwandpaneele mit Nut und Feder (eine ungehobelte Seite)

22×120
145

Wird gewöhnlich mit einer Deckleiste kombiniert.

Auswahl aus dem Standardsortiment des Baustoffhandels. Quelle: Träinformation

Die gesägte Seite liegt dann außen und bildet einen guten Untergrund für die Farbe. Man unterscheidet in Schweden gesägte und feingesägte – d. h. nach der Trocknung gesägte – Oberflächen. Eine mit der Kreissäge bearbeitete Oberfläche hat durch die Sägezähne verursachte schrägverlaufende Riefen. Eine Oberfläche, die mit einer Band- oder Gattersäge bearbeitet wurde, hat gerade Riefen, die quer über das Brett laufen. Heute ist im allgemeinen jedes Holz vierseitig gehobelt und hat oftmals abgerundete Kanten.

Die Abmessungen der Bretter werden traditionell oft in Zoll-Maßen angegeben (1 Zoll = ca. 25 mm), ob gehobelt oder ungehobelt. Es ist jedoch üblich, die Maße immer in Millimetern anzugeben. Ein 1 × 4-Zoll-Brett hat ungehobelt 25 × 100 mm, angehobelt 23 × 95 mm und gehobelt 22 × 95 mm.

KESSELDRUCKIMPRÄGNIERTES KIEFERNHOLZ

Für bestimmte Holzkonstruktionen im Freien ist es selbstverständlich, kessel-druckimprägniertes Holz zu verwenden. Dies gilt besonders für Zaunpfosten, Rostböden, Holztreppen u. v. m. Für andere Bauteile ist es vielleicht nicht immer notwendig, aber trotzdem langfristig empfehlenswert. Schreinert man selbst, will man ein gutes Resultat erzielen und eine Konstruktion erhalten, die haltbar ist und so wenig Pflege wie möglich erfordert.

Unbehandelt oder behandelt

Druckimprägniertes Holz ist teuer, besonders wenn man gute Qualitäten in stärkeren Abmessungen ohne größere Äste kaufen möchte. Ich habe mir selbst eine Terrasse auf dem Grundstück meines Sommerhauses gebaut. Da diese Terrasse nicht mit einem Dach ausgestattet wurde und deshalb Sonne, Regen und Schnee ausgesetzt ist, wählte ich starke Abmessungen, 34 × 170 mm. Das ergab natürlich keinen niedrigen Quadratmeterpreis, aber ich erhielt einen Holzboden, der sehr lange halten wird und nur minimale Pflege erfordert. Von diesem Gesichtspunkt aus gesehen, ist der Preis dann gar nicht so hoch. Ich habe mich dazu entschlossen, die Oberfläche nicht mit Öl zu behandeln. Die unbehandelte Holzoberfläche bekam eine natürliche, hübsche graue Farb-nuance. Nach dem Regen trocknet das Holz schnell, und man geht darauf warm und behaglich. Es ist eine Geschmackssache, ob man einen Holzboden unbehandelt oder geölt haben möchte. Das Öl wirkt äußeren Haarrissen entge-gen und vermindert das Eindringen von Feuchtigkeit. Aber der Boden erhält mit der Zeit einen ziemlich dunklen und leicht schmutzig wirkenden Farbton, und zwar auch dann, wenn Sie farbloses Öl benutzt haben. Auf einer geölten Holz-oberfläche bleibt außerdem das Wasser länger stehen. Pigmentiertes Öl, soge-nannte Lasur, gibt dem Holz eine Färbung. Trockenes, kesseldruckimprägnier-tes Holz kann mit Acryl-, Alkyd- oder Leinölfarbe deckend gestrichen werden.

So wird das Holz imprägniert

Bei der Kesseldruckimprägnierung von Kiefernholz wird das Holz auf industriel-lem Wege mit einer Holzschutzlösung auf Wasserbasis tiefimprägniert. Die wirksamen Bestandteile sind Salze, die im Holz gebunden werden und auf diese Weise Pilz- und Insektenbefall entgegenwirken.
Die Imprägnierung führt man in einer langen Röhre durch. Sie hat einen Durch-messer von 1,5 m und eine Länge von 15–20 m. Das zu imprägnierende Holz fährt man auf Wagen dort hinein und verschließt die Röhre. Danach wird sie mit Holzschutzlösung gefüllt. In der Röhre herrscht ein Druck von bis zu 10 kg/cm². Die Dauer hängt von den Abmessungen des Holzes ab. Nur Kiefern-holz kann druckimprägniert werden. Der Zellaufbau bei Fichtenholz bewirkt, daß die Holzschutzlösung nicht in das Holz eindringen kann.

Imprägnierung – ein effektiver Schutz

Kesseldruckimprägniertes Holz kann in den meisten Standardabmessungen er-worben werden. Mit Imprägniersalzen behandeltes Holz hat eine hellgrüne Farbe. Es kann wie gewöhnliches Holz gesägt, gehobelt oder verleimt werden. Die Belastbarkeit verändert sich durch die Imprägnierung gewöhnlich nicht. Ver-feuern Sie kesseldruckimprägniertes Holz nicht, Reststücke müssen entsorgt werden. Nägel, Schrauben, Bolzen und Metallbeschläge, die zusammen mit druckimprägniertem Holz verwendet werden, sollten feuerverzinkt oder aus rostfreiem Stahl sein.

Holz wird zur Imprägnierung in eine lange Druckkammer geschoben. Hier erhält das Kiefernholz eine effektive Tiefen-imprägnierung bis ins Kernholz.
Foto: Svenska Träskydds-institutet

Druckimprägniertes Holz ist effektiv gegen holzzerstörende Organismen geschützt und hat eine mehrfach längere Lebensdauer als unimprägniertes Holz. Druckimprägniertes Holz, im Boden eingegraben, wird normalerweise mindestens 30 Jahre halten.

Der Schutz durch aufgestrichene Imprägniermittel kann nicht mit der Druckimprägnierung verglichen werden. Durch Tauchen oder Streichen erhält man nur einen sehr oberflächlichen Schutz.

Holzschutzklassen

Nach skandinavischem Standard gibt es 4 verschiedene Holzschutzklassen: M, A, AB und B. Ist die Imprägnierung durch eine autorisierte Firma ausgeführt worden, wird das Holz mit NTR und der entsprechenden Klasse gestempelt. NTR steht für „Nordiska Träskyddsraadet". Holz der Klasse M ist für Konstruktionen geeignet, die von maritimen Holzschädlingen angegriffen werden könnten, z. B. der Bohrmuschel. Klasse M wird auch für extremen Bedingungen ausgesetzte Konstruktionen verwandt, wie Holztelefonmasten. Die Imprägnierung wird oft mit Braunkohlenteeröl ausgeführt, welches bis in das Kernholz eindringt (in Deutschland ist Carbolineum = Steinkohlenteeröl gebräuchlicher).

Nach der Klasse A imprägniertes Kiefernholz wendet man überall dort an, wo ein besonderes Risiko für Pilz- und/oder Insektenbefall besteht. Die Imprägnierung führt man mit wasserlöslichen, bis ins Kernholz dringenden Grundstoffen durch. Holz der Klasse A, das wir umgangssprachlich „druckimprägniert" nennen, wird für viele Schreinerarbeiten im Freien benutzt.

Der Unterschied zwischen Klasse A und AB besteht darin, daß AB nur zur Verwendung über dem Boden empfohlen wird, während A auch Bodenkontakt verträgt.

Nach der Klasse B imprägniertes Holz finden wir bei Holzfenstern und -gartenmöbeln. Klasse B wird normalerweise durch Vakuumimprägnierung mit öllöslichen Holzschutzmitteln erreicht. Mindestens 10 mm tief muß das Mittel in die Holzoberfläche eindringen. Das Holz darf nach der Imprägnierung nicht weiter bearbeitet werden.

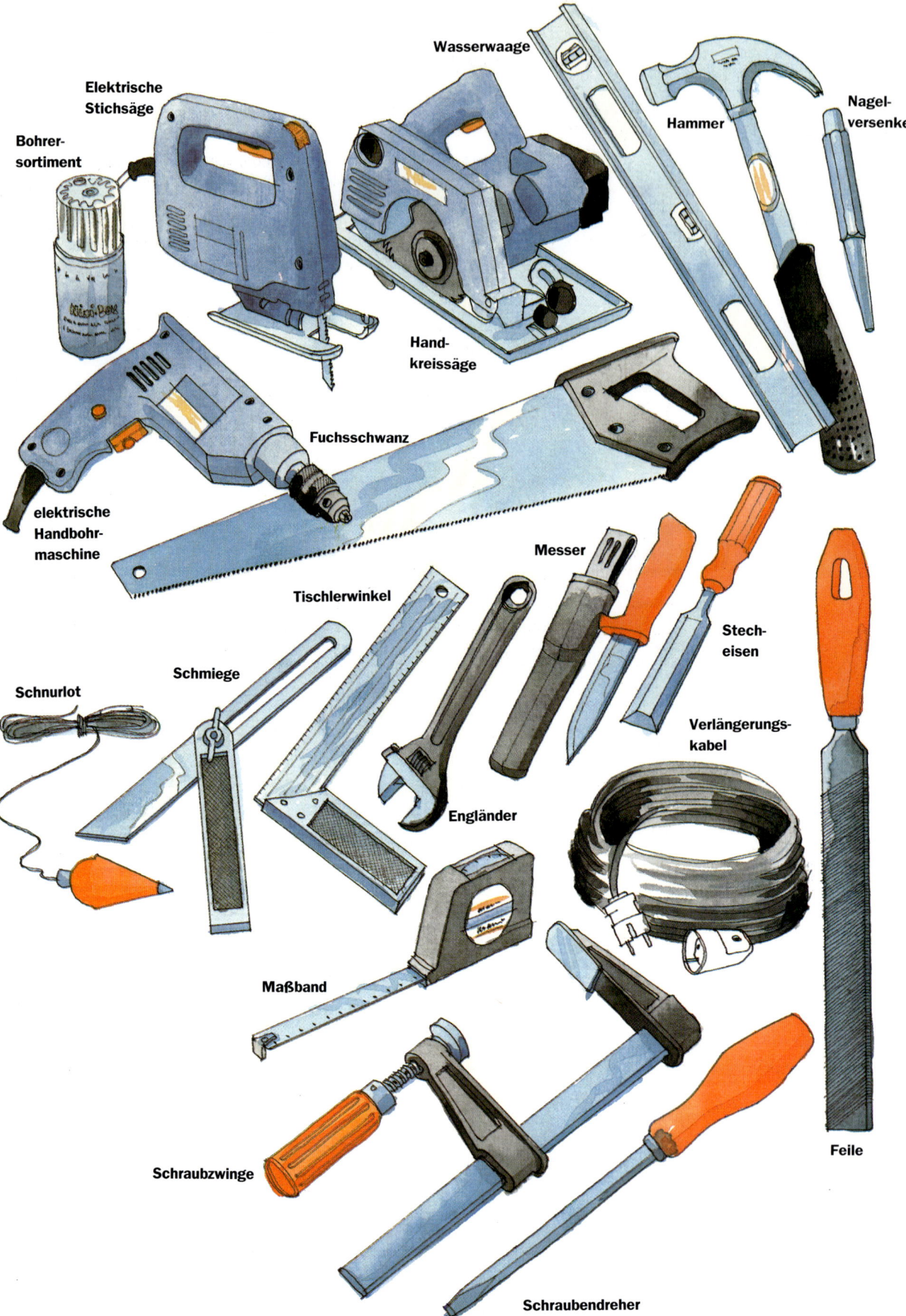

Bohrer-
sortiment

Elektrische
Stichsäge

Wasserwaage

Hammer

Nagel-
versenker

Hand-
kreissäge

Fuchsschwanz

elektrische
Handbohr-
maschine

Tischlerwinkel

Messer

Stech-
eisen

Schmiege

Schnurlot

Verlängerungs-
kabel

Engländer

Maßband

Schraubzwinge

Feile

Schraubendreher

Werkzeuge und Maschinen

Um Schreinerarbeiten am Haus auszuführen, benötigt man keine besonders ausgerüstete Werkstatt. Viele Arbeitsschritte sind einfach, wenn Sie z. B. eine Holzwand oder eine Terrassenabdeckung bauen wollen. Es handelt sich dabei um gröbere Arbeiten, bei denen meist nur mit der Säge Holz auf Länge geschnitten und anschließend vernagelt wird. Vielleicht ist dies eine Begründung dafür, warum viele Menschen diese Do-it-yourself-Arbeiten gern auf ihrem Grundstück ausführen.

Auch wenn ein großer Teil der Arbeit aus Zuschnitt- und Nagelarbeiten besteht, muß man doch sorgfältig arbeiten, um ein gutes Resultat zu erhalten. Die Bretter sollen auf exakte Länge und außerdem rechtwinklig oder auch auf Gehrung zugeschnitten werden. Nägel der richtigen Maße müssen verwendet und an der richtigen Stelle eingeschlagen werden, ohne unbeabsichtigt schräg zu verlaufen. Außerdem dürfen um die Nagelköpfe herum keine häßlichen Abdrücke durch den Hammer entstehen.

DIE AUSRÜSTUNG DES HOBBYTISCHLERS

Unsere Liste gibt Ihnen die Werkzeuge und Maschinen an, mit denen man die meisten vorkommenden Arbeiten am Haus und beim einfacheren Hausbau durchführen kann.

Fuchsschwanz	Tischlerwinkel	Putzhobel
elektrische Stichsäge	Schmiege	elektrischer Handhobel
elektrische Handkreissäge	Wasserwaage	elektrische Handbohr-
Tischkreissäge	Lot/Richtschnur	maschine
Tischlerhammer	Zollstock/Maßband	Bohrersortiment
großer Versenker	Messer	Verlängerungskabel
großer Schraubendreher	breites Stecheisen	Schraubzwingen
verstellbarer Schrauben-	grobes Sandpapier	Arbeitsböcke
schlüssel (Engländer)		

Der **Fuchsschwanz** ist eine Säge mit breitem Blatt und relativ feinen Zähnen. Mit einer Säge, die eine sog. Universalzahnung hat, kann man sowohl im Quer- als auch im Längsholz arbeiten. Normalerweise sind die Zähne gehärtet. Das bedeutet, daß die Säge länger scharf bleibt, aber nicht mehr nachgeschliffen werden kann. Die Säge kann auch als Tischlerwinkel benutzt werden, wenn der Handgriff verstellbare Anschläge von 90° und 45° besitzt.

Die **elektrische Stichsäge** kann in Holz bis zu einer Stärke von 34 mm auch geschwungene Linien sägen. Sie bewältigt auch 45 mm starkes Holz, wenn Sie ein neues Sägeblatt verwenden und mit vorsichtigem Vorschub arbeiten. Man darf auf keinen Fall zu stark drücken. Das Sägeblatt muß ausreichend Zeit haben, das Holz zu sägen.

Die Stichsäge ist in diesem Zusammenhang kein unbedingt notwendiges Werkzeug. Sie ist nicht exakt genug, um für gerade Schnitte verwendet zu werden. Manchmal ist sie jedoch praktisch. Ich selbst habe mit einer elektrischen Stichsäge saubere Aussparungen in Holzböden auf Terrassen ausgeführt, um Fallrohre durchführen zu können. Bei anderen Gelegenheiten habe ich lange Dachverblendungen verziert und Spitzen für Zaunlatten geschnitten.

Die **Handkreissäge** ist ebenfalls nicht unbedingt notwendig, sie gehört jedoch zur Werkstattausrüstung der Bauschreiner. Sie verfügt über ein verstellbares Blatt, so daß die Schnittiefe verstellt werden kann. Das Blatt läßt sich auch schräg stellen. Mit dem seitlichen Parallelanschlag können auch lange Bretter längs geschnitten werden. Unter- und Oberkante einer Plankenwand können mit einer Handkreissäge mit einem Schnitt sauber begradigt werden. Dazu wird die Säge an geraden, aufgenagelten Holzleisten geführt. Dies ist auch an der Unterkante einer Holzfassade möglich. Mit schräggestelltem Sägeblatt erhält man eine gute Abtropfkante an der Unterkante einer Holz- oder Außenwand. Wenn Sie die Bretter einzeln zuschneiden, wird der Schnitt unregelmäßig und ungenau. Legen Sie immer die Rückseite des Arbeitsstückes nach oben, da die Kante hier am leichtesten splittert.

Befestigen Sie das Arbeitsstück sicher, was besonders für kleinere Stücke gilt, die nur schwer zu halten sind. Die Handkreissäge verursacht nach der Statistik häufig Finger- und Handverletzungen. Beachten Sie deshalb alle Sicherheitsvorschriften.

Die **Tischkreissäge** ist sehr nützlich, wenn Sie ein Haus bauen wollen, das größer als ein kleiner Schuppen ist. Wählen Sie eine leichte, kompakte und kräftige Tischkreissäge, deren Untergestell fest auf dem Boden steht. Sie kann sowohl zum Kürzen, als auch für Längsschnitte benutzt werden und bewältigt Schnittiefen von 100–120 mm. Zum Kürzen benutzt man entweder einen Zusatztisch mit Rollen oder einen Seitenanschlag, der aus einigen längeren Kanthölzern und einem Bock in passender Höhe hergestellt wird. Als Längenanschlag befestigen Sie einen Holzklotz mit Schraubzwinge oder nur einen Nagel. Auf diese Weise kann man viele Bretter auf die selbe Länge schneiden, ohne messen und anreißen zu müssen. Beim Hausbau sind eine Menge aufrechter Ständer, Riegel, Paneele und Deckleisten der selben Länge zu schneiden. Für eine Holzwand oder einen Zaun gilt dasselbe.

Mit Hilfe der Tischkreissäge erhalten Sie rechtwinklige Schnitte von großer Präzision. Zu ihren weiteren Vorteilen gehört, daß sowohl Blatt als auch Anschlag im gewünschten Winkel schräg gestellt werden können. Mit der Tischkreissäge können Sie auch Falze und Nuten herstellen.

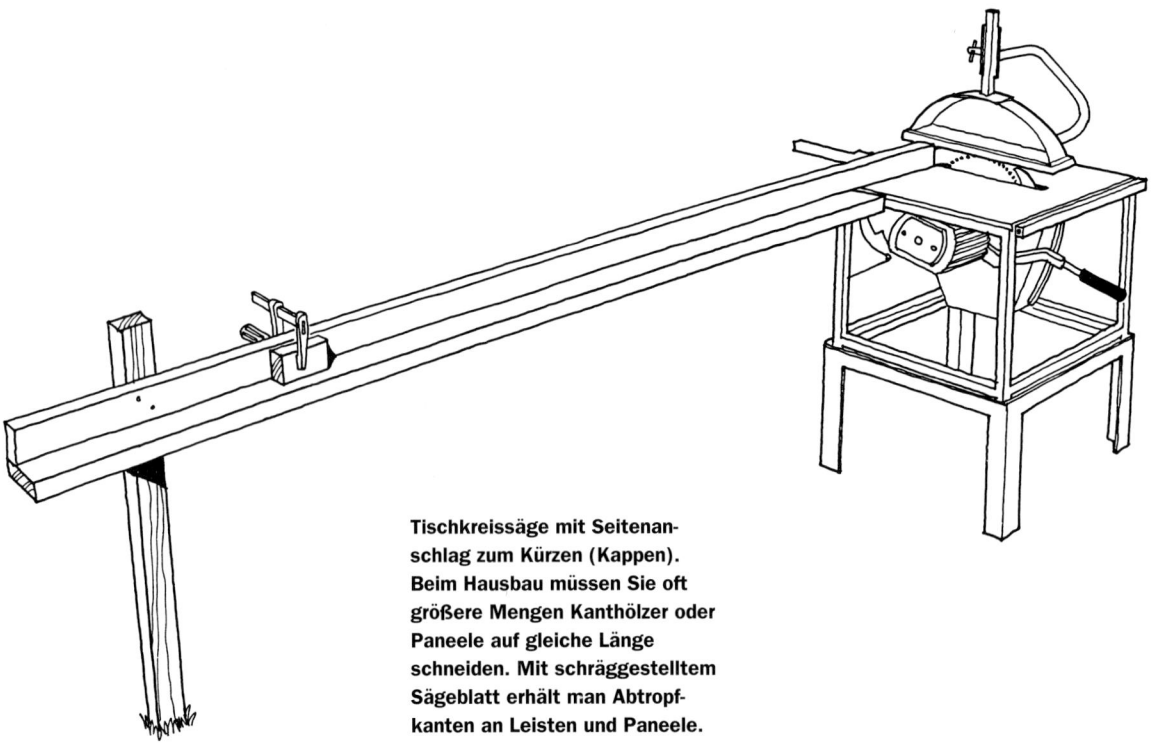

Tischkreissäge mit Seitenanschlag zum Kürzen (Kappen). Beim Hausbau müssen Sie oft größere Mengen Kanthölzer oder Paneele auf gleiche Länge schneiden. Mit schräggestelltem Sägeblatt erhält man Abtropfkanten an Leisten und Paneele.

Schlagen Sie senkrecht auf den Nagelkopf, und behalten Sie den Nagel im Auge, wenn Sie zuschlagen.

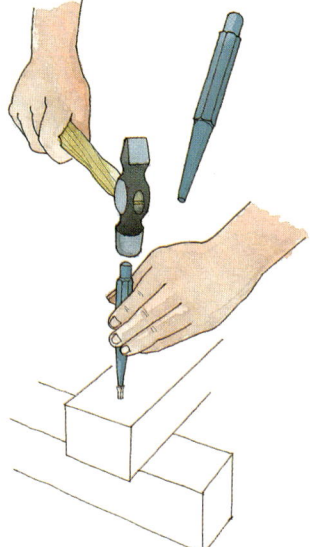

Mit Hilfe eines Nagelversenkers treiben Sie das letzte Stück des Nagelkopfes in das Holz. So lassen sich Abdrücke des Hammers im Holz vermeiden.

Mit der Klaue des Hammers lassen sich große und kleine Nägel ziehen. Mit einer kleinen Unterlage verhindern Sie häßliche Abdrücke im Holz.

Der **Tischlerhammer** ist ein Werkzeug, das großen Belastungen ausgesetzt ist. Wählen Sie deshalb einen Qualitätshammer. Der Kopf des Hammers sollte gehärtet sein, damit die Schlagfläche eben bleibt. Die richtige Härtung und Abrundung der Schlagfläche ist außerdem für die Sicherheit von Bedeutung. Bei einem Hammer schlechter Qualität können sich kleine Metallpartikel lösen und unter Umständen Augenverletzungen verursachen.

Ein Tischlerhammer sollte sich gut ausgewogen anfühlen und einen bequem geformten Griff haben. Ein Gummihandgriff dämpft die Erschütterungen. Wenn Sie einen ganzen Tag lang nageln und z. B. ein Hausgebälk oder einen Freisitz errichten, merken Sie schnell, ob Sie den richtigen oder falschen Hammer gewählt haben.

Schlagen Sie gerade auf den Nagelkopf, und behalten Sie den Nagel, den Sie einschlagen wollen, im Auge. Halten Sie den Hammer unten am Schaft, und schlagen Sie nicht zu hart zu. Führen Sie den Nagel mit den Fingern, so daß er von Anfang an gerade eindringt. Hat das Holz die Tendenz zu spalten oder ist es sehr hart, kann es vorteilhaft sein, die Nagellöcher vorzubohren.

Beachten Sie, daß die Schlagfläche des Hammers frei von Fett- und Leimresten bleibt. So vermeiden Sie, daß der Hammer unnötig abrutscht. Säubern Sie die Schlagfläche mit grobem Sandpapier.

Ziehen Sie große Nägel mit Hilfe der Hammerklaue aus, kleine Nägel mit einer Kneifzange. Eine Unterlage unter Hammer oder Zange schützt das Holz gegen häßliche Abdrücke, wenn der Nagel ausgezogen wird.

Da ein Nagel die Konstruktion zusammenzieht, sollte er immer mit einem Extraschlag am Ende vollständig eingeschlagen werden. Dabei passiert es leicht, daß der Hammer einen Abdruck rund um den Nagelkopf hinterläßt. Dies können Sie vermeiden, indem Sie einen Nagelversenker benutzen. Mit dessen Hilfe wird der Nagelkopf ins Holz eingeschlagen. Senkkopfnägel haben hierfür einen speziell geformten Kopf.

Den **Schraubendreher** und den **verstellbaren Schraubenschlüssel** (Engländer) benutzt man zum Eindrehen von Schrauben; Bolzen und Muttern werden zusammengezogen, Balkenschuhe und andere Baubeschläge werden damit montiert. Ein Schraubendreher sollte nicht zu klein sein, sonst wird er leicht beschädigt und hat ein schlechtes Drehmoment. Auch der Schlitz der Schraube kann beschädigt werden.

Noch besser als ein verstellbarer Schraubenschlüssel sind Ringschlüssel, wenn Bolzenschrauben angezogen werden sollen. Dies gilt sowohl für durchgehende Bolzen mit Mutter als auch für Sechskantschrauben mit Holzgewinde.

Tischlerwinkel und **Schmiege** sind zwei wichtige Werkzeuge, die zum Anreißen der Sägeschnitte benutzt werden. Wer ohne Maschinen arbeitet und jedes Brett und jeden Schnitt einzeln messen und anreißen muß, braucht diese Werkzeuge unbedingt.

Mit einem Tischlerwinkel kontrollieren Sie Winkel von 90 und 45°. Bei einer Schmiege sind die Schenkel stufenlos verstellbar. Dies ist vorteilhaft, wenn Sie die Paneele für Giebelverkleidungen messen und anreißen. Vor kurzem habe ich selbst eine Außentreppe gebaut, bei der die Seitenstufen im 30°-Winkel an die vorderen Stufen angeschlossen wurden (siehe Seite 18). Hier war eine Schmiege zum Aufreißen der Gehrungen notwendig.

Die **Wasserwaage** sollte lang und schlagfest sein. Auf dieses Werkzeug kann man nicht verzichten, wenn man Zäune, Holzwände und Böden oder Häuser baut. Hiermit richtet man Zaunpfosten senkrecht und Bodenbretter waagerecht aus, wenn das Augenmaß nicht ausreicht. Es gibt viele Notwendigkeiten für die Anwendung einer Wasserwaage.

Lot und **Richtschnur** sind zwei weitere Hilfsmittel, die hier und da benötigt werden. Ein Lot läßt sich leicht mit einer Schnur und einem Gewicht herstellen. Hiermit kann man die lotrechte Ausrichtung z. B. eines Pfostens überprüfen. Die Richtschnur wird gerade zwischen zwei Punkten gespannt und markiert dadurch etwa die gedachte Oberkante einer Holzwand. Wird ein Hausfundament errichtet, markiert man dessen Oberkante mit vier gespannten Richtschnüren.

Zollstock und **Maßband** aus Stahl sind in jeder Werkstattausrüstung vorhanden. Am besten nehmen Sie einige Zollstöcke von zwei und ein Maßband von drei Metern Länge.

Schneidwerkzeuge. Ein Messer und ein breites Stecheisen sind zwei Schneidwerkzeuge, die man benötigt, um z. B. eine Kante zu fasen oder eine Aussparung auszustechen.

Einen kleinen Putzhobel aus Metall oder einen elektrischen Handhobel zählen wir auch zu den Schneidwerkzeugen. Ich selbst besitze einen kleinen Elektrohandhobel, der sehr hilfreich ist. Er verfügt über auswechselbare Wendeplatten aus Hartmetall und läßt sich gut zum Fasen von Kanten, Anpassen und Versäubern benutzen. Zum Schärfen der Schneidwerkzeuge benötigen Sie einen Schleif- oder einen Wetzstein.

Sandpapier. Wenn ich arbeite, habe ich eigentlich immer ein doppelt gefaltetes, grobes Sandpapier in der Tasche. So kann ich schnell unsaubere Kanten glätten, die sich am Sägeschnitt bilden. Es sieht sehr unsauber aus, wenn Holzfasern unten an einer Wand vorstehen oder an Stößen eines Holzbodens herausragen. Außerdem hält die Farbe an abgerundeten Kanten leichter.

Bohrmaschine. Eine elektrische Bohrmaschine, so sagt man, sollte jedermann besitzen. Heutzutage hat sie gewöhnlich ein kräftiges Futter, einstellbare Geschwindigkeit und Links- und Rechtslauf. Außerdem kann eine solche Bohrmaschine oft auch als Schlagbohrer benutzt werden, wenn Löcher in Stein und Beton notwendig sind.

Mit einer elektrischen Handbohrmaschine werden Löcher für Schrauben und Bolzen gebohrt. Vernageln Sie einen Terrassenboden aus Holz, und wollen Sie über einem 45 mm breitem Kantholz zwei Bretter zur Verlängerung aneinanderstoßen, müssen die Löcher für die Nägel sorgfältig vorgebohrt werden, damit das Hirnholz nicht spaltet.

Die stufenlos regulierbare Geschwindigkeit und der Links- und Rechtslauf sind sehr nützlich, wenn man die Bohrmaschine als Schraubendreher benutzen möchte. Hierzu wird eine Schraubspitze im Bohrfutter eingespannt.

Wenn man Spiralbohrer kauft, ist es oft am preisgünstigsten, ein Sortiment zu wählen. So erhält man verschiedene Bohrerstärken und oftmals gleichzeitig Steinbohrer mit Hartmetallschneide.

Verlängerungskabel. Vergessen Sie nicht ein langes und geprüftes Verlängerungskabel für Ihre Elektrowerkzeuge.

Schraubzwingen sind nützlich, wenn verschiedene Teile zusammengehalten, ausgerichtet und vernagelt werden sollen.

Arbeitsböcke sind eine praktische Auflage, wenn Bretter gesägt und bearbeitet werden sollen (siehe Seite 36).

Bewahren Sie Ihr Werkzeug richtig auf

Lassen Sie Ihr Werkzeug nicht über Nacht im Freien, auch wenn es nicht regnet. Es ist nicht viel Feuchtigkeit notwendig, um die Metalloberflächen rosten zu lassen. Mit einem Ölspray halten Sie Ihre Werkzeuge blank und sauber. Bewahren Sie sie in einer guten Werkzeugkiste auf.

Nägel, Schrauben und Beschläge

NÄGEL

Hölzer mit Nägeln zu verbinden ist eine einfache, schnelle und haltbare Methode. Eine gut ausgeführte Nagelverbindung hält genauso lange wie das Holz.

Es gibt viele verschiedene Nageltypen und Qualitäten unter denen Sie wählen können. Drahtnägel aus Eisen mit Flach- oder Senkkopf bilden die gewöhnlichste Sorte. Ein Drahtnagel mit flachem Kopf und geriffeltem Schaft ist der für Bau- und Schreinereizwecke im Freien benutzte Nageltyp. Es gibt drei verschiedene Oberflächenqualitäten: unbehandelt, galvanisch verzinkt und feuerverzinkt. Die ersten beiden Qualitäten rosten im Freien schnell. Deshalb sollte man immer Nägel mit feuerverzinkter Oberfläche benutzen. Rein chemisch gesehen wirkt die Zinkoberfläche als eine Schicht, die korrodiert bevor der Stahl selbst rostet. Korrosion an Stahl und Eisen bedeutet das gleiche wie Rost. Manchmal hört man, daß die feuerverzinkte Oberfläche auf Nägeln durch die Chemikalien in druckimprägniertem Holz negativ beeinflußt werden soll. Deshalb sollte man in speziell ungünstigen Lagen Nägel aus säurebeständigem, rostfreien Stahl verwenden. Dies gilt z. B. für einen Boden aus druckimprägniertem Holz, der direkt auf dem Grund liegt.

Senkkopfnägel mit konischem Kopf werden versenkt, etwa wenn Nägel unsichtbar sein sollen.

Die Abmessungen der Nägel werden durch Ziffern angegeben, z. B. 40 × 2,3, dabei gibt 40 die Länge und 2,3 die Stärke in mm an.

Die verschiedenen Nageltypen:

1. kleiner Senkkopfnagel mit gestauchtem Kopf, lackiert oder verzinkt. Wird für feinere Tischlerarbeiten, Leisten und Futter im Hause benutzt.

2. Pappnagel, feuerverzinkt. Für die Nagelung von Dachpappe und porösen Faserplatten, wie asphaltgetränkte Faserplatten.

3. Haubenstift, gekämmt. Zur Montage von Wellblechdächern und anderen Dachplatten.

4. Kammnagel, galvanisch verzinkt oder feuerverzinkt oder aus säurebeständigem, rostfreiem Stahl. Das spezielle Profil sichert den Nagel besonders gegen Zugkräfte. Die säurebeständige, rostfreie Qualität wird zum Beispiel für druckimprägniertes Holz in ungünstigen Lagen oder für den Saunabau verwendet. Ankernägel werden zusammen mit Beschlägen zum Beispiel für Sparrengebinde benutzt.

5. Schraubnagel. Gibt eine starke Verbindung, die Schrauben ersetzen kann.

6. Stahlnagel, runder Kopf. Wird für hartes Baumaterial wie Ziegel oder Betonstein benutzt.

7. Senkkopfnagel, gestauchter Kopf, quadratischer Querschnitt.

8. Drahtnagel, oben geriffelter Schaft, flacher Kopf. Standardnagel für Bau- und Tischlereizwecke. Unbehandelt, galvanisch verzinkt oder feuerverzinkt.

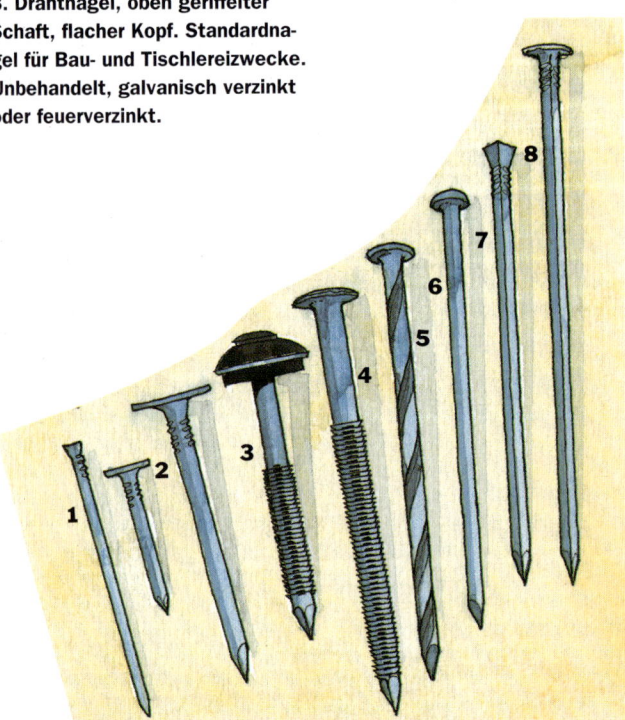

SCHRAUBEN UND BOLZEN

Schraubenabmessungen

Länge	
Zoll	**mm**
¼	6,4
⅜	9,5
½	12,7
⅝	16,0
¾	19,0
⅞	22,0
1	25,0
1 ¼	32,0
1 ½	38,0
1 ¾	45,0
2	51,0
2 ¼	57,0
2 ½	65,0
3	76,0
3 ½	90,0
4	100,0
5	130,0

Durchmesser	
Nr.	**mm**
1	1,80
2	2,15
3	2,50
4	2,80
5	3,15
6	3,45
7	3,80
8	4,15
9	4,50
10	4,80
12	5,45
14	6,15
16	6,80
18	7,50
20	8,15

Holzschrauben gibt es mit Flach- oder Senkkopf. Ein Beispiel für die Verwendung von Holzschrauben anstelle von Nägeln ist ein Zaun, bei dem die Latten vorfabriziert, vorgebohrt und vor der Montage außenbehandelt wurden. Ein anderes Beispiel ist die Herstellung einer Treppe oder eines Holzbodens mit Spalten zwischen den einzelnen Brettern. Verliert jemand etwa einen Goldring oder einen Schlüssel und er fällt unter den Boden, wird es sehr schwierig, diesen Gegenstand wieder hervorzuholen. Wenn man eines der Bretter mit Holzschrauben befestigt hat, kann es leicht demontiert und der verlorene Gegenstand wieder hervorgeholt werden.

Eine gewöhnliche Holzschraube wird für die Befestigung von Handgriffen oder Scharnieren benutzt.

Bolzen, d. h. Maschinenschrauben mit Gewinde und Mutter werden dort benutzt, wo besonders haltbare Verbindungen hergestellt werden müssen, wie bei Bodenankern in gegossenen Fundamenten. Maschinenschrauben haben einen sechskantigen Kopf, während Schloßschrauben oben abgerundet sind. Ein Vierkant unter dem Kopf bewirkt, daß die Schloßschraube sich nicht verdrehen kann, wenn die Mutter angezogen wird. Maschinen- und Schloßschrauben werden bei vorgebohrten und durchgehenden Löchern eingesetzt.

Sechskantschrauben sind kräftig, besitzen ein Holzgewinde und einen sechskantigen Kopf. Das Schraubloch wird vorgebohrt und die Schraube mit dem verstellbaren Schraubenschlüssel (Engländer) oder mit Ringschlüsseln angezogen.

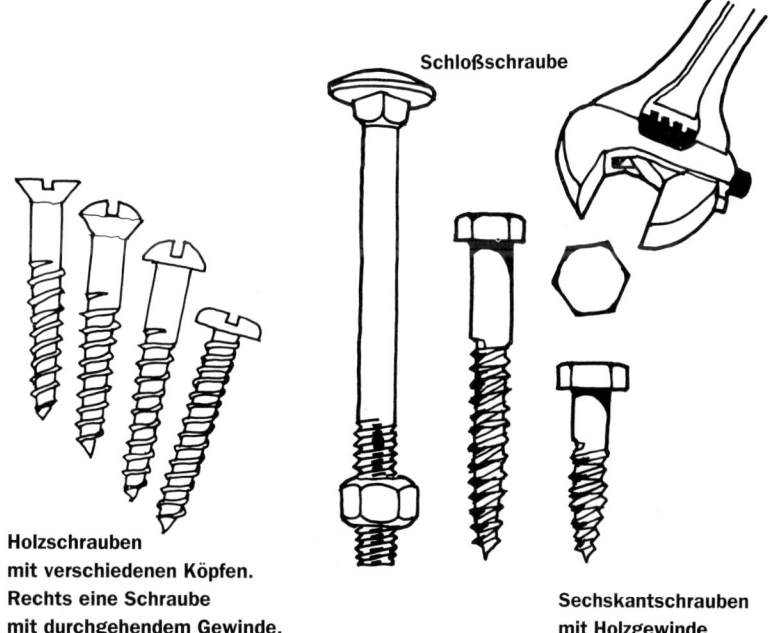

Schloßschraube

Holzschrauben
mit verschiedenen Köpfen.
Rechts eine Schraube
mit durchgehendem Gewinde.

Sechskantschrauben
mit Holzgewinde

BAUBESCHLÄGE

Holzkonstruktionen, die mit Eisenbeschlägen zusammengefügt werden, sind besonders belastungsfähig. Die Montage geht einfach und schnell. Der Beschlag besitzt die Fähigkeit, Kräfte an einem Stoß aufzunehmen und zu verteilen. Wo größere Tragfähigkeit erforderlich ist, können die Beschläge außerdem mit Sechskantschrauben oder Maschinenschrauben mit Mutter befestigt werden.

Eisenbeschläge können auch für Verbindungen zwischen Holz und Beton benutzt werden. In diesem Fall wird der Beschlag im Beton mit Schrauben und Spreizdübeln befestigt.

Baubeschläge sind aus feuerverzinktem Stahlblech hergestellt. Sie besitzen eine größere Anzahl Löcher für Nägel und Schrauben. Wie viele Nägel notwendig sind, wenn z. B. die verschiedenen Bauteile eines Dachstuhls zusammengesetzt werden, hängt davon ab, welchen Kräften der Beschlag ausgesetzt ist. Dies können Sie unter anderem dem Katalog der Hersteller entnehmen.

Ankernägel

Dies sind kräftige, feuerverzinkte Nägel mit einem runden Schaft und einer Riffelung, die wie Widerhaken wirkt und dafür sorgt, daß der Nagel besonders fest im Holz sitzt. Solche Nägel werden in Kombination mit Beschlägen benutzt.

Winkelbeschläge

Winkelbeschläge aus 2,5–3 mm feuerverzinktem Blech sind für viele verschiedene Holzkonstruktionen zu verwenden: Fachwerkwände, Auswechslungen mit Riegeln, Zäune, Tore und Veranden. Der abgebildete Beschlag hat eine Verstärkung in der Ecke. Die großen Löcher sind für Schrauben vorgesehen.

Balkenschuhe

Balkenschuhe sind eine Art Konsole zur Auflage für ein passendes Kantholz oder einen Balken. Sie sind gut geeignet, wenn z. B. eine Holzterrasse frei über dem Boden stehend gebaut werden soll. So können die Bodenträger und der vordere, waagerechte Stützbalken aus der selben Abmessung, nämlich 45 × 45–170 mm hergestellt werden.

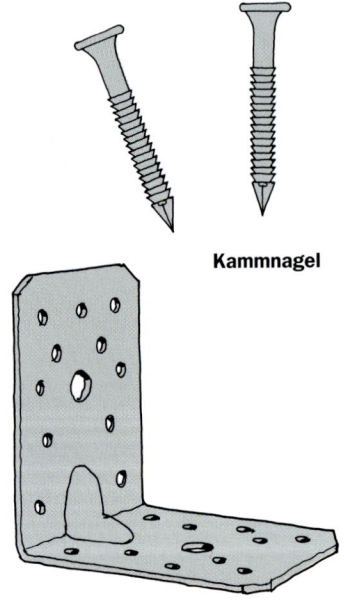

Kammnagel

Winkeleisen

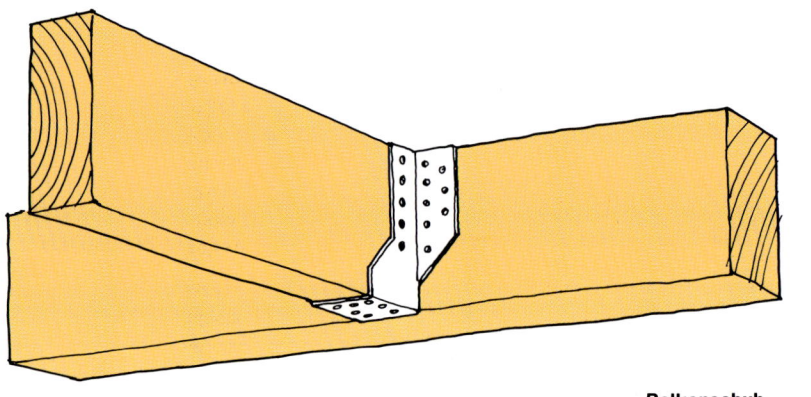

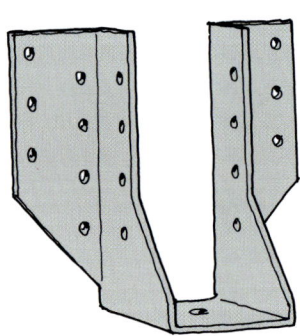

Balkenschuh

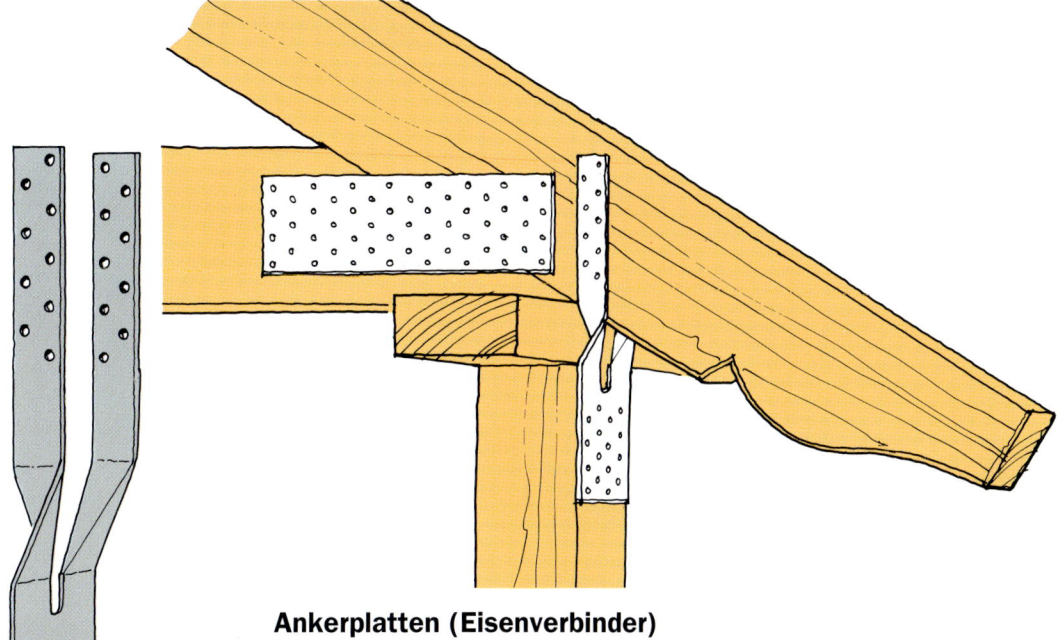

Ankerplatten (Eisenverbinder)

Ankerplatten werden zur Herstellung von Dachstühlen und verschiedenen Formen stabiler Holzverbindungen benutzt. Sie dienen als effektive Verbindungsstücke, die gerade Stöße und solche auf Gehrung verbinden. Die Größe der Platten und die Anzahl der Nägel wird durch die einwirkenden Kräfte bestimmt. Es ist ein großer Unterschied zwischen den Schneelasten, die ein Dachstuhl in Gebirgsgegenden im Vergleich zu einem Dachstuhl im Flachland aufnehmen muß. Die Ankerplatten können bei Bedarf in verschiedenen Winkeln abgebogen werden.

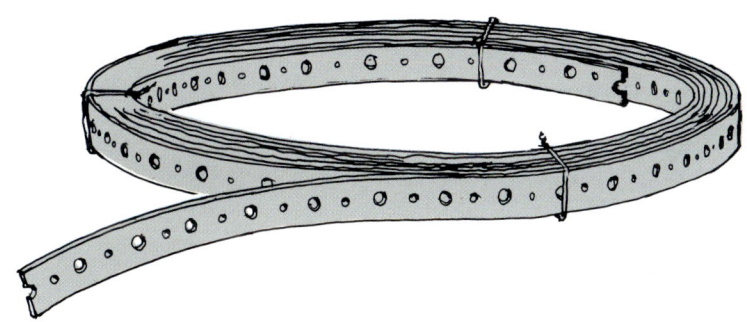

Locheisenband

Perforiertes Eisenband, sog. Locheisenband, gibt es in Stärken von 1–2 mm und Breiten von 20–60 mm. Locheisenband ist sehr nützlich, wenn man Kantholz und Balkenkonstruktionen herstellt. Es eignet sich sehr gut für die Diagonalstabilisierung von Fachwerk- und Dachkonstruktionen, und es erhöht die Windbelastbarkeit. Es dient auch der Verankerung von Dachstühlen am Rähm und der Schwelle auf der Grundmauer oder dem Sockel.

Anstrich und konstruktiver Holzschutz

Aus praktischen wie auch ästhetischen Gründen ist es für die meisten Bauherren selbstverständlich, Holzkonstruktionen im Freien anzustreichen und oberflächenzubehandeln. Das schützt das Holz und ergibt ein angenehmeres Aussehen. Normalerweise benutzen wir für die Anwendung im Freien Kiefer oder Fichte. Dieses Holz ist gut geeignetes Konstruktionsholz, wenn es richtig eingesetzt wird. Kiefer besitzt ein dichteres Gefüge als Fichte und enthält außerdem von Natur aus viele das Holz imprägnierende und schützende Stoffe, wie Harz und Terpentin.

Was schadet denn nun dem Holz im Freien? Warum müssen wir Holz mit einer Oberflächenbehandlung schützen? Holz ist ein organisches, mit der Zeit verfallendes Material. Zell- und Faserstrukturen sind mehr oder weniger porös, so daß besonders am Hirnholz Feuchtigkeit aufgenommen wird. Holz, daß langfristig zu hoher Feuchtigkeit und Wärme ausgesetzt ist, beginnt zu verrotten. Dieser Prozeß wird durch verschiedene Pilzarten verursacht.

KONSTRUKTIVER HOLZSCHUTZ

In Skandinavien haben wir seit langem Erfahrung und eine lebendige Tradition im Umgang mit Holz. Der Pilzbefall hängt eigentlich weniger von Anstrich und Außenbehandlung ab, sondern wird mehr durch die richtige Bauweise beeinflußt. Dies nennen wir "konstruktiven Holzschutz". Zunächst muß man die richtige Holzqualität für den entsprechenden Zweck auswählen. Dann muß dafür gesorgt werden, daß Wasser und Feuchtigkeit vom Holz nicht so leicht aufgenommen werden können. Das Wasser muß ablaufen können. Besonders Hirnholz nimmt sehr leicht Feuchtigkeit auf und muß auf verschiedene Arten geschützt werden. Man vermeide nach Möglichkeit waagerechte, gerade Holzoberflächen, denn hier fließt die Feuchtigkeit nicht ab.

Holz verträgt selbstverständlich kurzzeitig Feuchtigkeit, wenn die aufgenommene Feuchtigkeit schnell trocknen und verdunsten kann. Stellen, an denen sich Feuchtigkeit sammeln und festsetzen kann, sind immer ein guter Nährboden für Pilzbefall.

Die Ausführung eines gewöhnlichen Plankenzauns bietet ein Beispiel dafür, daß Holzschutz wichtig ist und in die Konstruktion eingeplant werden kann. Die Pfosten sind über dem Boden auf Betonfundamenten in Bodenankern oder Flacheisenbeschlägen zu montieren. Holz mit Erdkontakt verrottet schnell, wenn es nicht druckimprägniert ist. Die oberen Enden der Pfosten werden schräg abgesägt und durch Deckbretter geschützt. Das schräggestellte Abdeckbrett über der Oberkante der Holzwand schützt gleichzeitig die Oberflächen des Hirnholzes der senkrechten Beplankung. Die Unterkante darf nicht zu nahe am Boden liegen, damit sie nicht Spritzwasser und Schnee ausgesetzt ist. Die waagerechten Riegel der Plankenwand benötigen eine schräge Oberkante, die das Wasser ablaufen läßt.

Ein Plankenzaun, der auf diese Weise mit ausreichenden Abmessungen konstruiert wurde, hält lange. Wählt man außerdem druckimprägniertes Holz für Pfosten, Riegel und Abdeckungen, bekommt man einen Plankenzaun, der im Prinzip über Jahre keine Pflege benötigt.

Die Ausführung einer verbretterten Außenwand ist ein weiteres Beispiel dafür, wie eine gut durchdachte Konstruktion von sich aus einen ausgezeichneten Holzschutz ergibt. Natürlich achtet man darauf, daß der Wasserabfluß durch Abdeckbleche an Türen, Fenstern und Giebeln erleichtert wird. Ein breiter Dachüberstand und Dachrinnen führen den Niederschlag ab und schützen die Wände. Die Bretter erhalten an den unteren Enden eine Tropfkante und sollten mindestens 30 cm über dem Boden abschließen. Mutterboden und Pflanzen bis hin zur Hauswand sind natürlich hübsch, aber nicht immer gut für das Haus. Eine Drainage aus Kies oder Steinen ist da besser.

Ein Beispiel, das zeigt, wie der Holzschutz bereits bei der Konstruktion berücksichtigt wurde: Eine Distanzleiste zwischen der Außenverkleidung und den winddichten Wandplatten bewirkt die Belüftung auch der Paneel-Rückseiten.

Ob Sie nun eine Verbretterung mit Deckleisten oder Stülpschalung verwenden, sie muß in jedem Fall so aufgenagelt werden, daß das Holz arbeiten und in der Breite quellen und schrumpfen kann, ohne zu reißen. Vermeiden Sie auch Stöße zur Verlängerung der Bretter. Alles nach oben oder außen weisende Hirnholz muß so angebracht werden, daß es, wie z. B. bei den Fenstern, abgedeckt wird.

Eine Holzfassade, die von der Rückseite gut belüftet wird, kann eingedrungene Feuchtigkeit besser nach hinten abgeben. Dies wirkt Pilzbefall entgegen und verhindert, daß das Holz reißt oder sich verwirft. Die Farbe hält besser und muß nicht so häufig erneuert werden.

Die Farbe dient in diesem Zusammenhang zum großen Teil auch der Dekoration. Eine gründliche Oberflächenbehandlung des Hirnholzes und schwer zugänglicher Aussparungen ergibt einen verbesserten Schutz gegen Pilzbefall an den Stellen, wo sich die Feuchtigkeit bevorzugt sammelt.

Ungestrichenes Holz erhält im Freien schnell einen hübsch wirkenden grauen Farbton. Da das Holz viel Feuchtigkeit aufnimmt und anschließend wieder trocknet, treten im Holz Quell- und Schrumpfbewegungen auf, so daß teilweise Risse entstehen. Breite, mit Nägeln befestigte Bretter bekommen daher natürlicherweise leichter Risse als schmalere Bretter. Unbehandelte Holzoberflächen, die Wind und Wetter über lange Zeit ausgesetzt sind, sehen wie sandgestrahlt aus. Die Faserstruktur des Holzes besteht aus härteren und weicheren Jahresringen. Mit der Zeit schwindet das porösere Holz, unter anderem durch die UV-Strahlung der Sonne.

FARBE IM FREIEN

Farbe für den Gebrauch im Freien kann grob in zwei Kategorien eingeteilt werden – in dünne, feuchtigkeitsdurchlässige Lasuren und Schlämmfarben und in dichtere, dicke Farben (Lacke), die Feuchtigkeit nicht eindringen lassen.

Die erste Kategorie ist eigentlich nur dekorativ, da sie grundsätzlich keinen richtigen Holzschutz bewirkt, wenn der Farbe nicht Gift und Mittel gegen Pilzbefall zugesetzt wurden. Hierzu rechnet man die dünnen und sehr flüssigen, mehr oder minder deckenden Lasuren, aber auch Schlämmfarben, wie etwa das Faluner Rot (siehe Seite 150). Im Prinzip kann die Feuchtigkeit genauso schnell wie sie in das Holz eingedrungen ist wieder durch die Farbschicht verdunsten. Transparente Lasuren benutzt man, wenn die Struktur des Holzes durch die Farbe sichtbar bleiben soll.

Dies sollten Sie beachten: Kurze Anstrichintervalle können bei dünner Lasurfarbe notwendig werden. Helle Lasurfarben werden nach jedem Wiederholungsanstrich dunkler. Lasurfarben, die viel Öl enthalten, ergeben eine stärker wasserabweisende Oberfläche. Bei Lasurfarben mit Zusatz von Wirkstoffen gegen Pilzbefall muß die Oberfläche immer wieder ausgebessert werden. Dies ist jedoch nicht mit dem Schutz durch eine Kesseldruckimprägnierung zu vergleichen.

Die zweite Farbkategorie (Lacke) schützt Holz gegen eindringendes Wasser, da sie dicht und dick ist. Hier gibt es zwei Farbsorten – Leinölfarbe/Alkydharzlacke und Latexfarbe auf Acrylbasis. Die Farbschicht darf jedoch nur so dick und dicht sein, daß Wasser in Dampfform noch durch die Farbe austreten kann. Probleme entstehen, wenn die Farbe nach einigen Jahren zu reißen beginnt und Wasser in größeren Mengen eindringt. Neuere Untersuchungen zeigen, daß bei der Verwendung von Latexfarbe auf Wasserbasis Pilzbefall leichter entsteht.

Ein weiteres Problem ist die Luftverschmutzung. Ruß und Schmutz setzen sich außen am Holz ab und lassen helle Farben oft schmuddelig aussehen. Der saure Regen bewirkt, daß es Moosen auf Dächern und Wänden sehr gut gefällt. Dies bemerkt man zuerst an der Nordseite der Häuser, besonders wenn sie von großen Bäumen beschattet werden und Sonne und Wind die Feuchtigkeit nicht trocknen können. Lackierte Oberflächen müssen hier in entsprechenden Abständen abgewaschen werden.

Faluner Rot verstreicht man mit einem breiten Pinsel, der viel Farbe aufnimmt. Streichen Sie immer im Schatten.

Neuanstrich

Das Holz muß zum ersten Anstrich richtig trocken sein. Es ist vorteilhaft, wenn eine Holzwand oder eine Fassade eine Zeitlang ungestrichen stehen bleibt, so daß das Holz gründlich trocknen kann. So verhindert man Schrumpfungsränder an den Stößen einer Stülpschalung. Nicht nur die Feuchtigkeit, sondern auch Inhaltsstoffe wie Terpentin und Harz können so verdunsten.

Streichen Sie niemals unter direkter Sonneneinwirkung sondern im Schatten. So trocknet die Farbe langsamer und dringt besser in das Holz ein.

Lasur- und Schlämmfarben benötigen keine Vorarbeiten. Es ist unter Umständen günstig, größere Oberflächen mit farbloser Lasur vor dem Endanstrich zu grundieren. So wird die Farbe gleichmäßiger. Lasurfarbe wird von unten nach oben und Brett für Brett verstrichen, wenn es sich um eine Fassade oder eine verbretterte Holzwand handelt.

Deckende Anstriche aus Ölfarben, Alkydharzlacken und Latexfarben erfordern sorgfältige Vorarbeit und Grundierung. Benutzen Sie helle Ölfarben oder Alkydharzlacke, müssen größere Äste mit Schellack isoliert werden, um zu verhindern, daß die Äste nach einigen Jahren sichtbar werden. Harz kann durch die Farbe dringen. Diesem kann man selbstverständlich vorbeugen, indem man Holz mit wenigen und kleinen Ästen auswählt. Daher ist Fichte besser als Kiefer, weshalb man gewöhnlich Fichte für Holzfassaden und Holzwände nimmt.

Leinöl- und Alkydharzfarben dringen im Unterschied zu Latexfarben, die wie eine elastische Beschichtung aufliegen, tief in das Holz ein. Leinölfarbe verdünnt man zum Grundieren mit Leinöl. Für Alkydharzlacke und Latexfarbe nimmt man eine Grundierung aus verdünntem Alkydharzlack.

Schwer zugängliche Stellen lassen sich wirkungsvoll grundieren, wenn man die Bauteile für Holzwände, Tore, Fassaden usw. einmal streicht bevor sie montiert werden. Tauchen Sie die empfindlichen Enden der Zaunlatten in einen Eimer mit verdünnter Farbe bis das Hirnholz gesättigt ist. Die Holzverbindungen an einem Tor sind empfindliche Punkte, in denen sich leicht Feuchtigkeit sammelt und Pilzbefall entsteht. Bedenken Sie auch, daß die Farbe besser auf einer ungehobelten Oberfläche hält als auf einer gehobelten.

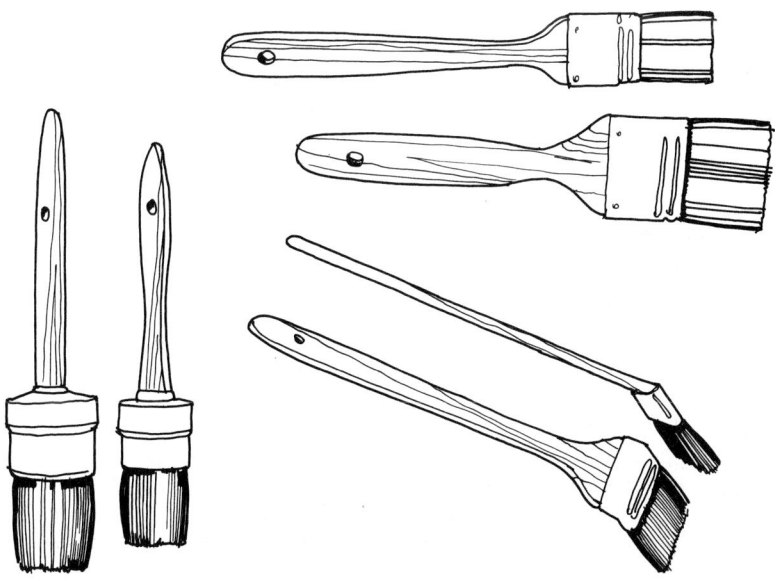

Runde Pinsel zum Lackieren von Fenstern und Türen. Mit langen, abgewinkelten Pinseln erreicht man auch schwer zugängliche Stellen, zum Beispiel hinter Dachrinnen und Fallrohren.

Die Vorarbeiten sind wichtig. Kratzen Sie die lose Farbe ab. Schlämmfarben werden mit einer Drahtbürste gereinigt. Mit dem kleinen Kratzer werden Farbspritzer von Scheiben entfernt.

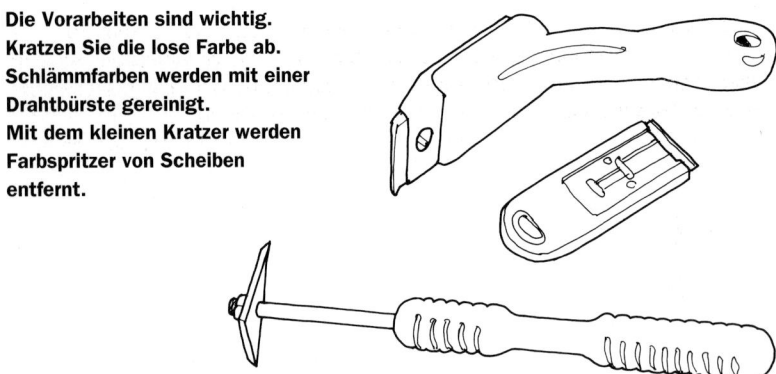

Wiederholungsanstrich

Lasur- und Schlämmfarbe braucht nur mit einer Drahtbürste und einer harten Scheuerbürste gereinigt werden, bevor man einen neuen Anstrich aufbringt. Da heutzutage unsere Luft stark verunreinigt ist, empfiehlt es sich, die Oberfläche abzuwaschen, bevor man neu streicht. Ein Hochdruckreiniger entfernt zudem lose Farbe und reinigt gründlich. Lassen Sie das Holz anschließend ordentlich trocknen, so daß die Feuchtigkeit verdunsten kann, bevor Sie mit dem Anstrich beginnen.

Die Vorbereitung für einen Wiederholungsanstrich von Leinöl-, Alkydharz- und Latexfarbe ist aufwendiger. Zunächst wird die Farboberfläche abgelaugt und mit Wasser abgewaschen, so daß Säuren und fettige Verunreinigungen entfernt werden. Benutzen Sie dazu einen weichen Schrubber und einen Wasserschlauch oder Hochdruckreiniger. Fassaden, Holzwände, Zäune und Tore reinigt man ebenfalls, bevor man den Anstrich erneuert. Beginnt das Holz zu trocknen, kratzen Sie lose Farbe ab. Risse und Astlöcher spachteln Sie mit einer Latexdichtmasse aus. Das von Farbe befreite Holz wird mit verdünnter Farbe gestrichen. Denken Sie daran, als Grundierung für Latexfarbe immer verdünnten Alkydharzlack zu verwenden. Nagelköpfe und Metallbeschläge, die Rost angesetzt haben oder bei denen die Verzinkung beschädigt ist, werden blankgeschliffen und mit einer Rostschutzfarbe gestrichen.

DIE GEBRÄUCHLICHSTEN FARBSORTEN

Für Holz benutzt man verschiedene Farbsorten, die unterschiedliche Zusammensetzungen und Eigenschaften haben. Bei einem Neuanstrich müssen sie herausfinden, welche Farbe zuvor verwandt wurde. Im Zweifelsfall ist es sicherer, sich bei einem Fachmann Rat zu holen.

Lasuren

Lasuren sind dünnflüssige Farben mit wenig Pigmenten. Lasurfarbe läßt, besonders bei hellen Farbtönen, die Holzstrukturen durchscheinen. Sie können auf der Basis von Leinöl, Alkydharz oder Latex hergestellt werden. Die Farbe kann man leicht mit einem Lasurpinsel, der viele Borsten hat und viel Farbe aufnehmen kann, aufbringen. Wie schon erwähnt muß man eine Fassade Brett für Brett von unten nach oben streichen, um einen gleichmäßigen Farbton zu erhalten.

Lasurfarbe hat den Nachteil, daß die Tönung nach jedem Wiederholungsanstrich satter und dunkler wird. Gelegentlich kann man eine lasierte Oberfläche mit sog. farbloser Lasur ausbessern. Um das Problem der Farbveränderung bei jedem Wiederholungsanstrich zu vermeiden, haben die Hersteller sog. Decklasuren auf den Markt gebracht, die mehr Pigmente enthalten. Die Farbe hat dadurch allerdings keine besseren Schutzeigenschaften, und so kann man genausogut Deckfarben benutzen. Lasurfarbe ist leicht zu streichen, es sind allerdings, um die Schutzeigenschaften zu erhalten, Wiederholungsanstriche in kürzeren Intervallen, jedes zweite bis dritte Jahr, notwendig.

Eisenvitriol ist ein chemischer Stoff, der in Pulverform mit Wasser gemischt wird. Es wirkt wie eine chemische Beize und gibt dem Holz im Laufe der Zeit einen hübschen, grauen Farbton, den das Holz sonst auf natürliche Weise erst nach ein paar Jahren erhält.

Schlämmfarbe

Das Faluner Rot (siehe auch S. 150) läßt sich leicht streichen und pflegen. Es hält lange und ist sehr preiswert. Die Vorarbeiten bei einem Wiederholungsanstrich sind einfach: um lose Farbe zu entfernen, ist die Oberfläche nur abzubürsten.

Wie bereits erwähnt, bildet das Faluner Rot keine wasserdichte Oberfläche. Der Untergrund kann schnell Feuchtigkeit aufnehmen und abgeben. Die Farbe enthält unter anderem Eisenvitriol, das einen gewissen Schutz vor Pilzbefall bieten soll, außerdem soviel Leinöl (ca. 8 %), daß die Wände im trockenen Zustand nicht abfärben. "Faluröd Färg" ist eine typisch schwedisch-skandinavische Farbe, die bereits seit Jahrhunderten benutzt wird. Dies zeugt von der Vorteilhaftigkeit der Farbe. Heute gibt es auch Schlämmfarben in anderen Farbtönen wie z. B. Gelb und Hellbraun.

Die Schlämmfarbe ist leicht zu streichen: Sie wird flüssig mit einem breiten Pinsel mit dichten Borsten, die viel Farbe aufnehmen können, aufgetragen. Bei Neuanstrichen reichen zwei Arbeitsgänge mit verdünnter Farbe. Bei Wiederholungsanstrichen, jedes achte bis zehnte Jahr, reicht ein Anstrich. Die Farbe trocknet in wenigen Stunden. Schlämmfarbe hält schlecht auf gehobelten Oberflächen. Nehmen Sie deshalb ungehobeltes Holz als Untergrund.

Leinölfarbe

Wie das Faluner Rot ist Leinölfarbe eine bewährte Farbsorte, die seit Hunderten von Jahren benutzt wird. Leinölfarbe ist heute wieder sehr gebräuchlich, nachdem man einige Jahrzehnte mit Lasur- und Latexfarben experimentiert hat. Sowohl Neu- als auch Wiederholungsanstriche sind arbeitsaufwendig. Es ist wichtig, bei gutem Wetter zu streichen, da das Holz richtig trocken sein muß. Streicht man Leinölfarbe, darf auch die Sonne nicht zu stark scheinen. Zuviel Feuchtigkeit und zuviel Sonne kann nach einiger Zeit Blasen in der Farbschicht entstehen lassen.

Leinölfarbe bekam einen schlechten Ruf, weil sie mit der Zeit riß und porös wurde. Die Risse können auf einer zu feuchten Unterlage beruhen, die versucht, das Wasser nach außen abzugeben. Zuviel Feuchtigkeit läßt das Holz auch arbeiten und wenn dieses reißt, reißt natürlich auch die Farbe und blättert ab. Bei einer Fassade schafft man mit einer gut belüfteten Rückseite Abhilfe. So kann die Feuchtigkeit verdunsten. Ist die Farbschicht zu dick aufgetragen, kann Leinölfarbe auch reißen. Dies tritt z. B. dann ein, wenn man in allzu kurzen Abständen Wiederholungsanstriche aufbringt. Leinölfarbe trocknet langsam. So kann bald nach einigen Jahren die Oberfläche matt und rauh werden. Unter anderem läßt auch die UV-Strahlung der Sonne die Farbschicht schrumpfen.

Alkydharzlacke

Dies ist eine moderne Variante der alten Leinölfarbe. Anstelle von Leinöl wird sog. Alkydharz benutzt. Dieses trocknet schneller, härtet und reißt nicht im selben Ausmaß wie die Leinölfarbe. Alkydharzlacke haften sehr gut auf frischem,

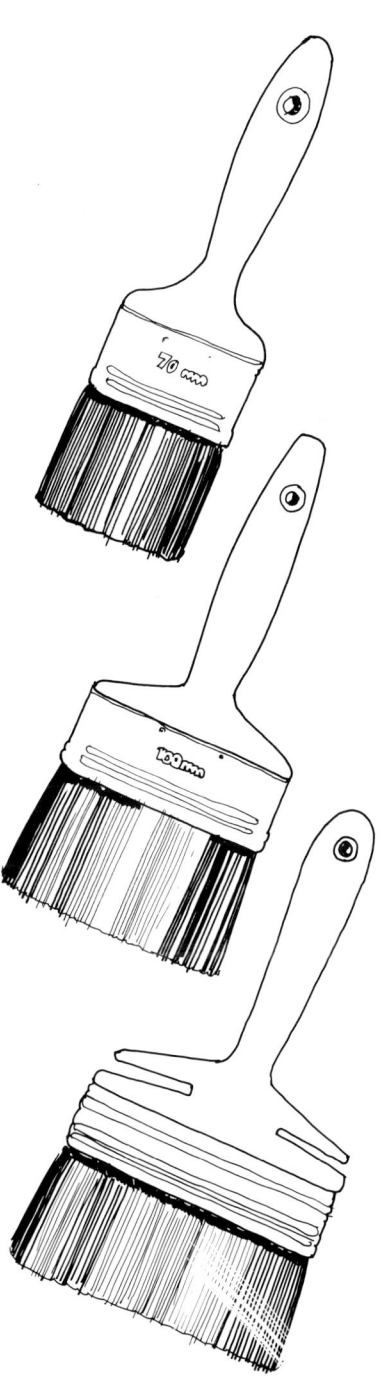

Pinsel zum Fassadenanstrich. Für Schlämmfarben und Lasuren werden größere Pinsel, die viel Farbe aufnehmen können, benutzt.

trockenem Holz oder auf gründlich gereinigten Oberflächen. Neues Holz wird mit verdünnter Farbe, die tief eindringt, gestrichen. Als Lösungsmittel verwenden Sie Lacknaphta. Es ist nicht besonders gut, wenn die Farbschicht mit der Zeit zu dick wird. Dadurch werden Alkydharzlacke dampfdicht und unelastisch, und die Farbschicht paßt sich den Bewegungen des Holzes nicht mehr an. Reine Alkydharzlacke sind gut für Holzteile im Freien, bei denen eine wasserabweisende Oberfläche angestrebt wird, z. B. bei Fenster- und Türteilen, Fluren und Toren.

DIE RICHTIGE AUSWAHL

Es ist nicht einfach, die richtige Farbsorte zu wählen. Die Farbe muß aus rein ästhetischen Gründen zur Umgebung passen. In einem Haufendorf in Dalarna können Sie nicht weiße Ölfarbe verwenden, und in einem Fischerdorf der Westküste streicht man das Wohnhaus nicht mit Faluner Rot. Man sollte unbedingt die örtlichen Traditionen beachten. In einer modernen Wohnhausbebauung kann man versuchen, die Farben den benachbarten Häusern anzupassen, so daß ein harmonischer Gesamteindruck entsteht. Da jeder Hauseigentümer oft nach individueller Farbgestaltung strebt, werden neuerbaute Eigenheimsiedlungen, was die Farben angeht, manchmal als disharmonisch empfunden. Der Gegensatz ist dazu z. B. eine Reihenhaussiedlung, die durch einen Architekten in ihrer Farbgebung gestaltet wurde. Hier sind die Farben oft besser aufeinander abgestimmt.

Ganz gleich welche Farbsorte man wählt, die Malerarbeiten sind zusammengenommen beschwerlich. Eine dicke und deckende Ölfarbe erfordert vielleicht jedes achte bis zehnte Jahr einen Wiederholungsanstrich mit erheblichen Vorarbeiten, während eine dünne Lasur, die nicht dieselben Vorarbeiten erfordert, bedeutend öfter erneuert werden muß. Ein Trost kann hier nur sein, daß man viel Geld spart, wenn man selbst anstreicht, da Handwerker sehr teuer sein können.

Bei Wiederholungsanstrichen achten Sie darauf, daß Sie wieder die ursprüngliche Farbsorte verwenden. Von Latexfarbe zu Alkydharzfarbe zu wechseln bedeutet, daß man den Untergrund völlig von der Kunststofffarbe befreien muß, damit der Alkydharzlack hält. Latexfarbe hält anders herum gut auf alter Leinölfarbe oder Alkydharzlacken. Genauso verhält es sich mit Alkydharzlack auf Leinölfarbe. Es besteht ein großes Risiko, daß sich Blasen bilden. Auf Schlämmfarbe streicht man wieder Schlämmfarbe, da diese nicht auf anderen Untergründen hält.

Hat man einmal eine dunkle Farbe gewählt, läßt sich natürlich darauf auch eine hellere Farbe streichen. Damit sie allerdings deckt, ist ein zusätzlicher Anstrich nötig. Halten Sie sich an folgenden Rat: Wählen Sie die gleiche Farbe und die gleiche Farbsorte. Die Kunst besteht darin, einen zeitlosen Farbton zu wählen, der von Anfang an gefällt. Man sollte versuchen, Modetrends zu vermeiden.

Bei Wiederholungsanstrichen ist es wichtig zu wissen, welche Farbsorte vorher benutzt wurde. Notieren Sie sich die Farbnummer sorgfältig, so daß der Farbton für einen späteren Wiederholungsanstrich neu gemischt werden kann.

KONTINUIERLICHE PFLEGE

Bestimmte Teile des Hauses sind besonders empfindlich und Sonne und Regen ausgesetzt. Deshalb sollte man sie sorgsam und stetig beobachten. Besondere Wachsamkeit gilt den Fenstern an der Wetterseite des Hauses. Loser Kitt und Farbe werden abgekratzt und abgeschliffen. So bearbeitete Oberflächen werden grundiert. Für den Ungeübten ist Fugenmasse in einer sog. Patrone mit einer dazugehörigen Spritze ein gutes Hilfsmittel. Die Spritze kann

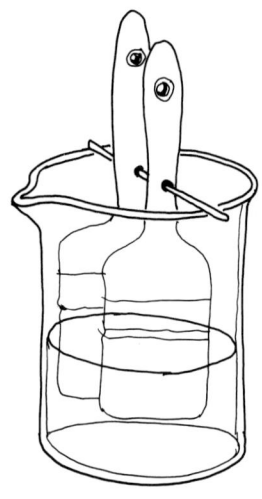

Wenn Sie Ihre Lackierarbeiten unterbrechen, bewahren Sie ihre Pinsel im Lösungsmittel hängend auf.

auch für andere Spachtel- und Dichtmittelsorten benutzt werden. Der Kittstrang wird mit einem Tischmesser oder einem speziellen Kittmesser, das man vorher in Öl getaucht hat, geglättet. Sprossen und Kanten streichen Sie mit einem kleinen runden Pinsel. Ziehen Sie den Lack einige Millimeter über das Glas, so daß der Übergang von Glas und Kitt abgedeckt wird. Farbnebel und überschüssiger Lack auf dem Glas werden mit dem geraden Blatt eines Kratzers entfernt. Für Fenster nehmen Sie glänzenden Alkydharzlack.

Andere Teile, die regelmäßig jährlich kontrolliert werden sollten, sind Türen, Abdeckungen am Dach, Geländer, Zäune, Holzwände und Tore. Beginnt die Farbe nur an einzelnen Stellen zu reißen und abzublättern, wird die lose Farbe abgekratzt, die Oberfläche grundiert und ausgebessert.

Ein kleiner runder Pinsel eignet sich sehr gut zum Streichen von Fenstersprossen. Er nimmt viel Farbe auf.

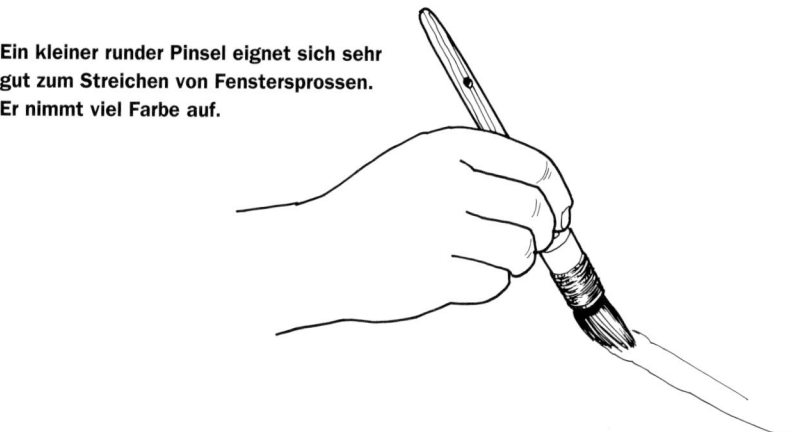

BLECH- UND METALLTEILE

Neue Dachrinnen und Fallrohre aus feuerverzinktem Blech müssen vor der Lackierung mit Ammoniakwasser entfettet werden. Es ist von Vorteil, wenn sie schon einige Monate an Ort und Stelle montiert waren, bevor Sie sie zum ersten Mal lackieren. Rostiges Metall wird abgekratzt, mit der Drahtbürste bearbeitet und geschliffen und mit Rostschutzfarbe grundiert. Zum Schluß wird mit Ölfarbe lackiert.

Betonarbeiten

Einige Stellen dieses Buches behandeln das Gießen von Betonfundamenten für ein Hausfundament, eine Terrasse oder für Zaunpfosten und das Ständerwerk einer Holzwand. Druckimprägnierte Pfosten lassen sich auch direkt im Boden mit Beton vergießen. Ein flacher Holzboden im Freien oder ein kleinerer Schuppen können auch auf Betonklötzen ruhen, die fertig zu kaufen sind. Diese sollten jedoch so tief eingegraben werden, daß sie auf festem Untergrund, also der Erdschicht unter dem Mutterboden, zu liegen kommen. Eine Möglichkeit ist, eine Grube zu graben und den Boden mit Beton zu füllen. Auf die kleine Betonplatte wird anschließend der Betonklotz hochkant gestellt. Auf diese Weise erhält man niedrige Fundamente, auf die man, nachdem sie ausgerichtet wurden, Kanthölzer und die Schwelle auflegen kann.

**Füllen Sie den Beton in die Guß-
form und verdichten gründlich.**

Graben Sie, bis Sie festen Untergrund erreichen

Gewöhnlicherweise wird ein Fundament mit einer Gußform hergestellt. Sie kann aus Papp- oder Zementrohr, auch aus formbarem Sperrholz oder gespundetem Holz hergestellt werden. Damit das Fundament später fest verankert ist und stabil steht, ist es wichtig, daß Sie bis zum festen Untergrund graben. Was fester Untergrund bedeutet, hängt von der Beschaffenheit des Bodens ab, also wieviel Feuchtigkeit sich im Boden befindet und wie dick die weiche Bodenschicht ist. In Nordschweden beispielsweise ist das Tjäl (die Bodenschicht, die im Frühling während der Schneeschmelze aufweicht), deutlich dicker als in den südlichen Landesteilen. Ein wichtiger Faktor ist auch die spätere Belastung der Fundamente – sowohl von oben als auch von der Seite. Das Fundament eines Hauses mit Dachpfannen ist bedeutend größer als das eines Schutzdaches mit Kunststoffeindeckung, ein niedriger Zaunpfosten hat geringere Seitenbelastungen als eine hohe Holzwand oder ein Torpfosten.

Ist der Boden weich, z. B. durch feuchten Ton, muß man so tief graben, bis man frostfreien Boden erreicht. Sind Sie unsicher, rufen Sie die lokalen Baubehörden an, und fragen Sie einen kundigen Fachmann um Rat. Sie können auch einen Tiefbauingenieur fragen, der sich mit Bodenverhältnissen auskennt.

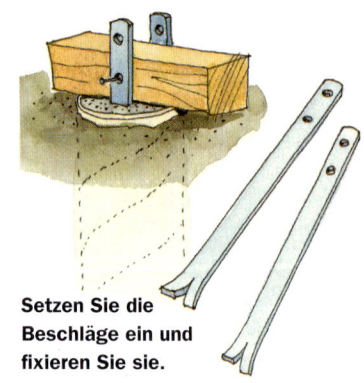

**Setzen Sie die
Beschläge ein und
fixieren Sie sie.**

So machen Sie die Fundamente

Beseitigen Sie zuerst den gesamten Mutterboden. Graben Sie danach, bis Sie den festen Untergrund erreichen, das heißt bis zur unberührten, festen Erde (normalerweise 50–100 cm tief). Gießen Sie eine kleine Platte auf den Boden der Grube, und drücken Sie einen Baustahl senkrecht in die Mitte. Er sollte so lang sein, daß er weit genug in die Platte reicht und das fertige Fundament zusammenhält. Lassen Sie die Bodenplatte aushärten. Setzen Sie eine Gußform in das Loch, und füllen Sie die Erde rundherum wieder auf. Gießen Sie zum Schluß Beton in die Form, und verdichten Sie gründlich.

Beton

Beton mischen Sie aus Zement, Sand, Kies und Wasser. Verschiedene Zwecke erfordern unterschiedliche Mischverhältnisse. Für größere Betonarbeiten, wie z. B. eine Bodenplatte für ein Haus, ist es am günstigsten, Fertigbeton im Mischwerk zu bestellen. Der Wagen, der den Beton transportiert, leert ihn direkt in die Gußformen oder in ein trichterförmiges Behältnis mit Auslauf. Daraus wird der Beton von Hand in die Gußformen gefüllt.

Häufiger sind jedoch kleinere Gußarbeiten, z. B. einige Pfahlfundamente oder eine Außentreppe. Dafür mischt man den Beton aus Zement, Sand, Kies und Wasser in einer Schubkarre oder einem Betonmischer – ein Teil Zement auf vier bis fünf Teile Sand. Wasser wird vorsichtig zugesetzt und gut mit den

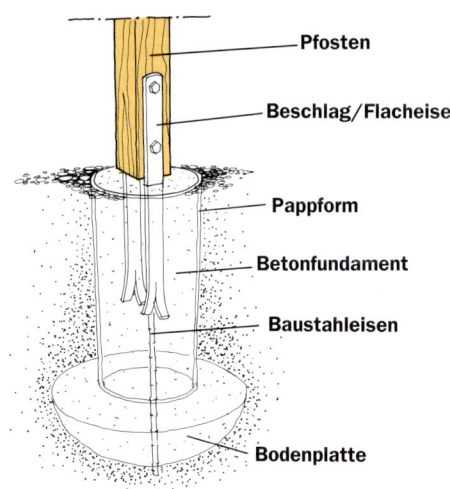

Pfosten

Beschlag/Flacheisen

Pappform

Betonfundament

Baustahleisen

Bodenplatte

Das fertige Betonfundament.

anderen Bestandteilen vermischt, bis der Beton eine geschmeidige Konsistenz erhält. Mit einem Spaten oder einem Kantholz verdichtet man den Beton in der Form.

Die chemische Reaktion zwischen Zement, Sand und Wasser braucht längere Zeit. Nach drei bis vier Tagen ist der Beton soweit ausgehärtet, so daß eine eventuell vorhandene Schalung abgenommen werden kann. Eingegossene Beschläge oder Anker dürfen nicht zu frühzeitig belastet werden. Halten Sie den Beton durch gelegentliches Bewässern feucht, denn so härtet er am besten aus.

Statt Beton selbst zu mischen, kann man auch sog. Fertigmischungen in trockener Form kaufen. Sand und Zement sind in den richtigen Anteilen miteinander vermischt, und es muß nur noch Wasser zugesetzt werden. Für den Do-it-yourself-Handwerker, der nur einige Pfahlfundamente gießen muß, ist dieser Betontyp vorteilhaft. Mischen Sie mit einem Spaten in einer Schubkarre. Benutzen Sie sog. Fertigbeton grob mit einer Korngröße von nicht mehr als maximal 12 mm.

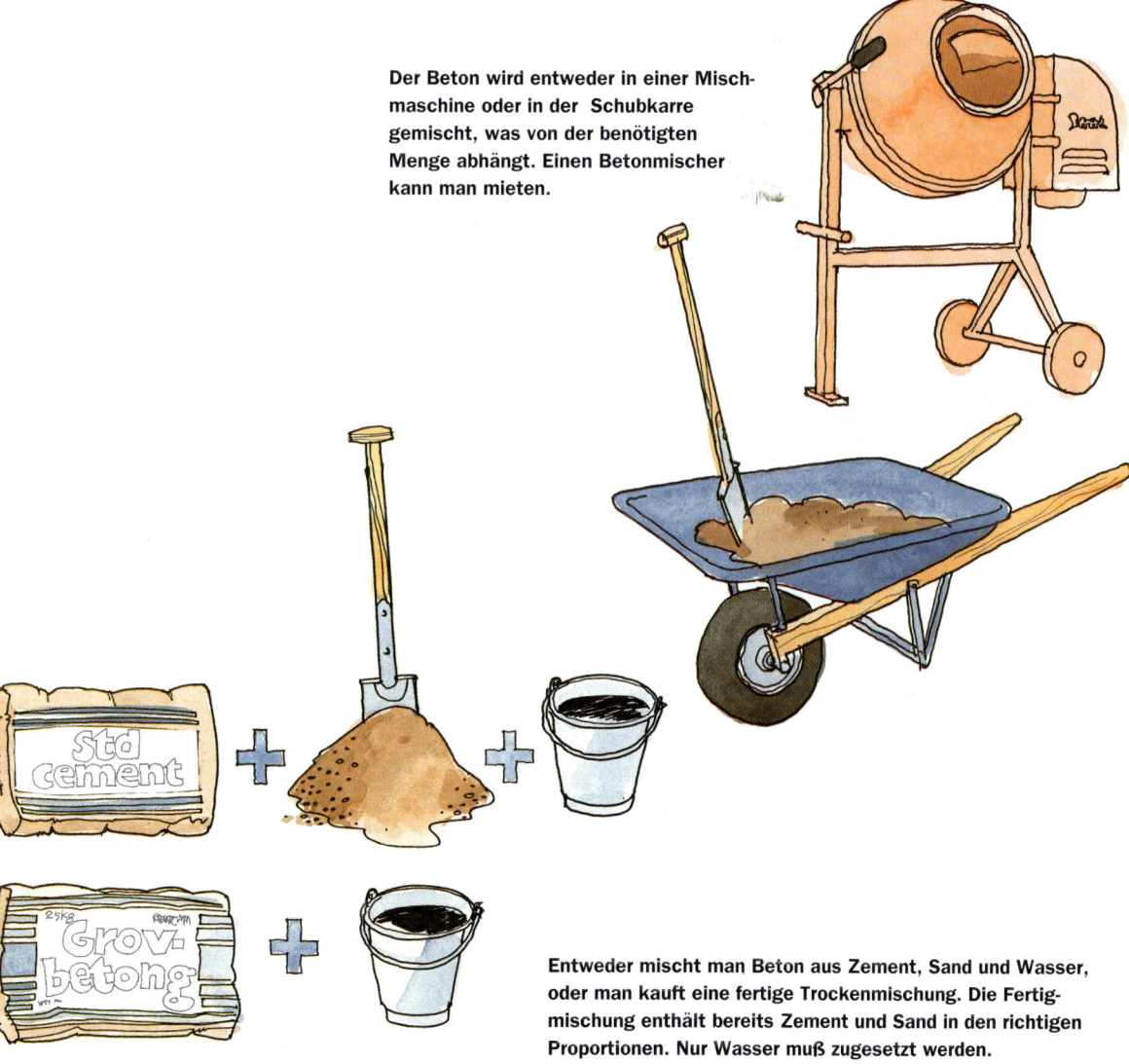

Der Beton wird entweder in einer Mischmaschine oder in der Schubkarre gemischt, was von der benötigten Menge abhängt. Einen Betonmischer kann man mieten.

Entweder mischt man Beton aus Zement, Sand und Wasser, oder man kauft eine fertige Trockenmischung. Die Fertigmischung enthält bereits Zement und Sand in den richtigen Proportionen. Nur Wasser muß zugesetzt werden.

Anhang: Das Faluner Rot

Das mit Faluner Rot (Falu Rödfärg) gestrichene alte Holzhaus ist ein Wahrzeichen der schwedischen Landschaft und geradezu ein nationales Symbol. Der Dichter August Strindberg sagte: „Rot und grün müßten die schwedischen Nationalfarben sein" – rot wie die Holzhäuser und grün wie der Wald. Es dauerte jedoch lange, bevor die schwedischen Wohnhäuser allgemein rot gestrichen wurden. Während der Regierungszeit Johanns III. (16. Jahrhundert) war die rote Farbe noch ein ausgesprochenes Statussymbol, ein Zeichen des Reichtums. In einer Aufzeichnung über den Aufruhr in Dalarna im Jahre 1743 heißt es, die aufständischen Bauern hätten die Absicht, bei ehrlichen Leuten, besonders den Pfarrhöfen und anderen rotgestrichenen Häusern zu rauben und zu plündern. Auch Fremde betrachteten frühzeitig die rote Farbe als schwedisches Symbol. In einer deutschen Reiseschilderung von 1799 heißt es über die rote Farbe: „Dieser Brauch ist immer noch im ganzen Lande verbreitet und verleiht den Häusern ein eigenartiges freundliches Aussehen und hebt die für Schweden typische Sauberkeit noch mehr hervor".

Die Schlämmfarbe Faluner Rot ist besonders wertvoll für den Hausanstrich, da das Holz länger gesund bleibt. Eine mit Faluner Rot gestrichene Hauswand ist haltbar, weil sie Feuchtigkeit durchläßt. Nach den Gesetzen der Physik wandert ständig Feuchtigkeit durch eine Hauswand von innen nach außen, wenn die Außentemperatur niedriger als die Innentemperatur ist. Es ist wesentlich, daß die Feuchtigkeit schnell die Außenfläche der Wand erreicht und dort verdunsten kann. So „atmet" die Wand. Das kann sie nicht, wenn die Oberfläche mit einer undurchlässigen Farbschicht gestrichen ist.

Die Rohware für das Faluner Rot kommt aus der Faluner Grube. In diesem Ort in Nordschweden sind kupferarme Erze frei an der Luft zu sogenanntem rotem Mulm verwittert. Der Mulm enthält reichlich stark färbenden Eisenocker und Kieselsäure. Die Kieselsäure ist ein wichtiger Bestandteil, der zur Abtönung der Farbe beiträgt und sie beständig macht. Der rote Mulm wird gesiebt, mit Waser angerührt und sich setzen gelassen. Danach wird er getrocknet und bei hoher Temperatur gebrannt. Schließlich wird der Farbstoff zu einem feinen Pulver gemahlen und zur Lieferung an die Farben- und Lackfabriken verpackt.

Früher wurde der Farbstoff direkt an die Verbraucher verkauft, die ihre Anstrichfarbe selbst mischten und kochten. Nach dem Grundrezept, das schon im 18. Jahrhundert angewandt wurde, löste man 2 kg Eisenvitriol in 50 l kochendem Wasser auf. In die Lösung wurde 2 bis 2 1/2 kg fein gemahlenes Roggenmehl eingerührt. Das Gemisch wurde 15 Minuten gekocht und dann 8 kg Faluner Rot zugestzt. Der Flotte gab man oft einen mehr oder weniger gehimgehaltenen Bestandteil bei: Leinöl, Heringslake, Harn, Ruß, Teer, Fichtenharz, Eichenrinde, Buttermilch und Rinderblut. Wer sich heute die Mühe macht, die Farbe selbst aufzubereiten, ist gut beraten, wenn er den Anteil Faluner Rot erhöht und Leinöl zusetzt. Natürlich ist es das Einfachste, fertiges Faluner Rot zu kaufen.

Der Farbstoff Faluner Rot aus der Faluner Grube ist der Hauptbestandteil mehrerer Anstrichfarben für Flächen im Freien, die vom Hersteller vertrieben werden. Es gibt sowohl völlig streichfertige Farben als auch Farben, die man selbst mit Wasser und Leinöl anrührt. Neben der traditionellen roten Farbe auf Wasserbasis gibt es auch rote Farben zum Auftragen auf Beton und Asbestzement. Der schwedische Name „Falu Rödfärg" steht unter Gebrauchsmusterschutz und darf nur für Farben verwendet werden, die Pigmente aus der Faluner Grube enthalten. Verpackungen einer Farbe, die echte Faluner Pigmente enthalten, sind mit einer Schutzmarke versehen. Das echte Faluner Rot ist direkt beim Hersteller zu beziehen:
Stora Kopparberget
S-791 80 Falun, Schweden,
Tel. 0046-238 00 00.

Register